La Pesadilla del N [3 EN 1]

Desvaloriza y descarta a las personas narcisistas de tu relación mientras te nutres a ti mismo [The Narcissist's Nightmare, Spanish Edition]

Clara La Madre

Tabla de contenidos

Recuperación del abuso narcisista

Una guía emocional de autosanación para entender el narcisismo y el trastorno de personalidad narcisista [Narcissistic Abuse, Spanish Edition]

Melina Pera

Tabla de contenidos

Introducción

¿Conoces a alguien que espera una admiración constante, que piense que es mejor que nadie, pero en la más mínima crítica vuela fuera de la manija?

¿Qué es el trastorno narcisista de la personalidad?

A lo largo de nuestra sociedad auto obsesionada e impulsada por celebridades, el término narcisismo se lanza mucho, a menudo para describir a alguien que parece ser demasiado narcisista o lleno de sí mismo. Pero el narcisismo no significa amor propio en términos psicológicos, al menos no de un tipo genuino. Decir que las personas con trastorno narcisista de la personalidad (NPD) están enamorados de una imagen idealizada y grandiosa de sí misma es más cierto. Y precisamente porque les permite evitar sentimientos profundos de inseguridad, están enamorados de esta imagen de sí misma inflada. Pero se necesita mucho trabajo para mantener sus delirios de grandeza, y ahí es donde entran las actitudes y comportamientos poco saludables.

Los trastornos narcisistas de la personalidad implican un patrón de pensamiento y comportamiento egocéntrico y arrogante, una falta de empatía y consideración por los demás, y una necesidad de admiración excesiva. Muchas personas describen al NPD como rápido, confidencial, egoísta, condescendiente e intimidante también. Esta forma de pensar en superficies de actuación en todos los aspectos de la vida del narcisista: desde trabajos y asociaciones con familias y relaciones íntimas.

Aquellos con trastorno narcisista de la personalidad son extremadamente resistentes incluso cuando les causa dificultades para cambiar su comportamiento. Una propensión es culpar a otras personas. Además, son extremadamente sensibles y reaccionan mal incluso a la más mínima crítica, desacuerdo o desaires percibidos que consideran ataques personales. A menudo es más seguro para las personas en la vida del narcisista ir junto con sus peticiones para evitar la frialdad y la ira. Sin embargo, identificarás a los narcisistas en tu vida aprendiendo más sobre el trastorno narcisista de la personalidad, protegiéndote de sus jugadas de poder y estableciendo límites saludables.

Grandioso Sentido de Auto-Importancia

La grandiosidad es un excesivo sentido de superioridad, no sólo orgullo o ambición. Los narcisistas sienten que son excepcionales o "extra" y que otras personas especiales sólo pueden percibirlos. Sin embargo, son demasiado perfectos para algo estándar o normal. Quieren asociarse y asociarse con otras personas, lugares y cosas de alto estatus.

Los narcisistas siempre creen que son mejores que nadie y merecen elogios como tales, incluso si no han hecho nada para ganarlo. A menudo es probable que exagere sus éxitos y fortalezas o se acueste directamente. Y cuando hablan de trabajos o amistades, todo lo que aprenderás es lo mucho que están haciendo, lo exitosos que son y lo afortunados que tienen a la gente en sus vidas. Son el líder indiscutible, y todos son un jugador menor en el mejor de los casos.

Vive en un mundo que apoya sus delirios de grandeza

Debido a que la realidad no apoya su grandiosa visión de sí mismos, los narcisistas viven en un mundo de fantasía apoyado por la distorsión, el autoengaño y el pensamiento mágico. Giramos ilusiones autoglorificate que las hacen sentir únicas y a cargo de logros ilimitados, energía, creatividad, belleza y amor perfecto. Tales delirios los protegen de los sentimientos de soledad interna y culpa mientras se avistan o racionalizan los hechos y opiniones que se oponen a ellos. Cualquier cosa que amenace con estallar la burbuja de la ilusión se encuentra con una defensividad extrema e incluso ira para que los que rodean al narcisista tengan que tratar su negación de la realidad con cuidado.

Necesita aprecio constante y admiración

El sentido de superioridad de un narcisista es como un balón que pierde aire sin una corriente equilibrada de aplausos y aserciones para mantenerlo inflado. Ocasionalmente, el cumplido no es suficiente. Los narcisistas necesitan comida constante para su ego, y están rodeados de personas dispuestas a satisfacer su necesidad obsesiva de afirmación. Son alianzas muy unilaterales. Se trata de lo que el admirador puede hacer por el narcisista, nunca al revés. Y si la lealtad del admirador alguna vez se interrumpe o reduce, el narcisista lo verá como una pérdida.

Sentido del derecho

Los narcisistas esperan un trato favorable como se les debe porque se consideran especiales. Ellos creen que deben conseguir lo que quieran. Esperan que la gente que los rodea cumpla con todos sus deseos y caprichos automáticos. Ese es el único valor de ellos. Si no estás esperando y satisfaciendo todas sus necesidades, no vales nada. Y si tienes la agalla de amenazar tu voluntad o presionar por algo "egoísta" a cambio, prepárate para la violencia, la indignación o la frialdad.

Explota a otros sin culpa ni vergüenza

Los narcisistas nunca desarrollan amenazan para que los de otras personas se pongan en el lugar de los demás. En otras palabras, falta empatía. Allí ven a las personas como objetos en sus vidas, para satisfacer sus necesidades. Como resultado, no piensan dos veces en usar a otros para lograr sus fines. Esta explotación interpersonal a veces es maliciosa, pero a menudo se olvida. Los narcisistas no piensan en cómo otros se ven afectados por su comportamiento. Y si lo descubres, no lo conseguirán. Lo único que entienden son las necesidades de los suyos.

Con frecuencia degrada, intimida, intimida o menosprecia a otros
Los narcisistas son amenazados cada vez que conocen a alguien que parece tener algo que les falta, especialmente aquellos que tienen éxito y son famosos. Las personas que no se arrodillan ante ellos o los desafían de ninguna manera también los están amenazando. Hay desdén por su mecanismo de defensa. La única manera de neutralizar el riesgo y aumentar su orgullo flacidez es derribar a esos hombres. Podemos hacerlo condescendiente o con desprecio como para demostrar lo poco que la otra persona significa para ellos. O con insultos, marca, acoso e intimidación, pueden ponerse a la defensiva para poner a la otra parte de nuevo en la línea.

No caigas en la fantasía
Los narcisistas pueden ser encantadores y muy magnéticos. Somos muy buenos creando una maravillosa autoimagen que nos atrae. Su aparente confianza y sus altos sueños nos atraen, y cuanto más temblorosa es nuestra autoestima, más seductora es la atracción. Es fácil quedar atrapado en tu web, pensando que van a cumplir nuestro deseo de sentirnos más importantes, más vivos. Pero eso es sólo una fantasía, y eso es costoso.

El necesita que no se cumpla (o incluso se reconozca). Recordar que los narcisistas no están buscando pareja es importante; están buscando admiradores obedientes. El único valor del narcisista es como alguien que puede decirles lo grandes que son para apoyar su ego insaciable. No enumera tus pensamientos y emociones.

En la forma en que el narcisista trata a los demás. Mentir, manipular, herir e irrespetar a los demás, el narcisista eventualmente te tratará de la misma manera. No caigas en la ilusión de que eres especial y que vas a ser salvado.

Quítate las gafas de color rosa. Es importante ver a los narcisistas como quienes son en tu vida, no quién quieres que sean. Deja de disculparte por el mal comportamiento o disminuye el daño que te causa. La negación no va a hacer que se vaya. La verdad es que los narcisistas son muy resistentes al cambio, así que la única pregunta que tienes que hacerte es si puedes vivir así para siempre.

Concéntrate en tus propios sueños. enfocate en las cosas que quieres para ti mismo en lugar de perderte en las fantasías del narcisista. ¿Cuál es tu vida que quieres cambiar? ¿Qué tipo de dones quieres desarrollar? Para crear una realidad satisfactoria, ¿qué fantasías necesitas dejar de lado?

Establecer límites saludables

Las relaciones saludables se basan en el respeto y el cuidado el uno por el otro. Pero en sus relaciones, los narcisistas no son capaces de la verdadera reciprocidad. No es sólo porque no quieren; simplemente no pueden. No te ven. No te escuchan. No te consideramos alguien fuera de sus deseos. Como resultado, los narcisistas con frecuencia violan los límites de otras personas. Sin embargo, con un sentido absoluto de derecho, lo hacen.

Los narcisistas no piensan en pasar o tomar sus pertenencias sin permiso, espiar su correo y correos electrónicos privados, espiar llamadas, ladrar sin invitación, robar sus pensamientos y darle opiniones y consejos no deseados. Incluso podrían decir qué pensar y sentir por ti. Reconocer estas infracciones por lo que son es importante, por lo que puede empezar a crear límites más saludables donde se satisfagan sus necesidades.

Haz un plan. Si tienes el hábito de alentar a otros a violar tus límites, recuperar el control no es sencillo. Considera cuidadosamente tus metas y los posibles desafíos para prepararte para el éxito. ¿Cuáles son los principales cambios que esperas hacer? ¿Alguna vez has hecho algo con el narcisista que funcionó en el pasado? ¿Algo que no tengas? ¿Cuál es el equilibrio entre el poder entre tú, y su plan va a impactar? ¿Cómo vas a hacer cumplir las nuevas fronteras? Le ayudará a evaluar sus elecciones y construir un plan realista para responder a estas preguntas.

Considere un enfoque suave. Si necesitas mantener tu relación con el narcisista, tendrás que pisar suavemente. Estás dañando su propia imagen de perfección señalando su comportamiento hiriente o disfuncional. Busque educadamente, profesionalmente y tan amablemente como sea posible para entregar el mensaje. Reflexiona sobre cómo sus acciones, en lugar de sus motivos e intenciones, te hacen sentir. Trate de mantener la calma mientras reaccionan con frustración y defensividad. Si es posible, vete y reanuda la discusión.

No pongas un perímetro a menos que estés dispuesto a quedártelo. Puedes rebelarte contra los nuevos perímetros y poner a prueba tus límites, así que prepárate. Realice un seguimiento de las implicaciones enumeradas. Envías el mensaje de que, si vuelves a bajar, no tienes que ser tomado de manera seria.

Esté preparado para los cambios en la relación. Los intentos de tomar el control de tu vida harán que el narcisista se sienta amenazado y enojado. Están acostumbrados a que se llamen. Para compensar, en otros aspectos de la relación, pueden intensificar sus demandas, distanciarse para amenazarte, o tratar de manipular te o convencerte de renunciar a los nuevos límites. Depende de ti ser fuerte.

No te tomes las cosas como algo personal

Para ordenar protegerse de los sentimientos de inferioridad y culpa, los narcisistas siempre deben ignorar sus deficiencias, crueldades y errores. A menudo lo hará asignando sus defectos a otros. Ser culpado por algo que no es tu culpa o descrito por las malas cualidades que no tienes es muy perturbador. Trate de no tomarlo tan duro como puede ser, sin embargo. No es acerca de ti.

No comprar, la versión del narcisista de quién eres. En realidad, los narcisistas no viven, y esto incluye sus puntos de vista de los demás. No dejes que tu autoestima socave tu juego de la vergüenza y la culpa. Negarse a aceptar responsabilidad inmerecida, culpa o crítica. El narcisista debe mantener esa negatividad.

No discutas con un narcisista. El instinto cuando se ve amenazado es protegerse y demostrar que está equivocado al narcisista. Pero es poco probable que te escuchen, no importa cuán racional seas o cuán sólido sea tu argumento. Así que defender el argumento puede ser muy difícil para escalar la situación. No pierdas el aliento. Sólo dile al narcisista que no estás de acuerdo con su evaluación, y luego procede.

Conócete a ti mismo. Un buen sentido de sí mismo es la mejor defensa contra las amenazas y predicciones del narcisista. Es más difícil descartar cualquier crítica injusta que se le imparte cuando conoce sus fortalezas y debilidades.

Suelte la necesidad de aprobación. Es necesario que se remanen desde el punto de vista del narcisista y cualquier deseo de complacerlos o satisfacerlos a su propio costo. Necesitan saber la verdad por sí mismo, incluso si el narcisista tiene una visión diferente de la situación.

Busque apoyo y propósito en otro lugar
Si vas a permanecer en un matrimonio manipulador, sé realista sobre lo que puedes y no puedes esperar por ti mismo. Un narcisista no se convertirá en alguien que te valora, así que tendrás que buscar apoyo emocional y satisfacción personal en otro lugar.

aprender lo que las relaciones saludables se ven y se sienten como. Cuando vienes de una familia narcisista, es posible que no tengas un sentido perfecto de lo que es una relación saludable de regalo y toma. Con el modelo autoritario de inestabilidad, puede sentirse cómodo. Sólo ten en cuenta que tan cómodo como suena, te hace sentir terrible. Te sentirás valorado, escuchado y libre de estar en una amistad entre ellos.

Pasa tiempo con aquellos que te dan un reflejo honesto de quién eres. Para mantener el equilibrio y evitar comprar en las mentiras del narcisista, pasar tiempo con personas que te conocen tal como eres y validar tus pensamientos y sentimientos es crucial.

Si es necesario, hay nuevas amistades fuera de la órbita del narcisista. Para controlarlos mejor, algunos narcisistas aíslan a la gente en sus vidas. Si es tu situación, tendrás que invertir tiempo en la reconstrucción o el cultivo de nuevas relaciones.

Busquen el trabajo de maldad y propósito, el voluntariado y las aficiones. En lugar de mirar al narcisista para hacerte sentir bien por ti mismo, busca actividades significativas que aprovechen tus fortalezas y te permitan contribuir.

¿Cómo dejar a un narcisista?

Nunca es fácil poner fin a una relación abusiva. Puede ser particularmente difícil terminar con un narcisista porque pueden ser tan encantadores y carismáticos, al menos al principio de la relación o si estás amenazando con irte. Es rápido desorientarse por el comportamiento manipulador del narcisista, atrapado en la necesidad de buscar aprobación, o incluso sentirse "aturdido" y dudar de su juicio. Si eres codependiente, deseas ser leal puede superar incluso la necesidad de preservar tu confianza en ti mismo y tu confianza en ti mismo. Pero es importante recordar que, en un matrimonio, nadie merece ser intimidado, intimidado o violado verbal y emocionalmente. Hay maneras de romper con el narcisista —y la vergüenza y la autoculpa— y de continuar el proceso de curación.

Infórmese sobre el trastorno narcisista de la personalidad. Cuanto más aprendas, más podrás conocer las tácticas que puede usar un narcisista para atraparte en la asociación. Un narcisista a menudo revivirá los halagos y la adoración ("bombardeo de amor") cuando amenazas con irte, lo que te llevó a estar involucrado en el primero. O harán grandes promesas que no tienen intención de cumplir para cambiar su comportamiento.

Anota las razones por las que temas. Ser directo acerca de por qué el matrimonio necesita terminar ayudará a evitar que vuelvas a ser absorbido. Tenga su lista a mano en línea, como en su móvil, y volver a ella cuando usted comienza a tener dudas de sí mismo o cuando el narcisista se vuelve en el encanto o hace afirmaciones extravagantes.

Buscar apoyo. El narcisista puede haber dañado su relación con amigos y familiares o limitado su vida social a lo largo de su tiempo juntos. Sin embargo, no estás solo, sean cuales sean tus circunstancias. Y si no puede comunicarse con viejos amigos, puede encontrar ayuda de grupos de apoyo o líneas de crisis y refugios para la violencia doméstica.

No haga amenazas vacías. Es mejor aceptar que el narcisista no cambiará y se irá cuando termines. Hacer amenazas o pronunciamientos sólo alarmará al narcisista y hará que sea más difícil para usted para liberarse.

Después de que te hayas ido

Puede ser un gran golpe a su sentido de derecho y autoimportancia abandonar a un narcisista. Todavía necesitamos ser alimentados con su enorme ego, por lo que siempre continuarán tratando de manipular. Si el encanto y el "bombardeo de amor" no funcionan, pueden usar amenazas, denigrante a amigos y conocidos entre sí, o calcificando en las redes sociales o en persona.

Apaga todo toque narcisista. Cuanto más tengas contacto con ellos, más confianza les darás de que podrán volver a volver a llevarte. Es más fácil evitar y separarse de sus mensajes de redes sociales, mensajes de texto y correos electrónicos. Si tienen hijos juntos, tenga a otros con usted por cada cambio de custodia planeado.

Déjate entristecerte. Las rupturas, sea cual sea la situación, pueden ser extremadamente dolorosas. Incluso terminar una relación tóxica puede hacerte sentir triste, enojado, confundido y afligido por la pérdida de sueños y compromisos compartidos. La curación llevará tiempo, por lo que es fácil ir por su cuenta y obtener apoyo de familiares y amigos.

No esperes compartir tu dolor con el narcisista. En el que se hunde el mensaje, ya no alimentarás tu ego, el narcisista probablemente pasará a explotar a alguien más en breve. No van a sentir ninguna pérdida o culpa, sólo esa necesidad constante de admiración y alabanza. No es un reflejo sobre ti, sino más bien una ilustración de cómo sus relaciones son siempre muy unilaterales.

Debido a la definición misma de la condición, muchas personas con NPD son reacias a admitir que tienen un problema, y aún más no están dispuestas a buscar ayuda. Incluso si lo hacen, puede ser muy difícil manejar el trastorno narcisista de la personalidad. Pero eso no significa que no haya esperanza o que no sea posible hacer cambios. En casos graves, a veces se administran estabilizadores del estado de ánimo, antidepresivos y medicamentos antipsicóticos, o el NPD coocurre con otra afección. La psicoterapia, sin embargo, es la forma primaria de tratamiento en la mayoría de los casos.

Usted puede aprender a asumir la responsabilidad de sus acciones consultando con un psicólogo profesional, desarrollar un mejor sentido de la proporción y crear relaciones más saludables. Su inteligencia emocional (EQ) también se puede desarrollar. EQ es la capacidad de entender, y manejar sus emociones positivamente para empatizar con los demás, comunicarse eficazmente, y construir relaciones fuertes. Es importante destacar que es posible en cualquier momento aprender las habilidades que componen la inteligencia emocional.

Señales de que eres la víctima del abuso narcisista

Considere esto: ha retorcido y deformado toda la realidad. Has sido humillado, abusado, engañado, burlado, degradado y gritó al pensar que te imaginas cosas. El tipo que creías conocer estaba dividido en un millón de pequeños fragmentos y la vida que creasteis juntos.

Has perdido, reducido tu sentido de sí mismo. Has sido idealizado, devaluado y luego empujado fuera del pedestal. Tal vez incluso has sido reemplazado y descartado varias veces, para ser 'Se cernía' y atraído de nuevo a un ciclo aún más tortuoso de abuso que antes. Es posible que haya sido acechado, amenazado y acosado repetidamente para vivir con su abusador.

Esto no fue una ruptura o relación normal: fue una configuración para el asesinato encubierto e insidioso de la psique y la sensación de seguridad de su mundo. Sin embargo, puede que no haya moretones notables que cuenten la historia; todo lo que tienes son pedazos destrozados, recuerdos rotos y heridas internas de la guerra.

Así es como se ve el abuso narcisista.
Narcisistas malignos ' violencia psicológica puede incluir abuso físico y emocional, manipulación venenosa, muros de piedra, engaño, campañas de frotis, triangulación, junto con algunos otros tipos de intimidación y poder. Esto lo hace alguien carente de empatía, exhibiendo un indebido sentido del derecho, y participando en la manipulación social para satisfacer sus deseos en detrimento de los intereses de los demás.

Como un resultado de abuso crónico, las víctimas pueden tener problemas con los síntomas del TEPT o del TEPT complejo si tienen traumas adicionales, como ser abusados por padres narcisistas o incluso el llamado "Síndrome de Abuso Narcisista" (Staggs, 2016; Stailk, 2017). Las consecuencias del abuso narcisista pueden incluir depresión, pánico, hipervigilancia, una abrumadora sensación de culpa tóxica, alucinaciones psicológicas que devuelven al sobreviviente a experiencias traumáticas, y sentimientos excesivos de sin valor.

Cuando estamos en medio de un ciclo de abuso, puede ser difícil identificar exactamente lo que estamos experimentando porque los abusadores son capaces de torcer y convertir la realidad para satisfacer sus propias necesidades, participando en intensos bombardeos de amor después de incidentes abusivos, y convencer a sus víctimas de que son los abusadores.

Si experimentas los once síntomas a continuación y estás o has estado en una relación tóxica con una pareja que te falta, te invalida y maltrata, es posible que hayas sido aterrorizado por un depredador emocional:

1. Usted experimenta la disociación como un mecanismo de supervivencia.
Te sientes emocional o incluso físicamente desconectado de tu entorno, sintiendo perturbación de la memoria, visión, conocimiento y auto sentido. El Dr. Van der Kolk (2015) escribe: "La disociación es la esencia del trauma.

La experiencia subjetiva se separa y se distorsiona para que los sentimientos, olores, imágenes, percepciones y sensaciones físicas se apoderen de su propia casa. "La disociación ante circunstancias horribles puede conducir a la intuición mental. Porque te permite una distracción de tu realidad actual, los hábitos alucinantes, las obsesiones, las adicciones y la privación pueden convertirse en una forma de vida. El inconsciente encuentra maneras de suprimir mentalmente la influencia del sufrimiento para que no tengas que lidiar con tus condiciones de miedo total.

También puede crear "partes internas" traumatizadas que se separan de su identidad de perpetrador o seres queridos (Johnston, 2017). Esas secciones internas pueden incluir las partes ocultas del bebé que nunca han sido nutridas, la ira genuina y el disgusto que tienes hacia tu atacante, o aspectos de ti mismo que sientes que no puedes expresar con ellos.

Según la terapeuta, la reverenda Sheri Heller (2015), "Integrar y recuperar aspectos de personalidad disociados y des aversión es en gran medida dependiente de la construcción de una narrativa cohesiva que permita la asimilación de los aspectos emocionales, cognitivos y fisiológicos realidades. Esta integración interna se realiza mejor con la ayuda de un terapeuta informado del trauma.

2. Caminas sobre cáscaras de huevo.

Un síntoma común del trauma es resistir cualquier cosa que refleje el revivir el trauma, ya sea que las personas representen un riesgo, lugares o comportamientos. Ya sea tu pareja, novia, familiar, compañero de trabajo o empleador, estás constantemente observando lo que estás haciendo o haciendo alrededor de esa persona para que no tengas su ira, represalias o te conviertas en el blanco de sus celos.

Usted encuentra, sin embargo, que esto no funciona, y usted sigue siendo el objetivo del abusador cuando él o ella se siente con derecho a usarlo como un saco de golpes emocional. Te sientes perpetuamente ansioso por "provocar" a tu abusador de cualquier manera, como resultado de lo cual puedes evitar la confrontación o establecer límites.

Fuera de la relación abusiva, también puede ampliar su conducta agradable a las personas, perder la voluntad de ser casual o asertivo al explorar el mundo exterior, especialmente con personas como su abusador y acoso.

3. Deje a un lado sus necesidades básicas, sacrificando su seguridad emocional y física para complacer al abusador.

Una vez que hayas estado lleno de vida, impulsado por propósitos y orientado a los sueños, ahora sientes que vives para satisfacer las necesidades y agendas de otra persona. Una vez, toda la vida del narcisista parecía girar a tu alrededor; ahora, toda tu vida gira a tu alrededor.

Es posible que haya puesto sus aspiraciones, intereses, relaciones y seguridad personal en el quemador trasero para asegurarse de que el matrimonio de su abusador se mantenga satisfecho.' Pronto te darás cuenta, por supuesto, de que él o ella nunca estará realmente satisfecho con cualquier cosa que hagas o no hagas.

4. Luchando con problemas de salud que representan su agitación psicológica.

Es posible que hayas ganado o perdido una cantidad considerable de peso, hayas desarrollado problemas de salud graves que antes no existían y hayas experimentado síntomas físicos de envejecimiento prematuro. El estrés del abuso crónico ha sobredimensionado tus niveles de cortisol y tu sistema inmunitario ha sido golpeado con fuerza, dejándote vulnerable a enfermedades físicas y enfermedades (Bergland, 2013).

Cuando lo haces, te encuentras incapaz de dormir o experimentar pesadillas aterradoras, reviviendo el trauma a través de flashbacks emocionales o visuales que te llevan de vuelta al sitio original de la herida (Walker, 2013).

5. Desarrollas un sentido generalizado de desconfianza.

Cada individuo ahora representa una amenaza, y usted está cada vez más preocupado por las intenciones de otras personas, particularmente después de ver a alguien en quien una vez confió en las acciones maliciosas. La hipervigilancia es una precaución normal. Dado que el manipulador perpetrador ha trabajado duro para hacerte creer que tus observaciones son falsas, es difícil para ti confiar en los demás, incluso en ti mismo.

6. Experimentas ideación suicida o tendencias autodañantes.

Puede haber una creciente sensación de desesperanza, junto con la depresión y la ansiedad. Las condiciones eran intolerables, como si, aunque quisieras, no pudieras correr. Te arropaba un sentir de impotencia que te hace sentir como si no quisieras que otro día sobreviva. Como una manera de hacer frente, incluso puede darse el tiempo en autolesiones.

Como afirma el Dr. McKeon (2014), el jefe de la división de prevención del suicidio de LA SAMHSA, las víctimas de la violencia de los partidores de la angustia, tienen el doble de probabilidades de intentar suicidarse. Así es como los perpetradores asesinan sin rastro de naturaleza.

7. Usted se auto aísla.

La mayoría de los abusadores aíslan a sus víctimas, pero los sobrevivientes también son excluidos porque se sienten avergonzados de su abuso. Teniendo en cuenta la culpación de la víctima y los malentendidos en torno a la violencia emocional y psicológica en la sociedad, los sobrevivientes pueden incluso ser remontados por las fuerzas del orden, los miembros de la familia, los conocidos y los miembros del harén del narcisista que pueden invalidar sus recuerdos de acoso.

Tememos que nadie los entienda o los apoye, así que tendemos a escondernos de los demás como una forma de evitar el juicio y la venganza de su abusador en lugar de pedir ayuda.

8. Usted encuentra su yo comparando su yo con los otros, obteniendo en la medida de culparse a sí mismo por el abuso.

Un abusador narcisista es altamente hábil en producir triángulos de amor o llevar a otra persona a la dinámica de la relación para aterrorizar aún más a la víctima. Como resultado, las víctimas de abuso narcisista interiorizan la ansiedad de no estar satisfechas y pueden esforzarse constantemente por competir' por la atención y aprobación del delincuente.

Las víctimas en matrimonios estables y saludables también pueden equipararse a los demás o cuestionar si su perpetrador parece tratar a extraños con más respeto. Esto puede enviarlos vagando por la trampilla, "¿Por qué yo?" Y atrapado en el pozo de la autoculpa. El hecho es que el perpetrador es el culpable, no eres responsable de ser explotado de ninguna manera.

9. Usted se autosabotaje y autodestrucción.
Las víctimas frecuentemente rumian sobre la violencia y escuchan la voz del perpetrador en sus cabezas, amplificando sus tendencias negativas de auto hablar y autosabotaje. Narcisistas malignos 'código' para hacer a sus víctimas autodestructivas, a veces hasta el punto de empujarlas al suicidio.

Las víctimas desarrollan una propensión a culparse a sí mismas porque tienen una culpa tan venenosa debido a los encubiertos y evidentes problemas del narcisista, el abuso verbal y la hipercrítica. Socavaremos sus aspiraciones, sus ambiciones y sus metas educativas. El abusador ha inculcado una sensación de inutilidad en ellos y comienzan a creer que las cosas buenas son inmerecidas.

10. Haces lo que te gusta y le gustas el éxito.
Debido a que muchos depredadores obsesivos envidian a sus presas, son recompensados por su éxito. Hace que sus víctimas se mezclen con el comportamiento inhumano e insensible sus alegrías, deseos, habilidades y campos de logro. Tal manipulación lleva a sus víctimas al odio al éxito, siempre y cuando no sean castigadas con reproches y represalias.

Como resultado, las víctimas se desalientan, no tienen confianza, y pueden huir de los focos, animando a sus autores a "robar" el espectáculo una y otra vez. Date cuenta de que tu abusador no socava tus dones porque realmente creen que eres inferior; es porque amenazan con el control sobre ti.

11. Usted protege a su abusador e incluso 'duda' usted mismo.
La racionalización, la minimización y la negación del abuso son a menudo los mecanismos de supervivencia de las víctimas en una relación abusiva. Para reducir la disonancia cognitiva que estalla cuando eres maltratado por la persona que dice amarte, las víctimas de abuso están convencidas de que el abusador no es realmente "todo tan malo" o que deben haber hecho algo para "provocar" el abuso.

Es importante reducir la disonancia cognitiva en la otra dirección a través del estudio de la personalidad narcisista y las técnicas de abuso; de esa manera se puede contrastar la realidad actual con el falso yo del narcisista a través de darse cuenta de que el individuo manipulador es su verdadero yo, no la fachada amistosa.

Recuerde que a menudo hay una relación de socorro extremo entre la víctima y el perpetrador porque la víctima está 'educada' para confiar en el abusador para sobrevivir (Carnes, 2015). Las víctimas pueden proteger a sus abusadores de las consecuencias legales, mostrar una imagen positiva de la relación de las redes sociales o compensar en exceso la violencia al compartir la culpa».

He sido narcisistamente abusado. ¿Y ahora qué?
Si estás en alguna relación disfuncional en este momento, sabe que incluso si sientes que no estás solo. En todo el mundo, millones de víctimas han sido testigos de lo que ustedes tienen. No hay género, idioma, clase social o religión exclusivo en esta forma de tortura psicológica. El primer paso es tomar conciencia y afirmar la verdad de su condición, incluso si el perpetrador trata de hacerte pensar lo contrario.

Si puedes, estudia las cosas por las que has pasado para empezar a reconocer los hechos de la violencia. Comparta los hechos con un experto confiable para la salud mental, defensores de la violencia doméstica, familiares, familiares o víctimas. Continuar 'curando' el cuerpo mediante enfoques como yoga centrado en el trauma y meditación sobre la conciencia, dos ejercicios que abordan las mismas partes del cerebro que a menudo se ven afectados por el trauma (van der Kolk, 2015).

Obtén ayuda si tienes alguno de estos síntomas, en particular ideación suicida. Consulta con un terapeuta informado por trauma que conozca los signos del trauma y pueda ayudarte a guiarte. Crea un plan de seguridad si tu atacante es abusivo.

Debido a los intensos lazos traumatismos que pueden desarrollarse, los efectos del trauma y la sensación generalizada de impotencia y desesperanza que puede resultar del abuso, no es fácil dejar una relación abusiva. Sin embargo, en el caso de la co-paternidad, usted tiene que saber que es posible salir e iniciar el viaje a Sin contacto o Contacto bajo. Es difícil recuperarse de esta forma de abuso, pero vale la pena allanar el camino de vuelta a la liberación y juntar las piezas de nuevo.

Codependencia

Durante casi cuatro décadas, la palabra codependencia ha existido. Aunque originalmente se aplicaba a parejas intoxicadas, primero llamadas co-alcohólicas, la investigación reveló que, en la población general, los síntomas de los cedentes eran mucho más comunes de lo que se esperaba. Descubrimos que, si crecías en un hogar disfuncional o tenías una madre enferma, te inclinabas a ser codependiente. Si eso significa que no te sientes mal. La mayoría de las familias de Estados Unidos son disfuncionales, ¡así que estás en la mayoría, cubriendo a casi todo el mundo! También encontraron que, si no se trataban, los síntomas codependientes empeoraban, pero la buena noticia era que eran reversibles.

Aquí hay una señal de que no tienes que contarlos como codependientes.

Baja autoestima

No sentirse lo suficientemente bien o ser comparado con los otros es un signo de baja seguridad. Lo complicado de los sistemas es que algunas personas piensan favorablemente en sí mismas, pero por sentirse muy poco amado o incompetente, es sólo un disfraz. Debajo hay sentimientos de vergüenza, generalmente ocultos a la conciencia, algunos de los problemas que van con baja autoestima o sentimientos de culpa y perfeccionismo. No te sientes mal contigo mismo si todo es perfecto.

Gente agradable

Está bien querer a alguien que te importa complacer, pero generalmente, los cedentes no creen que tengan elección. Decir "no" crea ansiedad para ellos. A la mayoría de los cedentes les resulta difícil decir "No" a nadie. Salen y descuidan sus propias necesidades para satisfacer a los demás.

Pobre boundarios

Los Boundarios son un algo imaginario entre tú y otros. Separa lo que es el tuyo y el de otra persona, y eso no sólo se aplica a tu cuerpo, dinero y posesiones, sino también a tus emociones, opiniones y necesidades. De hecho, ahí es donde los codeantes se meten en problemas. Tenemos distinciones borrosas o pobres entre nosotros. Me siento responsable de las emociones y preocupaciones de otras personas, o culpar a otra persona por las suyas.

Hay algunos codeantes de límites estrictos. Se cierran y se retiran, lo que dificulta que otras personas se acerquen a ellos. Los individuos a menudo se voltean hacia adelante y hacia atrás entre límites suaves y fuertes.

Reactividad

Un resultado de los límites pobres es que reaccionas a los pensamientos y sentimientos de todos. Cuando no estás de acuerdo con alguien ha dicho algo, o lo crees o eres a la defensiva. Te tragas sus expresiones porque no hay fin para ellas. Con una barrera, sabrías que era su punto de vista, no una representación de ti, y no un riesgo de conflicto.

Cuidado

La consecuencia con límites débiles es que, si tienes un problema con otra persona, quieres apoyarlos hasta el punto de que te rindes. Es normal que alguien sienta empatía y simpatía, pero los codeantes comienzan a poner a otras personas delante de ellos. En realidad, si otra persona no quiere ayuda, necesita apoyo y puede sentirse rechazada. Además, que continúe para tratar de ayudar y arreglar a la otra persona, incluso si esa persona no tome su consejo.

Control

El comando te hace sentir seguro y protegido con los codeantes. Todos en su vida necesitan un poco de control sobre los acontecimientos. No querrás vivir constante incertidumbre y el caos, pero el control limita tu capacidad de tomar riesgos y compartir tus sentimientos por los codeantes. a veces tienen una adicción que les ayuda a 1-sen, como el alcoholismo, o les ayuda a contener sus sentimientos, como el trabajo, para que no se sientan útiles.

Los dependientes de los consumidores de la marca, los que se encuentran cerca de ellos, ya que necesitan que otros se comporten de una manera que los haga sentir bien. Puede ser para controlar y manipular a las personas con placer y cuidado. Los codeantes son mandones, además de decirte lo que debes o no debes hacer. Esto es una violación del límite de otra persona.

Comunicación disfuncional

Los codeantes tienen problemas para comunicar sus pensamientos, sentimientos y necesidades. Por supuesto, esto se convierte en un problema si no sabes lo que piensas, sientes o necesitas. A veces, a veces, pero no vas a ser dueño de tu realidad. Tienes miedo de ser real porque no quieres que alguien más se ofenda. "Yo no lo digo", podrías fingir que está bien o le dice a alguien qué hacer. Si intentas manipular a la otra persona por inseguridad, la conversación es manipuladora y frustrante.

Obsesiones

Los codeantes tienden a pensar en otras personas o relaciones en su tiempo. Esto se debe a su dependencia y temores y ansiedades. También puede distraerse porque teme que hayan cometido o pueda cometer un "error". A veces puedes caer en fantasías sobre cómo quieres que sea o alguien que amas como una manera de evitar la incomodidad del presente.

Dependencia

Los dependientes necesitan que les guste que se sientan bien consigo mismos, y tienen miedo de que sean ignorados o descartados, incluso si pueden trabajar solos. Otros necesitan estar en una relación en todo momento porque se sienten deprimidos o solos cuando son demasiado largos por sí mismos. Esta tendencia hace que sea difícil para ellos, incluso si el matrimonio es traumático o violento, poner fin a una relación. Finalmente se sienten atascados.

Negación

Uno de los problemas a los que se enfrentan las personas con la obtención de ayuda para la codependencia es que la están evitando, lo que significa que no se enfrentan a su dilema. Por lo general, piensan que alguien más o la situación es el problema. Luego continúan quejándose o tratar de arreglar a la otra persona, o van de una relación o carrera a otra y nunca son dueños del hecho de que tienen un problema.

Los codeantes también suprimen sus sentimientos y necesidades. A menudo no saben lo que sienten y se centran en lo que otros sienten. Lo mismo se refiere a sus deseos. Están prestando atención a las necesidades de otras personas, no a las suyas. Podemos cuestionar su necesidad de espacio e independencia. Mientras que algunos codeantes tienden a ser vulnerables, algunos se comportan como si fueran autosuficientes en necesidad de apoyo. No van a tender la mano y meterse en problemas. Rechazamos su debilidad y necesitan afecto e intimidad.

Problemas con la intimidad

No me refiero al sexo por esto, aunque la disfunción sexual es a menudo un reflejo de un problema de intimidad. Hablo de ser abierto y cercano en una relación íntima con alguien. Podrías tener miedo de ser juzgado, despedido o abandonado debido a la culpa y los límites pobres. Por otro lado, en un matrimonio, puede que tengas miedo de ser asfixiado y de perder tu libertad. Usted puede dudar de la necesidad de cercanía y creer que su pareja quiere demasiado tiempo; su pareja insiste en que usted no puede, pero él o ella cuestiona la necesidad de separación.

Movimientos dolorosos

El estrés de la codependencia creada conduce a emociones dolorosas. La vergüenza y la baja autoestima crean ansiedad y miedo acerca de:

- Ser juzgado
- Ser rechazado o abandonado
- Cometiendo errores
- Ser un fracaso
- Estar cerca y sentirse atrapado
- Estar solo

Los otros síntomas se manifiestan en sentimientos de ira y rabia, ansiedad, desesperación y desesperanza. Usted puede sentirse entumecido cuando los sentimientos son demasiado.

La asistencia de recuperación y cambio está disponible. El primer paso es ser guiado y alentado. Tales signos son hábitos que están profundamente arraigados y son difíciles de identificar y alterar por su cuenta. Unirse a un grupo de 12 pasos como Codependientes anónimos o buscar asesoramiento. Trabaja para desarrollar tu autoestima y ser más asertivo.

La mayoría de la gente ha oído la etiqueta codependiente, pero no tienen idea de lo que significa. Es un error, pero mucha gente piensa que significa ser demasiado necesitado o pegajoso en las relaciones para ser codependiente. También creo que se aplica principalmente a las niñas y las relaciones románticas. Sí, ciertos codependientes pueden tener una necesidad o adherencia, pero no es una manera precisa de describir una relación codependiente. La codependencia es mucho más profunda que solo uno o dos rasgos de los personajes. Algunas personas necesitadas no son en absoluto codependientes y algunos codependientes no están actuando necesariamente externamente. El objetivo es comprender mejor las relaciones codependientes y lo que las compone al final de esta sesión.

El término codependiente es relativamente reciente. Fue acuñado en la década de 1970, aunque el comportamiento codependiente era mucho más largo que el de alrededor. Cuando Alcohólicos Anónimos llegó a la escena para apoyar a los alcohólicos, algunos terapeutas comenzaron a notar que muchos padres alcohólicos mostraron características similares. Estos miembros de la familia, en particular, pasaron la mayor parte de su tiempo lidiando con los problemas de sus seres queridos. Estos miembros de la familia fueron llamados co-alcohólicos antes de que la palabra codependiente comenzara a utilizarse. Sin embargo, más tarde se entendió que para exhibir signos de comportamiento codependiente, y una persona no necesita estar en una relación con un alcohólico.

La codependencia puede ser confusa, ya que cubre una gran cantidad de comportamientos y patrones de pensamiento poco saludables. Algunas de las características dominantes de un individuo codependiente, sin embargo, incluyen:

Usar las relaciones como origen de la autoestima en lugar de encontrarlo desde dentro.

Pasar una gran hora de su tiempo trabajando para arreglar a otras personas - a través de dar consejos, forzar la asistencia, etc. Esto sucede incluso cuando la asistencia no es deseada.

La parte triste de la codependencia es que las personas que sufren de esta condición nunca son capaces de permanecer en los matrimonios, y son disfuncionales. Esto no se puede revertir a menos que el codependiente realice un cambio. La buena noticia es que la codependencia es un comportamiento aprendido que también significa que se puede desaprender. La mala noticia es que la codependencia es la única persona que puede hacer un cambio. Debe estar dispuesto a admitir que su matrimonio es disfuncional y dispuesto a tomar medidas para cambiar su comportamiento.

Es importante decir que no es perjudicial para los codeantes. El hecho es que normalmente son personas maravillosas y de buen corazón con su vida que se preocupan por los otros hombres. Lamentablemente, lo que suele suceder es que no creen que valga la pena preocuparse por sí mismos o por nadie. Si esto suena como usted, leer más acerca de lo que hace que una persona codependiente y lo que puede hacer para hacer buenos cambios en su vida vale la pena su tiempo.

Unión de Trauma

¿Qué es la unión de trauma?

Si alguna vez has experimentado una relación que te hizo preguntarte si era pasión o violencia, te has encontrado con la toxicidad de un traumatismo. Este método particular de coerción está marcado por comportamientos repetitivos en los que el narcisista actúa en un ciclo de abuso, culminando en una relación dolorida compuesta con cada fechoría recurrente.

Antes de mirar más de cerca este ciclo, es importante saber que los narcisistas no sólo reservan sus comportamientos problemáticos para las relaciones románticas. En cualquier relación de adulto a adulto, incluidas las de supervisor y subordinado, maestro y alumno, y de colega a colega, la vinculación de trauma puede ocurrir como resultado de la violencia mental o física, por nombrar algunos. También se refiere a las asociaciones entre padres e hijos, así como otras relaciones familiares, que afectan tanto a niños como a adultos.

El proceso de un narcisista es una tendencia adictiva que alimenta un deseo de aprobación mientras lleva a su pareja a asumir que los hábitos negativos son naturales. Este proceso se puede resumir en tres etapas: el enamoramiento del socio, la devaluación y el despido rápido. El ciclo se vuelve venenoso a medida que la pareja comienza a anhelar el enamoramiento que marcó el comienzo del matrimonio, llevándolos a olvidarse fácilmente y haciendo cualquier cosa para devolver la conexión a una posición de buenos sentimientos.

Un narcisista aprovecha el refuerzo positivo inconsistente para atraer a su pareja de vuelta a medida que se repite el patrón. Este ciclo a menudo se convierte en una búsqueda implacable para recuperar el otrora rico amor inicial y admiración. Para cuando la conciencia comienza, y la relación debe llegar a su fin, las víctimas a menudo se sienten demasiado atrapadas para irse.

Cuando te sientes profundamente apegado a una pareja tóxica, aquí hay maneras de cortar el vínculo:

Sin contacto

Participar en un descanso total. No te involucres con tu pareja. Ignore los correos electrónicos posteriores a la separación, los mensajes de texto, las llamadas y cualquier otro medio de comunicación. y era encanto que marcó el inicio de la relación, pero luego recuerda el comienzo de cada ciclo. Evite el riesgo de adherirse a patrones antiguos.

Vivir en la realidad

Comprométanse a vivir en este momento; evitar morar en lo que podría haber sido su relación. Más bien, tome nota de cómo se siente en este momento y considere que la relación saludable no deja a una persona con una sensación de devaluación o captura.

Separación

Inclínate y regresa a tus habilidades cognitivas desapasionadas cada vez que la distancia te haga tentar a volver a la relación. Establece los hechos sobre la esencia de tu matrimonio y alienta a tus amigos y familiares a usar esta forma de pensar para apoyarte. Esta red le ayudará a reentrenar su cerebro al igual que la búsqueda de un refuerzo positivo poco fiable fue una acción aprendida. Esa práctica se utilizará en un momento confuso para proteger su salud emocional.

Señales de peligro

Si su interés lo romántica exhibe fuertes trucos de un narcisista, es importante ser consciente de los riesgos que una posible reacción podría conllevar. Sea en público, sea de individuales que colocan una atención centrada en la navaja, imploran gestos en público, apresuran la intimidad emocional o crean una falsa sensación de profunda familiaridad. La información acerca a la forma en que se acercan a las relaciones pasadas y toman nota de las otras dinámicas relacionales en su vida.

Y finalmente, considere llevar sus inquietudes a un terapeuta con licencia que pueda trabajar con usted para identificar riesgos y fomentar el autocuidado mientras navega por las complejidades de tratar con esta persona.

Como neutralizar los Signos de Unión de Trauma

Es fácil confundir la violencia con el amor cuando estás lidiando con el dolor y no lo sueltas.

Los dos que están atrapados en un ciclo en su relación a menudo se confunden con amor con abuso emocional. El trauma es sorprendentemente fácil de pasar por alto cuando el perpetrador está "cuidando" por usted.

La vinculación al trauma es un problema que muchas personas atrapadas en relaciones abusivas no saben que están sufriendo, y el abuso mental a veces te golpea al tratar diferentes tipos de trauma como afecto.

Usted puede ser rápidamente atraído por una relación abusiva cuando usted está sosteniendo para ser apreciado y malinterpretar los signos como afecto en lugar de violencia. Y, ¿cómo sabes si realmente estás enamorado o atrapado en el apego por estrés en una fantasía deslumbrante?

¿Es amor o abuso verdadero debido a un vínculo de trauma emocional?

¿Alguna vez te has enamorado fácil y rápido, pero entonces todo terminó con un comportamiento abusivo? ¿Te has sorprendido de que separarte del amor tóxico fuera difícil?

Bien, hay algo ahí. Aquí hay algunos consejos sobre cómo deshacerse de este tipo de fortaleza:

Comprométase con la vida real. Si quieres imaginar lo que podría ser o lo que crees que será, haz una pausa. Tenga en cuenta que se ha dedicado a vivir en la realidad. Incluso si de repente no decides dejar el matrimonio, al menos puedes recordar que vas a dejar de fantasear con lo que no está pasando.

Vive en tiempo real. Eso significa parar, aferrarse al "podría" o "voluntad" de mañana. fijate lo que está pasando ahora. Recuerda cómo estás atascado. Fíjate en lo poco amado que sientes por esta relación y cómo comprometiste tu autoestima y tu autoestima. Cuida tus emociones. Comience a esperar y esperar y empezar a notar lo que está sucediendo y cómo le afecta en tiempo real.

Vivir una decisión a la vez y un día a la misma hora. A veces la gente tiene miedo de pensar todo o nada. No te prometas algo como, "Nunca tengo que hablar con la persona tóxica de nuevo o peor", es como tratar de perder peso y convencerte de que nunca puedes comer dulces. Si bien es posible que tengas una relación poco saludable, no tienes que hacer de ninguna experiencia un escenario de hacer o morir. No tengas miedo.

Tome decisiones que solo respalden su cuidado personal. Es decir, no tomes decisiones que te lastimen. Eso también se aplica a las "recaídas" emocionales. Cuando te sientas débil, no te molestes emocionalmente. Sólo háblate a ti mismo de una manera cariñosa, sensible y perspicaz. Sabed que al final, sois una obra y que la vida es un viaje. No hagas un intento despreocupado de golpearte físicamente. Deténgase y piense en cada elección que haga en cada experiencia que tenga con el objeto de su fascinación. marca que están en el mejor interés de usted.

Empieza a sentir las emociones. Siempre que, en tu vida, estás lejos de la persona tóxica y estás tentado a tranquilizarlos, detente. En su lugar, considere escribir sus sentimientos. Anota cualquier cosa que te venga. Por ejemplo, "Me siento. Estoy desaparecido. Desearía poder estar con ahora mismo, pero ahora voy a sentarme y escribir mis sentimientos. En lugar de recurrir, voy a enseñarme a sentir mi camino a través de la obsesión. Esto puede ayudarle a construir fuerza interior. Aprende a estar con tus sentimientos fácilmente. No tienes que huir de ellos, esconderte de ellos, evitarlos o dejarlos ir. Pueden seguir desapareciendo hasta que los sientas completamente. Recuerda: esta es la única salida.

Aprende a llorar. Una de las cosas más difíciles que has tenido que hacer es dejar de disolver una relación tóxica y romper un vínculo traumático. Sin honrar la realidad, pierdes algo muy valioso para ti, y no puedes hacerlo.

Comprende el "catch". Identifique exactamente lo que se pierde. Podría ser una visión, una fantasía, una ilusión. Su compañero podría haberle convencido de que esperaría que satisfarían una necesidad intensa e insatisfecha. Una vez que pueda identificar cuáles estas necesidades (o gancho), puede llegar al negocio de duelo. El duelo significa mantener las manos abiertas (figurativamente) y soltarse. Te despides de la idea de que tal vez nunca hayas terminado con la necesidad. Esta relación no se va a cumplir, al menos.

Escribe por ti mismo una lista de hábitos de fondo. Posibles ejemplos: "(1) No voy a dormir con alguien que me llame nombres. (2) No voy a discutir con alguien borracho. (3) Voy a cuidar mis finanzas. (4) No voy a tener conversaciones con nadie cuando estoy desesperado (o defensivo u obsesivo, etc.). "Sean cuales sean sus áreas de preocupación, determinen lo que deben hacer para cambiar esos comportamientos y convertirlos en sus últimos comportamientos.

Construye una vida para ti. Poco a poco, empieza a soñarte a ti mismo (y a tus hijos, si los tienes) sobre tu futuro; en otras palabras, crea deseos que no incluyan a tu dolorosa esposa. Tal vez vayas a la escuela, empiezas un pasatiempo, vas a la iglesia o te unes a un club. Comienza a tomar decisiones que confirmen la vida para separarte de las relaciones negativas que han arruinado tu tranquilidad.

Construir relaciones saludables. La única manera de deshacerse de las conexiones insalubres es empezar a invertir en las saludables. Construir otras relaciones cercanas, conectadas y unidas que no estén centradas en el drama. Haz que tu gente "se vaya". Sin ayuda, la recuperación es extremadamente difícil. Ten en cuenta las personas que te muestran el interés de tu vida y ayuda y quédate con ellas tan a menudo como puedas. Comuníquese según sea necesario para recibir asistencia profesional.

Signos de un narcisista

Cuando se trata de determinar si un narcisista es alguien que conoces, la mayoría de la gente lo hace más complicado de lo que necesita ser. Yo uso la prueba de pato, es decir, es probable que sea un pato si parece un pato y cual como pato. No hay análisis de sangre, resonancias magnéticas o determinaciones definitivas de narcisismo. Incluso los terapeutas tienen que mirar el comportamiento, las actitudes y las reacciones que una persona presenta para determinar el narcisismo en sus observaciones.

La idea de que sabemos exactamente cómo es un narcisista es lo que lo deja claro. He enumerado a continuación todos los síntomas y comportamientos que usted debe estar buscando. Mantengan que no todos estos deben estar presentes para tomar una decisión de narcisismo. En relación con el Manual de la Ciudad de Diagnostica y el Manual de Los estados, donde los médicos utilizan como referencia, sólo el 55% de los síntomas definidos deben ser exhibidos por un paciente para ser considerado narcisista. La lista que hice aquí se describe para que pueda obtener una imagen más detallada de los comportamientos comunes de un narcisista.

Superioridad y derecho

El universo del narcisista tiene que ver con lo bueno/malo, superior/inferior y derecho/falso. Hay una pirámide clara en la parte superior con el narcisista, el único lugar donde se siente seguro. Los narcisistas deben ser los mejores, los más correctos y los más compenetrados; debe hacer todo lo que pueda; debe ser dueño de la cosa, y deben dominar a todos. Curiosamente, al ser el peor, el más equivocado, o el más enfermo, molesto o herido durante algún tiempo, los narcisistas también pueden tener esa sensación superior. En cambio, se sienten con derecho a recibir atención y compensación que se nutren e incluso el derecho a hacerle daño o a pedir "simplemente hacer cosas".

Necesidad exagerada de atención y validación

Los narcisistas necesitan atención constante, incluso siguiéndote por la casa, pidiéndote que encuentres cosas o que digas algo para llamar tu atención. La aprobación de un narcisista sólo se aplica si proviene de otros. No cuenta para mucho, incluso entonces. La necesidad de validación por parte de un narcisista es como un embudo. Lanzas en términos que son positivos y de apoyo, y ellos transmiten hacia el otro lado, y se han ido. No importa cuánto asegures a los narcisistas que los amas, los respetes o los apruebes, nunca consideran que sea suficiente, porque no piensan que nadie puede amarlos en el fondo. A pesar de todas sus grandiosas jactancias ensimismados, los narcisistas son generalmente muy inseguros y temen no estar a la altura. Estamos constantemente tratando de obtener el reconocimiento y validación de otros para apuntalar sus frágiles egos, pero siempre quieren más, no importa cuánto se les conceda.

Perfeccionismo

Los narcisistas tienen una necesidad muy fuerte de hacerlo bien. Creemos que debemos ser ideales, que deberíamos ser impecables, las cosas deben tomar las cosas como expectativa, y dejar caer -debería resultar tal como lo imaginan. Este es un deseo terriblemente irreal, contribuyendo gran parte del camino a la sensación insegura deprimida y miserable. La demanda de perfección hace que el narcisista se queje y quede constante insatisfecho.

Reglas para el control

El instó continuo de los narcisistas con la forma en que se desarrolla la forma de los motores, quieren hacer tanto como posible para controlarla y moldearla a su gusto. Queremos estar al mando y al orden, y que los que se encargan de todo. Los narcisistas siempre tienen en mente una historia sobre lo que debe decir y hacer cada "personaje" en su relación. No te comportas como estabas planeado. No saben qué esperar cuando estás fuera del guion. Te piden que digas y hagas exactamente lo que tienen en mente para llegar a su conclusa. En el juego de la tierra, usted es un personaje, no una persona real con sus pensamientos y sentimientos.

Falta de responsabilidad: culpar y desviar

Los santifiques quieren ser cargos, nunca quieren ser responsables de los resultados, a menos que, por supuesto, todos vayan exactamente por su camino, y su resultado deseado tenga lugar. El narcisista pone toda la culpa y la responsabilidad por ti cuando los tres no van a estar de acuerdo con el plan o se sienten criticado o menos que perfectos. Debe ser culpa de otra persona. Algunos tienen la culpa de la culpa, todos los poles, todos los empleadores, todos los estudiantes, todos los republicanos, etc. El narcisista, en otras ocasiones, elige a una persona o reglamento específico a la que culpar: su esposa, el juez o las reglas que restringen lo que tiene que hacer.

Sin embargo, la mayoría de las veces, el narcisista acusa a la única persona que es la gente más cercana, más conectada, confiable y más cariñosa en su vida: usted. Siempre hay que culpar a alguien o a alguien que mantenga la fachada de la perfección. Debido a que no es probable que se vaya o lo rechace, usted es la mejor persona a la que culpar.

Falta de límites

Los narcisistas no pueden ver dónde van a terminar y empezar. Son como niños de dos años. Asumimos que pertenecemos a todo, que todos creen y actúan igual que ellos, y que todos desean las mismas cosas que ellos. Para que les digan que no, están aturdidos y profundamente ofendidos. Si un narcisista necesita que hagas algo, hará todo lo posible y resolverá cómo hacerlo a través de la manipulación, engatusar, desafiante, negando o haciendo piejos.

Falta de empatía

Hay muy poca capacidad para que los narcisistas empates con los demás. Tienden a ser auto culpados y auto involucrados, y tienden a ser incapaces de entender lo que otras personas sienten. Los narcisistas quieren que los demás piensen y sientan lo mismo que ellos y rara vez piensan en cómo se sienten los demás. Rara vez son apologistas, arrepentidos o tristes, tampoco.

Sin embargo, los narcisistas son muy sensibles a las amenazas percibidas, la frustración y el rechazo de otras personas. Al mismo tiempo, son casi ajenos a las otras personas alrededor de sus emociones. También la lectura de las expresiones faciales ambiguas y parecen ser cínicos en la percepción de las expresiones faciales como negativas. El narcisista no entenderá correctamente lo que sientes cuando llevas a cabo tus sentimientos drásticamente. Sólo digo "lo siento" o "te amo" cuando el narcisista está al borde, y frustrado se devolverá el fuego. No te va a creer e incluso puede malinterpretar tu comentario como un ataque.

Por lo tanto, si sus palabras y frases no son congruentes, el narcisista probablemente respondería incorrectamente. Es por eso que los narcisistas a veces ven el sarcasmo como un acuerdo real o como un ataque personal cuando se ríen con otros. Otra razón por la que los narcisistas son deficientemente empáticos con tus emociones es su falta de capacidad para leer el lenguaje corporal correctamente. No los vemos, no los vemos correctamente y no creen que te sientas diferente de lo que son.

Los narcisistas a menudo carecen de un sentido de la esencia de las emociones. No entendemos cómo se sienten. Creemos que alguien o algo fuera de sí mismo desencadena sus emociones. No saben que su bioquímica, emociones y experiencias son la fuente de sus sentimientos. Los narcisistas, en pocas palabras, a menudo creen que estás desencadenando sus emociones, particularmente las negativas. Deducimos que usted es el culpable porque no ha seguido su agenda o porque los ha hecho sentir vulnerables.

Esta falta de empatía hace que sea difícil o imposible para las verdaderas relaciones y la conexión emocional con los narcisistas. No entendemos el estado de ánimo de nadie más.

Razonamiento emocional
Es posible que hayas cometido el error de tratar de razonar con el narcisista y usar la lógica para conseguir que el entienda el efecto pacificador que tiene en ti. Crees que va a cambiar si entiende cuánto te duele su comportamiento. Sin embargo, el narcisista, que sólo puede ser consciente de sus pensamientos y sentimientos, no tiene sentido con sus descripciones. Aunque los narcisistas digan que entienden que no lo entienden.

Por lo tanto, la mayoría de sus decisiones son tomadas por narcisistas basados en cómo se sienten acerca de algo. Necesitamos tener el coche deportivo rojo, basado enteramente en cómo lo vemos conduciéndolo, no en si es una buena elección familiar o de presupuesto. Quieren moveros o acabar con las relaciones o iniciar una nueva subida si están aburridos o deprimidos. Siempre miran afuera a algo o a alguien para resolver sus sentimientos y necesidades. Esperamos que siga sus "soluciones" y, si no lo hace, responderemos con frustración y enojo.

Partir

El temperamento del narcisista se divide en pedazos buenos y malos, y lo separan todo en lo bueno y lo malo en sus relaciones. Ellos u otros son castigados por cualquier pensamiento o acción negativa, aunque se llevan el crédito por todo lo que es positivo y bueno. Refutamos sus palabras y acciones despectivas mientras se le acusa constantemente de rechazo.

Recuerdo cosas tan bien y maravillosas o tan terribles y horribles también. No parecen mezclar estos dos edificios: Marty arruinó todas las vacaciones y lo peor de la historia porque la habitación del hotel no se encuentra con las esperas y el clima no era perfecto. Durante 20 años, Bob fue criticado por no estar allí cuando su esposa tuvo su primer hijo, a pesar de que estaba atrapado en una tormenta de nieve en Chicago. El esposo de Marie, aunque le gustó, ignoró sus preocupaciones sobre el gasto de $30,000 para el nuevo paisaje.

En un caso, los narcisistas no pueden ver, oír o recordar lo positivo, así como lo negativo. En un tiempo, sólo pueden lidiar con una perspectiva: la suya.

Miedo

El miedo motiva y energiza toda la vida del narcisista. Los temores de la mayoría de los narcisistas están enterrados y reprimidos profundamente. Siempre temen que sean ridiculizados, rechazados o equivocados. Pueden tener miedo de los gérmenes, de perder todo su dinero, de ser atacados emocional o físicamente, de ser vistos como malos o inadecuados, o de ser abandonados. Esto hace que confiar en otra persona sea difícil y a veces imposible para el narcisista.

Sí, cuanto más profundo sea el matrimonio, menos confianza tendrá en ti. Los narcisistas temen a cualquier verdadero empatía o vulnerabilidad porque temen que veas y juzgues o rechaces sus imperfecciones. Ninguna de las cosas parece ser una diferencia, porque a los narcisistas no les gustan intensamente sus vergonzosas imperfecciones y las condenan. Los narcisistas nunca parecen desarrollar confianza en el amor de otras personas, por lo que continuamente te revisan con hábitos peores y peores para tratar de encontrar el punto de la ruptura. Nunca parecen disipar su miedo de ser "descubiertos" o abandonados.

Ansiedad

La ansiedad es una sensación constante e imprecisa de que algo malo está pasando o a punto de suceder. Muchos narcisistas están revelando su miedo hablando constantemente sobre la perdición que sucederá, mientras que algunos están suprimiendo y reprimiendo su ansiedad. Pero la mayoría de los narcisistas centran su depresión en sus seres queridos más cercanos, acusándolos de ser pesimistas, poco solidarios, enfermos mentales, no ponerlos en primer lugar, no escuchar sus deseos, o egoístas. Todo esto está diseñado para dar angustia al ser querido en un esfuerzo por no experimentarlo por su cuenta. El narcisista se pone cada vez mejor cuando te sientes peor y peor. De hecho, al sentir que tu ansiedad y depresión crece, se siente más fuerte y superior.

Vergüenza

Los narcisistas no sienten mucho remordimiento porque piensan que todavía tienen razón, y no creen que su comportamiento afecte a nadie más. Pero están albergando mucha culpa. La vergüenza es la convicción de que quien eres es algo fundamental e inherentemente incorrecto o desagradable. Todas las inseguridades, dudas y características despreciadas que él está constantemente en guardia para ocultar a todos, incluyéndose a sí mismo, están escondidas en una porción profundamente reprimida del narcisista. El narcisista se vuelve profundamente consciente de todos estos pensamientos y sentimientos que han sido negados. Tenía un cliente narcisista en paracaidismo, por ejemplo, y otros comportamientos intensos de riesgo me dicen que nunca sintió miedo. "Miedo", afirmó, "era malo". Para superarlo, obviamente estaba en una cruzada.

Ocultar sus vulnerabilidades es esencial para pretender ser autoestima o falso yo por parte del narcisista. Sin embargo, hace imposible que sean completamente verdaderos y abiertos.

Incapacidad para ser verdaderamente vulnerable

Los narcisistas no pueden preocuparse ni comunicarse con otras personas debido a su incapacidad para entender las emociones, su falta de empatía y su intensa necesidad de autoprotección. Desde el punto de vista de nadie más, no pueden mirar el mundo. Somos esencialmente ciegos y solos en términos de sentimiento. Esto los hace necesitados de emoción. teóricas se superponen a las relaciones o iniciar una n-w uno tan pronto como sea posible cuando una relación ya no es satisfactoria. Quiero que alguien sienta su dolor intensamente, simpatiza con ellos, y haga todo exactamente como eso quiere que lo haga. Sin más que ellos tienen la capacidad de responder a su dolor o a su f-ar, o a su necesidad de cuidado y simpatía todos los días.

Incapacidad para comunicarse o trabajar como parte de un

Las acciones reflexivas y colaborativas implican una verdadera comprensión de las emociones de los demás. ¿Cómo se va a sentir la otra parte? ¿Este movimiento nos hará felices a los dos? ¿Cómo va a afectar esto a nuestra relación? Estas son cosas acerca de las cuales los narcisistas no tienen la capacidad o el deseo de considerar. No pidas al narcisista que se dé cuenta, ceda o renuncie a algo que necesita a tu favor; no tiene sentido.

¿En una RELACIÓN con un NARCISISTA? Lo que no sabías sobre las relaciones narcisistas

Las relaciones dominantes se crean cuando uno o ambos socios se oponen a un individuo dominante. La Clínica Mayo define un trastorno narcisista de la personalidad (NPD) como "un trastorno mental en el que las personas tienen un sentido exagerado de su importancia y una profunda necesidad de admiración. El trastorno de la personalidad narcisista cree que son superiores a los demás y tienen poco respeto por los sentimientos de otras personas. Pero la frágil autoestima, vulnerable a la más mínima crítica, se esconde detrás de esta máscara de ultra confianza. "Vivimos en una cultura extremadamente insegura. En esta dirección, las estadísticas duras y el punto de ciencia. A menudo promovida por redes sociales como Facebook, la mentalidad de "mírame" tiene a la gente enamorada positivamente de la imagen que presentan al mundo.

Además, ahora podemos ver los efectos negativos en una escala más grande del movimiento de autoestima. Entonces, ¿cómo afectan nuestras relaciones a este aumento del narcisismo? Más narcisismo significa, para empezar, relaciones más narcisistas.

El profesor de la Universidad Estatal de Ohio, Brad Bushman, lo dijo sin rodeos cuando dijo: "Los narcisistas son muy malos compañeros de relación". Los estudios muestran que es más probable que tu pareja participe en actividades coercitivas o de juego en una asociación narcisista y menos propensa a participar en relaciones a largo plazo. Puede ser difícil de tratar con una nave con un narcisista. Entrevistamos a la psicóloga y autora, la Dra. Lisa Firestone, para arrojar luz sobre los resultados comunes, las dificultades y los efectos de una relación narcisista.

¿Cómo puedes decir si estás en una amistad con el narcisismo?
Cuando se habla de narcisismo, cuando alguien sigue y sigue sobre sí mismo, siempre me recuerda la broma, y luego me pregunta: "Pero ya basta de mí, ¿cómo te sientes por mí?" Si tu pareja se trata de sí mismo, puede ser un narcisista, siempre necesitando atención y afirmación. También podemos ser un narcisista si alguien es rápidamente menosprecio o demasiado reactivo a las críticas. Ya sea que crean que son perfectos, aprenden algo o tienen que ser los mejores, y así sucesivamente, estos son síntomas de narcisismo también. Las personas narcisistas sólo pueden preocuparse por ti si satisfaces sus necesidades o sirves un propósito para ellas.

Se estima que aproximadamente el 1 por ciento de la población sufre de NPD. Muchas personas con NPD, sin embargo, no están buscando tratamiento y, por lo tanto, nunca son diagnosticadas. Los estudios muestran que los hombres tienen más posibilidades de ser narcisistas. Aproximadamente el 75% de las personas diagnosticadas con NPD son varones. Mientras que casi todo el mundo tiene algunos rasgos egocéntricos o egoístas, la mayoría de las personas no cumplen con los criterios para un trastorno de la personalidad. Hay una creciente cantidad de la población que presenta un mayor número de características narcisistas tóxicas que afectan negativamente sus vidas y la vida de las personas cercanas a ellos, incluso si no cumplen con el diagnóstico clínico del NPD. Formar asociaciones con personas que muestran tales rasgos negativos también causan ansiedad similar como una relación narcisista Diagnosticable.

Un nuevo estudio realizado por la Universidad Estatal de Ohio mostró que una pregunta simple podría clasificar a los narcisistas de manera tan confiable como el cuestionario de 40 elementos que se utilizaba anteriormente para detectar el NPD. La pregunta es simple, clasificarse en una escala del 1 al 7: "¿Cuánto estás de acuerdo con esta declaración: soy un narcisista? (Nota: la palabra narcisista' significa egocéntrico, egocéntrico y vanidoso.)' Incluso puedes tomar este cuestionario de narcisismo en línea. Aunque este estudio sugiere que muchos narcisistas confesarían abiertamente sus tendencias narcisistas, es importante notar que la mayoría de los narcisistas rechazan el tratamiento del NPD. En términos generales, a los narcisistas no les gusta que les digan que son narcisistas. A menudo tenemos una fuerte reacción negativa e impredecible, en realidad.

A continuación, se presentan algunas características comunes que es probable que tenga un socio de relación narcisista: (Tenga en cuenta en qué medida estas características pueden variar en gran medida en función de la edición de la organización:

- Sentido de entendimiento o superioridad
- Falta de empatía
- manipulación o control del comportamiento
- fuete necesidad de admiración
- Centrarse en conseguir que sus propias necesidades satisfagan, ignorando las necesidades de los demás
- Niveles más altos de agresión f
- Dificultad para recibir comentarios sobre su comportamiento

¿Por qué la gente se vuelve narcisista? ¿Es un síntoma de otra cosa?
Los narcisistas tienen padres narcisistas que les ofrecieron una acumulación, pero ninguna sustancia real. Querían que sus padres fueran geniales para que pudieran ser los padres de una gran persona, el mejor artista, el estudiante más inteligente, etc. Las personas narcisistas también eran a menudo desatendidas, ya que sus padres estaban tan concentrados en sí mismos que no podían adaptarse a su hijo o satisfacer las necesidades emocionales de su hijo. El niño sólo era útil cuando servía un propósito para estos padres. A veces, un adulto con los padres del NPD se alternaba con el apetito emocional y el desinterés del niño.

Los narcisistas tienen la autoestima distorsionada (tanto "voces como auto calmantes como engrandecedores") una parte de lo que mi padre, el Dr. Robert Firestone, se refiere como el "anti-yo". Son muy débiles porque el lado contrario a su sentimiento auto engrandecido es muy baja autoestima, el otro componente del antiguo (formado por "voces internas críticas" extremadamente auto-odiosas y auto-degradantes). Así que incluso la ligera crítica para estas personas puede ser una lesión narcisista, lo que resulta en un estallido de ira e intentos desesperados de recuperar su frágil e inflada autoestima. A menudo serán ayudados por un comentario condescendiente para restaurar su imagen superior. Condescendiente en las relaciones autoritarias es un fenómeno creciente. Tal actitud se remonta a la intensa necesidad de creer como los narcisistas están por encima de los demás.

¿Cuáles son los diferentes tipos de narcisismo?

Si bien es probable que todos los narcisistas muestren ciertos comportamientos, no todos los narcisistas son iguales. Actualmente hay dos tipos diferentes de narcisismo, el buen narcisismo y el narcisismo vulnerable. Ambas formas de narcisismo nacen de diferentes experiencias en la primera infancia, que conducen a diferentes actitudes en una relación.

Los grandes narcisistas exhiben altos niveles de grandiosidad, agresión y dominio. Parece que tenemos mayor confianza y menos tolerancia. A menudo son elitistas y no tienen ningún problema para decirle a todo el mundo lo grandes que son. Generalmente, los narcisistas grandiosos son tratados como si en su infancia, fueran mejores y pasaran por la vida con la esperanza de perpetuar este tipo de tratamiento. A lo largo de los matrimonios, los narcisistas grandiosos son más propensos a participar libremente a través de la infidelidad o de repente abandonar a sus parejas porque sienten que no merecen el trato especial al que creen que tienen derecho.

Por otro lado, los narcisistas inseguros son mucho más sensibles a las emociones. Tenemos lo que el Dr. Campbell llama una "frágil grandiosidad", donde su narcisismo actúa como una fachada que oculta sentimientos subyacentes de ineptitud y debilidad. Narcisistas vulnerables de pensar superior e inferior se balancean de un lado a otro. Y cuando no se manejan como si fueran diferentes, se sienten victimizados o nerviosos. Por lo general, este tipo de narcisismo se desarrolla como un mecanismo de afrontamiento para hacer frente al abuso o negligencia en la primera infancia. Los narcisistas vulnerables también piensan en cómo sus parejas en las relaciones los ven. Pueden ser muy posesivos, celosos y paranoicos acerca de tener coqueteos o asuntos con sus parejas.

¿Cómo influyen una relación narcisista?

Las relaciones del narcisismo tienden a ser muy difíciles. Por lo general, las parejas narcisistas tienen problemas para amar a otra persona porque no se aman a sí mismas. Están tan concentrados en sí mismos que como una persona separada, realmente no pueden "ver" a su pareja. Tienden a ver al socio sólo en cuanto a cómo satisfacen sus necesidades (o no satisfacen sus necesidades). Sólo en términos de su capacidad para satisfacer estas demandas se respeta a sus parejas y a sus hijos. A menudo falta la capacidad de los interlocutores narcisistas para empatizar con los sentimientos de sus parejas. Esta falta de empatía conduce a muchos sentimientos difíciles.

Sin embargo, muchas personas se sienten atraídas por las interacciones del narcisismo. Los cónyuges narcisistas, especialmente al principio, pueden ser muy cautivadores. Tienden a tener un carácter "grande". Son la vida de la fiesta. Pueden hacerte sentir que tienes que ser genial para elegirte para ellos también. Sin embargo, podemos ser demasiado dominantes en las asociaciones con el tiempo. Pueden sentirse celosos o heridos fácilmente. A menudo arremetan cuando se producen lesiones narcisistas y se pueden cortar. Sus reacciones son dramáticas y buscan atención. "Los efectos del narcisismo son más importantes con respecto al funcionamiento interpersonal", según el experto en personalidad narcisista Dr. W. Keith Campbell. En general, el narcisismo de rasgos se asocia con el comportamiento de tal manera que, en los encuentros iniciales con extraños, uno se percibe como más agradable, pero esta responsabilidad disminuye con el tiempo y una mayor exposición al individuo narcisista. "Es por eso que muchas personas, que han estado en relaciones narcisistas a largo plazo, describen un período muy apasionado y emocionante de luna de miel al principio. Los narcisistas son propensos a enamorarse locamente de alguien y comprometerse muy rápidamente. Sin embargo, no es fácil sostener este amor y compromiso inicial.

Es posible que te sientas muy solo cuando estás en una relación narcisista. Usted puede sentir que usted es sólo un adorno, y sin importancia son sus necesidades y deseos. Los compañeros narcisistas actúan como si los ar ya siempre estuvieran bien, se conozcan mejor y sean incorrectos o incompetentes en su pareja. Esto a menudo hace que la otra parte se enfade en la relación, tratando de defenderse o identificarse con esta imagen negativa de sí mismo y sintiéndose mal por sí mismo.

Reconocer y sobrevivir a las relaciones con los narcisistas

Si usted es conocido como un narcisista, y lo más probable es que comparta su ADN o su cama con uno, usted 'no está en la minoría de. De hecho, en la casá no te has dado cuenta, los narcisistas están por todas partes. A menudo están en el control de muchas formas de relación disfuncionales. Al principio, al principio, al principio, los narcisistas de los compañeros no los reconocimos, a menudo son encantadores e inteligentes, incluso amables y cariñosos. Si estás saliendo con ellos, inicialmente puedes creer que has ganado la lotería; si son familia, puede que se acosen a ser el Niño Gold. Desgraciadamente, son los más cercanos a los narcisistas los últimos en verlos por lo que realmente son.

Siempre se trata de ellos

La serie debe ser dirigida por narcisistas. Incluso si ellos afirman que no se trata de nosotros, por lo general esperan parte o la mayor parte del crédito en el frente y el centro porque es una extensión de todos ellos y todos en sus vidas. Si los hijos de los narcisistas obtienen A en una tarjeta de informe, todo es debido a su arduo trabajo como madre. Si un narcisista te hace cenar para tu cumpleaños, es mejor creer que vas a escuchar lo frescos o especiales que son los ingredientes, como ese atún de aleta amarilla capturado en la costa de México esa misma mañana, y ciertamente no servirían nada menos, por supuesto.

Los hijos de narcisistas que no se convierten en uno a menudo tienen un mecanismo de afrontamiento específico para hacer frente a esto: la capitulación y la sublimación (aunque no quizás la más saludable, sino la más eficaz). Ofrezcan lo que quieran al narcisista y luego adelante. Es el camino de menor resistencia, ¿verdad? Excepto para hacerlo, las implicaciones son mayores. En última instancia, a medida que envejecen, evita que estos niños desarrollen ciertos límites de relación. No es fácil de hacer cuando estás acostumbrado a dar rienda sin nada a alguien que "conoces" para vagar por ahí. Los padres narcisistas no sólo despojan a sus hijos, sino que los despojan de su poder por completo, lo que a veces les hace perseguir relaciones excesivamente codependientes.

A lo largo de sus vidas, a menudo en sus relaciones, la herida sin cicatrizar del hijo de un narcisista también puede crear un vacío demasiado rápido lleno por otro narcisista. Debido a que han aprendido a no ser molestados por las actitudes egoístas y ensimismadas de su familia, subconscientemente atraen a los narcisistas. Y los narcisistas, que se han normalizado tanto en los puntos de presión de la respuesta y en los límites, se involucrarán en el mismo tipo de empuje/tirón dinámico que se había normalizado durante la infancia de la persona. Comportamientos que pueden parecer irrespetuosos bien pueden ser excusados en un par porque, como la madre, "así son". Tal vez seas el hijo de un narcisista o conozcas a alguien que. La indecisos que pueden ser es una de las características más comunes. Las pequeñas decisiones pueden ser dolorosas; y si te da te, siempre llevas la carga de elegir entre qué película ver a qué comer en la relación. Estamos tan acostumbrados a "ir con el flujo" que sus amigos que quieren más retroalimentación pueden ser frustrantes. No es natural expresar sus intereses porque no crecieron compitiendo dentro de su unidad familiar para obtener lo que querían. Se trata de dar más y cada vez menos a menudo.

Eso no quiere decir que en la relación no sean capaces de afirmarse. Para las relaciones íntimas, algunos tendrán límites muy fuertes donde se sienten seguros. Cuando se satisfacen sus necesidades psicológicas, lo que puede tomar mucho porque cuando son niños no han experimentado ninguna satisfacción emocional, la comodidad que experimentan cuando se sienten profundamente e incondicionalmente valoradas les ofrece la habitación para motivarse. Para hacer esto, a menudo se necesita separarse de la fuente de su dolor, a saber, su padre, que es una cosa muy difícil de hacer porque están tan acostumbrados a sentirse atados al narcisista que a menudo es bueno en el uso de la culpa y la vergüenza de manipular a sus seres queridos para permanecer en su Vidas. Tal vez se les acusa de "sacrificar" o dar todo a su hijo o incluso de darse la vuelta y amenazar con sacar al niño de sus vidas por algún supuesto error. Y para un narcisista, puede parecer una traición discutir con ellos porque siempre se trata de ellos.

El amor narcisista siempre es condicional

Las asociaciones narcisistas nunca tienen que ver con la colaboración porque la esencia de la intimidad narcisista es un vínculo unilateral, psicológico y/o físico que determina los términos relacionales de la relación. Las personas pueden usar expresiones o frases "íntimas" orquestadas para expresar su "corazón" en las relaciones románticas. La relación a menudo está dominada por el género. En un matrimonio, pueden "hacer" más que "actuar", ya que tienen un rango emocional mínimo. Toma a un narcisista como amante (aunque ellos son los que te eligen), y puedes encontrar que toda tu realidad se ha puesto patas arriba. Enamorarse de uno es fácil y no darse cuenta de lo que te golpeó. Te encantan y salen de una manera respetuosa y controlada. Parecen el "paquete entero" en la superficie. Estamos socializados para buscar muchos de los atributos que tienen los narcisistas. Los libros románticos están llenos de hombres narcisistas hermosos, posesivos, celosos y financieramente exitosos. Estos libros, como todos los cuentos de hadas o comedias románticas insípidas, apoyan a este hombre de fantasía que sólo quiere al personaje femenino y no se detendrá ante nada hasta que la tenga. Su amor la hará sentir especial, seleccionada e incluso salvada. Y ella, en efecto, se dará todo su ser a él, haciendo que la fascinación se convierta en posesión.

Este arquetipo es una de las cosas que llevaron a la humanidad por el camino de las relaciones fallidas y los conflictos interpersonales en gran medida. Estamos condicionados a complacer al narcisista y perder nuestra autoestima, personalidad y fuerza en el proceso. Nada importa más que servir y colocar a esta persona a quien le debemos su "amor", a pesar de que su amor proviene de un lugar oscuro y retorcido. Así que nunca vemos lo oscuro que es porque los narcisistas nos hacen olvidar nuestra conciencia y ver exactamente lo que quieren que hagamos.

Puede ser una gran recompensa ser aceptado por un narcisista. Nos hace sentir que alguien más (y, de hecho, el propio narcisista) tiene algo bueno en nosotros en alta estima. A su vez, estamos reflexionando sobre lo que en última instancia quieren ver y creer en sí mismos, que es que son una persona real — llenar en blanco— increíble, maravilloso, increíble, generoso, ideal alrededor. Puede contrarrestar nuestros propios problemas de estima al parecer tan cuidado (tenga en cuenta que se trata de apariencias), estar con alguien que tiene este "juntos" y se preocupa. Es un bucle, y se siente muy bien una vez que estás en él. Cuando eso no sucede.

Inevitablemente, habrá oportunidades de crecimiento como con cualquier relación, o baches en el camino como dice el dicho. Pero nunca son golpes con un narcisista. Estas son minas terrestres, y de repente te encuentras en un campo minado que estas se propusieron para ti que ni siquiera te diste cuenta cuando entraste hasta que fue demasiado tarde. Un fracaso y entran en un ataque de narcisismo. Algunos son muy crueles y dicen cosas negativas que pueden cortarnos directamente a nuestros núcleos. Otros pueden ser demasiado críticos, insultar a los compañeros de trabajo o a los miembros de la familia —algo que a veces se ignora o se excusa porque están doloridos, hambrientos, estresados o teniendo un día realmente malo— antes de que un día te conviertas en el que están atacando.

Cuanto más tiempo estemos en un matrimonio manipulador, peor se pone. Podemos encontrarnos interiorizando la acusación hasta el punto de que realmente sentimos que nuestro error es todo lo que lo molesta o le molesta. Puede que no tengamos mucho espacio con nuestros amigos porque tratar con un narcisista puede llevar mucho tiempo y consumir energía, o puede que no quieran compartirnos con nuestros compañeros. Cualquiera que sea la causa, es el bucle de la vergüenza / culpa que muchos ni siquiera saben hasta mucho más tarde, como muchos lo han adoptado como una relación interpersonal natural. Con el tiempo, podríamos encontrarnos a su alrededor con cáscaras de huevo, asegurándonos de que no hagamos o hagamos lo incorrecto para ofenderlos o causarlos.

Siempre es nuestra culpa

Me despertó a esto por una experiencia reciente con un familiar cercano que es un narcisista (no reconocí las señales de advertencia). A pesar de que en años no habíamos pasado mucho tiempo juntos, no parecía cambiar su visión de mí (y probablemente sólo lo empeoró). Mi venida parecía causar viejos problemas de celos que él pensaba que era mi culpa. Fue un acto reflexivo y considerado que yo creía que era percibido como irrespetuoso y egoísta. Involuntariamente me había metido en algo, sin darme cuenta de lo que estaba pasando, y me encontré al instante creyendo lo que quería que hiciera, que es culparme. Inmediatamente cuestioné todo en mi cabeza y lo retoqué todo. Habría analizado mis pensamientos, mis mensajes y mis actos, sintiéndome culpable de hacerle daño de alguna manera y avergonzar su incomodidad también. Eso es siempre el roce de los narcisistas: los estamos manipulando; cuando lo merecemos, nunca es al revés. Pero finalmente sentimos que lo merecíamos. Esa es la culpa. Se nos hace sentir que hemos hecho el mal y por eso estamos destinados a sentir vergüenza al respecto.

Argumentó que era pasivo / agresivo cuando le pregunté sobre la forma pasiva / agresiva que estaba siendo manejado. Cuando le dije cuál era el problema conmigo y lo que había hecho, negó que hubiera alguna pregunta y me preguntó cuál era mi problema. Dijo que no había nada en qué pensar cuando intenté hablar de sus pensamientos. A pesar de todas las señales, palabras, textos sobre mí a los amigos del otro, al contrario, me acusaron de leer todo mal y decir que el problema no era él, fui yo y la forma en que juzgué mal sus acciones, que en su opinión son siempre amables, generosas y nobles. Los narcisistas son buenos haciéndonos creer que somos el problema y nunca se equivocan. Somos los delincuentes en todo momento. Cuanto más lo refutan, y al final nos obligan a estar de acuerdo con ellos, más empezamos a cuestionar nuestro bienestar e interiorizar la culpa. Rara vez caigo en esta trampa, pero esta vez lo hice porque esta persona es un miembro cercano de la familia y yo estaba demasiado cegado para ser objetivo por mi propia lealtad. Me permití seguir por el camino de pensar que le había fallado y que tenía la culpa porque es mejor por el momento que la alternativa, que es cortarlo de mi vida.

La verdad más profunda

Uno de los más difíciles de la culpa con la vergüenza de ser en relación con un narcisista es saber que si queremos alejarnos del matrimonio entonces tenemos que dejarlo ir. Y realmente, si estás en una relación con un narcisista, a menudo la mejor solución es salir, a menos que compartas hijos, y ese es un problema completamente diferente. Cuando mi sabio amigo se enteró de que este tipo estaba perdido para mí cuando lo conocía, lloré mis lágrimas. Sólo estoy aquí. Sólo habla de ello, me destroza. Nadie quiere perder profundamente a alguien que cuida. Pero la verdad es que hace mucho tiempo lo extrañé, y nunca lo vi realmente.

Estaba luchando con cómo llegó a ser y por qué. Mi amigo también explicó que asumí que un narcisista era incorrectamente una persona racional o explanale. Ella está bien. Puedo identificar los momentos de dolor y trauma que pueden haber contribuido a su psique y moldearla, pero no me corresponde a mí arreglarlo. La verdad es que sólo si el narcisista quiere cambiar puede ser resuelto, por lo general sólo cuando está motivado por las personas que aman y las personas que quieren amar de nuevo. Para autoevaluarse, hacer frente a las dudas y el dolor que han enterrado durante mucho tiempo, se necesita una determinación de su lado. No soy amado por él en este punto, sólo soy un recordatorio de su sufrimiento, así que sólo puedo hacer lo que pueda para hacerme a un lado.

Mi amigo también me recordó que un tremendo propósito es servido por los narcisistas. Ella me demostró a través de mis lágrimas que nos están uniendo con nuestro propio dolor y sufrimiento, empujándonos a vivir y considerar aquellos pedazos de nosotros que nos duelen y necesitamos ayuda. Es cuando podemos hacer esto que podemos amar la parte dañada de nosotros mismos. Hay algo por lo que un narcisista puede tomar crédito después de todo.

En última instancia, todos queremos lo mismo, incluidos los narcisistas: queremos profunda y profundamente y deseamos el amor. Es cómo nos propusimos dar y recibir lo que determina nuestras amistades y quiénes somos. Puede que no sea bueno perder, pero debemos entender que primero debemos amarnos plena y completamente a nosotros mismos, y eso requiere una gran empatía y amor incondicional por nosotros mismos, incluso las partes que nos hacen sentir incómodos. Eso es lo que los narcisistas luchan con la mayoría: amar se y aceptar a sí mismos incondicionalmente.

¿Por qué las mujeres somám caen en amor con narcisistas?

¿Por qué algunas chicas se enamoran cuando más tratan de evitarlas?

Narcisista es el diagnóstico del día. Hoy en día, los terapeutas con licencia (así como los sillones) están abofeteando la etiqueta libremente a cualquiera y a todos. Los que están en el ojo público —Donald Trump, Madonna, Kanye West, Lady Gaga, O.J. Simpson y Kim Kardashian— entregamos la etiqueta a los demás sin conocerlos nunca. Todos están convencidos de que tenemos una suegra, un gerente, un pariente o un miembro del personal que merece la clase. Los psicólogos preguntan si con nuestra sociedad llena de redes sociales, llena de selfies y blogs personales, estamos produciendo más de estos estilos ensimismados. La pregunta más intrigante para mí, sin embargo, siempre fue: ¿Por qué algunas mujeres se enamoran e incluso se casan con narcisistas cuando la mayoría de nosotros hacemos nuestro dar mejor para detenerlos?

Debido a que mi mejor amiga, Dayna, fue enganchada a un narcisista hace 32 años a la edad de 22 años, esta pregunta me ha intrigado. Sus cuatro hijos, ahora todos adultos jóvenes, se enfrentan a los efectos devastadores de tener un padre que siempre quiso que el centro de atención brillara sobre él y no en ellos. Tienen ansiedad, baja autoestima y trastornos alimenticios en sus problemas. La decisión de Dayna para casarme con este hombre y quedarme con él siempre me ha hecho más curioso que los propios narcisistas sobre las mujeres que se sienten atraídas por los narcisistas. Esto es lo que aprendí acerca de esta raza femenina que se siente atraída por los hombres ensimismados, cómo afecta a sus vidas y lo que otros pueden ganar de ella.

El encanto y la confianza de un narcisista son Vulnerable.

Una investigación en Crítica de Personalidad y Psicología Social nos dice que los narcisistas hacen una poderosa primera impresión, cautivando a muchos de nosotros con su apariencia, confianza y encanto. El informe afirma: "Parece que nos atraen las personas que encarnan las cuatro características (ropa llamativa y ordenada, expresión facial atractiva, movimientos corporales seguros por sí mismos y habla verbal divertida) que los narcisistas parecen poseer (inicialmente)... Después del primer encuentro, los narcisistas son calificados como más amigables, atentos, accesibles, confiados, atractivos y bien ajustados por los otros participantes del grupo. Estamos empezando a entender la profundidad de su auto absorción y la falta de interés en nosotros y en los demás. Sin embargo, la excepción a esto puede ser mujeres jóvenes e ingenuas atraídas por la mundanidad y la bravuconería de un narcisista. Vemos a un él como la persona adecuada para seguirlos hasta la edad adulta.

Una vez que Dayna conoció a su marido hoy, en una gran universidad, sólo tenía 18 años, un tímido estudiante de primer año. Era diez años mayor, un graduado universitario ya bien establecido en su carrera. Era carismático y encantador, bañándola atentamente, como muchos narcisistas. Dayna realizó lujosos viajes a restaurantes de lujo, producciones teatrales y eventos deportivos a diferencia de sus hermanas jóvenes. Su confianza en sí misma y en experiencias mundanas la hicieron sentir especial: segura y segura. Para un niño de 18 años que nunca habría tenido un novio, estar de su lado era cosas enbarrosa.

Son vulnerables al encanto y confianza de un narcisista.

Los narcisistas son conocidos por sus grandes pensamientos y grandes ideas. Tienen la bravuconería para persuadir a algunas personas de que tienen lo que se necesita para hacerse ricos y exitosos (especialmente aquellos más jóvenes y menos experimentados). Contrariamente a la creencia popular de que los narcisistas están prosperando en el mundo de los negocios, rara vez cumplen con sus altos planes de carrera y a menudo luchan por seguir con el trabajo.

No es divertido tener en la oficina, ya que cualquiera que se ocupe de uno puede testificar. Son arrogantes y manipuladores, hambrientos de poder y competitivos, críticos y siempre correctos. El Dr. St-phani A. Sarkis d-scribás cómo es poco probable que estos tipos ensimismados en sus empresas aumenten porque sus colegas no les gustan y no confían en ellos. Ella dice: "Mientras que todos en el trabajo tienen miedo inmediato del narcisista o miran hacia el narcisista, finalmente descubren el truco del narcisista. Poco a poco el narcisista se queda sin gente para explotar o culpar, hasta que llega un nuevo empleado. Todos los demás han aprendido a separarse".

Dayna estaba ansiosa por golpear su auto a la estrella de un narcisista cuando era joven e insegura de sí misma. Mientras ella lo animaba fuera de línea, ella estaba dispuesta a dejar le dejar que se ocupara de su futuro. Cuando se convenció de que su marido estaba destinado con docenas de empleados para administrar su propia agencia. Vio el futuro de su familia en tremenda riqueza y privilegio. Sin embargo, le resultó casi imposible mantener un trabajo en el arenero, así que terminó ayudando a la familia.

Se sienten especiales porque se siente especial.

El marido de Dayna, como muchos narcisistas, se ve a sí mismo como único y superior. Es excepcionalmente inteligente, divertido y expresivo a sus ojos. Se cree un narrador talentoso que, con sus aventuras e ideas, engaña al público. En los días de cortejo, a medida que avanzaba y trataba sobre esto o aquello, Dayna se sentaba a su lado, radiante de orgullo. Mientras todos los demás a su alrededor preguntaban cómo deshacerse de este mal genio socialmente, ella estaba felizmente inconsciente de sus anteojos y palabras de "salir de aquí" del corazón. Era su amigo, y él era diferente, así que ella lo era.

Al igual que muchos narcisistas, el esposo de Dayna hace un impresionante espectáculo público: charlando con la gente en el estadio, contando anécdotas en las fiestas y bromeando en la cafetería de la esquina con los baristas. Esto es extremadamente atractivo para introvertidos como Dayna porque está fuera de su propia zona de confort y habilidades. Pero, con el tiempo, aprenden que el narcisista es mucho más relajado y confiado con encuentros casuales en público con extraños que una conexión íntima y significativa con su pareja en casa. Si alguien sonríe a su broma, complementa su guardarropa y elogia su gusto por las bebidas, obtiene su suministro narcisista. Para él, la adulación pública es más importante que la aprobación de su compañero. Comienza a sentirse disminuida y rechazada.

La familia y los amigos les gusta que se distancian de la pareja a medida que pasaban los años (y décadas). A medida que se dio cuenta gradualmente de que estaba casada con un narcisista, la vida de Dayna se aisló más y la gente los evitó. Buscó ayuda profesional para desarrollar estrategias de afrontamiento para ella y sus hijos. Hoy sabe que su educación (sentirse poco amada por su madre) la hizo muy sensible al encanto de un narcisista.

Están escapando de una infancia infeliz.

El único tipo que había conocido era el esposo de Dayna, quien proporcionó una salida fácil de su infeliz infancia. Se sentía poco querida y no deseada en casa con una madre que no estaba emocionalmente disponible. No, con este viejo hombre confidente, en el interior de la propiedad, la autoestima estaba en el sótano, haciéndola sentir segura y amada. Dio una escapada tentadora, una que no se sentía lo suficientemente cómoda como para hacerse sola.

Dayna se había casado con su marido para reparar la relación con su madre sin darse cuenta hasta años después de que nos d. Ella maneja a su cónyuge, en lugar de arreglar la dinámica que había conocido de niño. Fue humillada una vez más y confundida. Stephen Treat, director del Consejo de Relaciones sin fines de lucro, dice: "Tu psique, por así decirlo, quiere volver a la escena del crimen y resolver esa relación parental en un matrimonio. Crees que puedes hacer frente de esa manera, pero en realidad no estás más preparado que cuando eras niño para lidiar con la situación, y la relación parental se refleja en tu vida, generalmente con malas consecuencias. "No es sorprendente, el marido de Dayna resultó ser muy parecido a su madre. Los intereses siempre están delante de ella. Tomó y tomó y devolvió un poco. Podría enfriarse e indiferente fácilmente. Mientras muchos de nosotros nos salimos de una relación tan unilateral, Dayna insistió porque estaba cómoda con ella. Nunca había tenido la oportunidad de brillar cuando era niña. Tocando el segundo violín era todo lo que había aprendido, así que en esa posición se sentía cómoda... pero nunca contento.

Temen a la vida sin un hombre.

Parece poco probable que Dayna se divorcie de su marido narcisista después de tres décadas de matrimonio. En primer lugar, las inseguridades que la llevaron a sus brazos son más pronunciadas que nunca y no sería fácil empezar de nuevo en sus cincuenta. Ella sabe que durante años no se adaptará dentro y fuera de la consejería matrimonial, pero ahora tiene los recursos necesarios para lidiar con sus maneras egocéntricas.

Los psicólogos han hecho conscientes de las acciones locas del narcisista. Cuando su marido la culpa por todo lo que sale mal y no asume ninguna responsabilidad, sabe que el curso es igual. En los días (y a veces semanas) cuando él le envía el tratamiento silencioso, no la molesta y ella ama el resto.

A veces, como una amiga de toda la vida, me sorprende su dureza por quedarse con un hombre tan difícil. A veces (especialmente cuando veo a sus hijos adultos luchando) estoy molesto con su vulnerabilidad porque ella no renuncia. Después de ver su amistad a lo largo de las décadas, sé que están en una especie de baile extraño que me fascina y me repele. Ya no veo a Dayna como una sobreviviente, pero sé que es una hija.

Los narcisistas de la empresa te utilizan en el sexo, y te explotan y controlan

Los narcisistas son extremadamente inseguros y están buscando maneras de hacerse a sí mismos y a los demás mejor que nadie. Usamos el sexo como una herramienta para controlar a las personas y afirmar a sí mismos y a los demás su dominio y grandeza.

El sexo con ellos es una forma de obtener suministro en forma de admiración, cuidado, placer, dominio, poder, adoración, alabanza, adoración, etc. Un narcisista te diría cosas como: ¡Quiero ser el mejor amante de la historia! Y luego pida que el acto sea evaluado más tarde.

Pero no están pidiendo honestidad como piden. Necesitamos elogios y halagos. Tendrás que pagarlo más tarde si te atreves a criticarlo.

Recuerda, como agujero negro, el narcisista es. Nunca será suficiente, por mucho que los envíes. Es por eso que te sentirás desinflado, hueco y solo después de un acto sexual, no importa lo intenso, emocionante y edificante que fuera en ese momento.

Adicto

Los narcisistas usan el género para engancharte a su poder como dispositivo de unión. El género puede ser una excelente herramienta para desencadenar estados de trance, que es como se sostiene su mente.

Por ejemplo, toda su atención está en su compañero a través de una conversación intensa. Amplifican la intensidad mediante el uso de un método llamado cebo e interruptor y luego se retiran rápidamente. Les da la oportunidad de probar lo profundamente que está invertido en ellos.

Si eres adicto, el vacío que surge de su abrupta partida te pondrá más nervioso. Les da mucho poder de negociación sobre ti. Ahora son libres de comenzar a hacer demandas y a soltar sugerencias. Si no lo haces, tendrás hambre de su delicioso veneno.

Muchas víctimas de malos tratos graves que permanecen en relaciones abusivas admiten que la razón es que el sexo era tan bueno... Como estoy seguro de que estás empezando a ver, el sexo con un narcisista es una forma de adicción, un escape del dolor. Lo que es una locura es que el opresor sirve tanto como el torturador como el chupete en relaciones abusivas.

En lugar de elegir su droga, nos ocupamos de potentes neuroquímicos que su propio cuerpo produce en esta forma de adicción, como oxitocina, noradrenalina, dopamina y cortisol.

Hace que sea mucho más difícil deshacerse de sí mismo, porque las emociones y los estados emocionales producen los productos químicos. Puede tomar de 18 a 22 meses para volver a niveles estables después de que la relación química ha terminado.

La persecución

Una vez que un narcisista te apunta como un nexo de suministro especialmente atractivo, él / ella lleva la persecución al extremo. De hecho, una cacería es la mejor palabra para ello, como en un depredador que caza a su presa. Es primario, subjetivo e instintivo.

Saboreas romper límites y practicar su supremacía usando tácticas manipuladoras para obtener la rendición. Si bien crees que estás lidiando con un ser compasivo que se preocupa principalmente por tu bienestar, el hecho es exactamente lo contrario. Es sólo una historia que se usa para relajarse y abrirse.

Sintiéndose titulados, incluso la regla (los tipos antisociales) por encima de los demás, los narcisistas obtienen su impulso de energía manipulando lo ingenuo. Otros afirman que en su acto están plenamente justificados por lo estúpidas que son las personas para creer en su red de mentiras.

Para algunos, cuanto más difícil es manejar el objetivo, más se sienten borrachos de poder hasta que finalmente se hacen con el control de ti. Es por eso que, cuando confías a un perseguidor superficial, ves la total frialdad y ambivalencia establecida.

La diversión ha terminado ahora que te tienen. Si te obligan a hacer algo de lo que luego te arrepentirás o que esté en tu zona de confort, o participando en un trío, tomando drogas, etc. Si ese es el caso, puedes estar seguro de que lo usarán más tarde para avergonzarte y decirte que nadie te querrá ahora que has sido manchado.

La necesidad de dosis cada vez mayores de adrenalina y dopamina (el combo de drogas favorito del narcisista emocionalmente superficial) los obliga a seguir empujándolo hasta que se rompe o comienza a buscar otra dosis de emoción y correr en otro lugar.

Demasiadas personas están de acuerdo con la nefasta agenda del narcisista por temor a la pérdida. Recuerde, sin embargo, que se niegan a darle lo que necesita, incluso si usted puede cumplir con sus demandas. Y fallas de una forma u otra.

Potencia y control

Las oficinas corporativas están llenas de hombres que duermen con sus secretarias o las niñas usan el sexo como medio de subir la escalera del mensajero. Estas personas rechazan y resienten todas las restricciones o restricciones que se les imponen y les encanta romper las reglas y los límites personales, como presionarte para que hagas algo que no quieres hacer. Los hace sentir invencibles.

Estas personas tendrán prisa cuando usted consigue una imagen desnuda de ellos mientras que en una reunión para ver una reacción en su cara. O van a soltar términos y pistas en una conferencia telefónica que pasará por encima de las cabezas de otras personas, pero insinúe algo que te seduzca. Sólo tú puedes descifrar un texto como este, haciendo la amistad mucho más única y tentadora para ti.

La explotación de niños indefensos daría a los psicópatas una solución de poder y control. Van a atacar al chico que es menos propenso a protestar y defenderse, el que tiene la cara triste que claramente necesita un amigo.

Unión de Trauma

La intensidad y la grandeza casi de otro mundo definen la relación sexual con un narcisista. Especialmente cuando el sol sigue encendido y en su arsenal usan toda la artillería para meterte en su juego venenoso. Te bombean lleno de anticipación y la acción en un intento de hacer un impacto memorable. Es como si algo en ti que ha estado inconsciente durante años se esté despertando.

¡Pero la intimidad no es intensidad!

La idea de la amistad no es familiar para los narcisistas. Tiene que haber confianza para tener intimidad, que lleva tiempo construir. Ambas parejas deben ser empáticas, escuchar específicamente los deseos del otro, relajarse y sumergirse en la vida de los demás.

Si has estado con un narcisista en una relación, sabes que puedes hacer eso. Pero no lo harán. Es posible que te reflejen, finjan que están ahí mientras están completamente en otra parte de su mente.

En lugar de crear una burbuja de seguridad y creencia, un aspecto del peligro se añade por frecuencia. El peligro combinado con la cercanía induce un miedo inconsciente a la pérdida, lo que hace que la pareja se vea más atractiva de lo que es. El cortisol, combinado con oxitocina, hace una mezcla de unión extremadamente fuerte a nivel químico.

El vínculo está arraigado en el trauma, no en la confianza y el respeto genuinos. Es un asunto unilateral conseguir suministro narcisista.

El narcisista te trata como una cosa de juego llevándolo en un paseo en montaña rusa. Mientras que va a variar de persona a persona, lo que están buscando es ver reflejado en tus ojos el asombro que sientes al levantarte y la desesperación a medida que te dejan caer. Quieres la energía porque te gusta que crean que han sido capaces de volar te la cabeza.

Un humano o una IA

Mientras que al principio potencialmente sopla la mente soplando, el sexo con un narcisista parece volverse meramente mecanicista con el tiempo. Todo es estrategia, la relación es muy pequeña. Piensa en tus ojos cerrados, tu cabeza baja o miraste hacia abajo como si te poseyeran. Si hay espejos cerrados, permita que el narco se mire a sí mismo, lleno de auto adoración con sus ojos huecos.

El narcisista somático puede tener algún potencial para haber tenido tanta experiencia, pero eso significa poco cuando la relación se vuelve superficial y psicológicamente insatisfactoria.

Cuando sufres con un pobre sentido de autoestima, seguramente funcionará para exacerbar la quemadura. La insoportable agonía y la miseria pueden ser causadas por la ironía de ser muy admirados sólo para ser desechados como una prenda usada cuando se obtiene. La rumiación cognitiva derivada de este tratamiento puede resultar en estados extremadamente desequilibrados y destrucción del orden interno y el sentido propio frágil.

Castigo

A los narcisistas no les interesan cosas como la felicidad, la familia y la paternidad. Los perseguirá si creen que es necesario. Es un medio para que esconden detrás de la imagen de una familia perfecta sus verdaderas intenciones. No es Más que un frente.

Sentirse restringido, limitado, y encerrado, castigan a sus parejas y niños por robarles su libertad. Nos convertimos en el adulto que es incompetente o tiránico. El marido o la esposa que hace trampas.

Otra forma en que los narcos castigan a sus parejas es retener el sexo después de un aluvión de textos y las insinuaciones sexys te despiertan. Pueden ir más allá y servirte con un juego previo completo sólo para que te enfríes y te parecía una ninfómana sucia.

He oído cuentos superficiales que desencadenan el deseo de construir una razón para alejarse para estar con su amante con neumáticos chillidos. Sin un toque de remordimiento, es fácil para ellos abandonar a sus amigos y amantes.

Pasos para la recuperación

Puede sentirse lento para recuperarse de una amistad traumática con un narcisista, pero es posible. Tomará la parte para borrar conscientemente el condicionamiento tóxico del abusador para sustituirlo por una gama constructiva y amorosa de valores.

Aquí hay siete pasos para la recuperación:

Date cuenta de que no tenías la culpa de lo que te pasó. Probablemente le diste todo al matrimonio, que no fue suficiente, por supuesto. Estás engañado y superado mientras participaste en el baile. Haber recibido capacitación temprana para aceptar el sufrimiento y la violencia ha fomentado la manipulación de usted es por parte del abusador.

Deshazte de las cosas de las que te habla tu ex. Selecciona artículos, dona regalos y recuerdos, y descarta el resto. Para terminar en la carpeta de correo no deseado, bloquearlos en sus redes sociales y dirigir toda la correspondencia de correo electrónico. Si puedes, bloquea o cambia absolutamente tu número de teléfono.

No te sometes a contenido que sea emocionante. Trate de no fantasear con su ex si necesita descargar sexualmente. En cambio, puedes imaginar una figura benévola de la imaginación, como un ángel que está a tu mando y te protege cuando te sientes solo.

Mantente interesado en lo físico. Puede inclinar el estado de ánimo en la dirección correcta para liberar el estrés y generar endorfinas. Para cosechar los beneficios, no necesita intensidad que induzca el sudor. Un paseo por el parque es suficiente para respirar aire fresco.

Canaliza la creatividad que tienes. A partir del mismo tiempo, la energía sexual y la energía creativa deben estar bien levantada. En lugar de rumiar sobre tu pareja, toma las palabras que abarrotan tu mente y escribe un poema o una canción. Construyendo algo con tus manos, usa tu energía para crear una pintura o expresarte. En este punto de su recuperación, usted va a construir nuevas neuro-conexiones y tener algo concreto para reflejar.

Haz tu propia investigación. Las páginas matutinas de Julia Cameron son una de mis herramientas favoritas de autodescubrimiento y desarrollo. Poco después de despertar, verter sus ideas de estilo libre en tres páginas en blanco de su diario le permite limpiar su cabeza de pensamientos recurrentes e incluso ver más tendencias en su pensamiento. Es el primer paso para tomar el control de tu vida y aprender lo que crees y te comportas de ciertas maneras.

Mira el futuro brillante. El hecho de que estés pasando por este momento muy difícil no significa que vayas a tener que quedarte ahí. Mientras que tomar tiempo libre de salir a trabajar y curarse a sí mismo es sabio, saber que el mundo está lleno de personas sanas y amorosas que le darían mucho para ser amigo de una pareja.

¿Qué es la manipulación?

La manipulación es la práctica de usar tácticas indirectas para controlar las clases Comportamiento, de las "movimientos y de la relación".

¿Qué es la manipulación?

La mayoría de las personas en la manipulación periódica. Para el ejemplo, decir cuando estás deprimido es, técnicamente, la forma de manipulación que controla las percepciones y las reacciones de tu conocido.

Sin embargo, las consecuencias más insidiosas, y a menudo se asocian con el abuso emocional, en las cosas intimas. La mayoría de la gente ve la manipulación de manera negligente, especialmente cuando se nota el físico, emocional, o salud mental de la persona que está siendo manipulada.

Mientras que las personas que manipulan lo hacen porque sienten la necesidad de controlar su entorno y subordinados, un impulso que a menudo proviene de la ansiedad profundamente arraigada del miedo; es un comportamiento saludable. Participar en la manipulación puede impedir que el manipulador se conecte con su yo auténtico, y ser manipulado puede causar que un individuo experimente una gama de enfermos.

Efectos de la manipulación en la salud mental

Si no se aborda, la manipulación puede conducir a la salud mental de los que manipulan. La manipulación crónica en las relaciones toxicas también puede ser un signo de que se está produciendo un abuso emocional, que puede tener un efecto similar al trauma, especialmente cuando la víctima de la manipulación está locamente por sentirse culpable.

Las víctimas de manipulación crónica pueden:

- Sentirse deprimido
- Desarrollar la ansiedad
- Desarrollar compañeros no afrontantes
- Trate constantemente de complacer a la persona manipuladora
- Mentir sobre sus sentimientos
- Ponga las necesidades de otra persona antes de
- Es difícil confiar en los otros

En algunos casos, la manipulación puede ser tan persuasivo que hace que una víctima cuestione su percepción de la realidad. El clásico ilustró una de esas historias, en la que el marido de una mujer la manipulaba sutilmente hasta que ya no confiaba en sus propias percepciones. Por ejemplo, el marido rechazó los faros de gas y convenció a su esposa de que la luz tensora estaba en la cabeza.

Manipulación y salud mental

Mientras que las personas eng-g en manipulación de vez en cuando, un compañero crónico de manipulación con indica un problema de salud mental subyacente.

La manipulación es muy común con los diagnósticos de la personalidad, tales como el bordear la personalidad (BPD) y el narcisista personal (NPD). En el caso de la BPD, la manipulación se trata de satisfacer sus necesidades emocionales o de obtener validación, y a menudo ocurre cuando la persona con BPD siente insegura o abandonada. Dado que muchas personas con BPD han sufrido o han sufrido abusos, la manipulación puede tener como un mecanismo de afrontamiento para satisfacer las necesidades indirectamente.

Las personas con personalidad narcisista (NPD, por sus seotras) pueden tener diferentes razones para participar en el manipulador Comportamiento. Dado que todos con el NPD puede tener dificultades para formar estrechas audiencias, pueden recurrir a la manipulación con el fin de "mantener" a su pareja en el buque de la relación. Las características de la manipulación narcisista pueden incluir avergonzamiento, culpación, interpretación de la "víctima", problemas de control e iluminación de gas.

Síndrome de maushen, durante el cual una cuida a otra persona III para ganar atención o afecto, es una condición que se caracteriza por comportamientos manipuladores.

Manipulación en las relaciones

La manipulación a largo plazo puede tener "serios" efectos en relaciones cercanas, incluyendo las entre amigos, familiares y parejas románticas. La manipulación puede deteriorar la salud de una nave y conducir a una mala salud mental de las personas que están en la relación o a la disolución de la aplicación.

En un matrimonio o compañerismo, la manipulación puede hacer que un compañero se sienta acosado, aislado digno. Incluso en las naves de las relaciones sanas, el compañero puede manipular inadvertido a otros para evitar la confrontación o incluso en un intento de evitar que sus compañeros se sientan agobiado. Muchas personas pueden incluso saber que son manipulados en su nave y ellos para pasar por alto o restarlo. La manipulación en las cosas de una relación íntima puede tomar muchas formas, incluyendo exageración, culpa o mostrar selectivamente afecto, secreto-k-ping, y la agresión pasiva.

Los compañeros que manipulan a sus hijos pueden poner a sus hijos en busca de culpabilidad, depresión, ansiedad, dificultades para comery otras condiciones de salud mental. Un estudio que los padres que usan regularmente tácticas de manipulación en sus hijos pueden incrásela la probabilidad de que sus hijos también usen comportamiento manipulador. Los signos de manipulación en la relación compañeros pueden incluir hacer que el niño se sienta culpable, falta de responsabilidad de un compañero, restar en contra de los logros de un niño, y la necesidad de participar en muchos aspectos de la vida del niño.

También puede manipularse si son parte de una amistad que se ha vuelto tóxica. En las "gracias" manipulativa, una persona puede estar usando a la otra para satisfacer sus propias necesidades en el momento de sus amigos. Un amigo manipulador podría culparnos o aceptarnos para extraer favores, como prestar y sólo puede comunicarse con ese amigo cuando necesitan sus propios emocionales cumplidos y puede encontrar que su amigo tiene necesidades en la relación.

Ejemplos de comportamiento manipulador

A veces, las personas pueden manipular a los demás inconscientemente, sin ser plenamente conscientes de lo que están haciendo, mientras que otros pueden trabajar activamente en el fortalecimiento de sus tácticas de manipulación. Algunos signos de manipulación incluyen:

- Comportamiento pasivo-agresivo
- Amenazas implícitas
- Deshonestidad
- Aislar a una persona de sus seres queridos
- Iluminación de gas
- Abuso verbal

A medida que la manipulación de motivos de comportamiento puede variar de inconsciente a maliciosa, es importante identificar las circunstancias de la manipulación que está tomando. Mientras que las cosas fuera pueden verse críticas en las situaciones de abuso, un rapista puede tratar o confrontar el comportamiento manipulador de otros.

Cómo lidiar con las personas manipuladoras

Cuando la manipulación comportamiento toxico, de otros puede ser agotador. Se ha demostrado que la manipulación en el lugar de trabajo reduce el rendimiento, y el manipulador manipula sus seres queridos puede hacer que la realidad parezca cuestionable. Si usted siente que está lo están manipulando en cualquier área de una relación, puede ser útil para:

- **Desenganche.** Si alguien está tratando de obtener una respuesta emocional particular de usted, elija a uno de ellos. Por ejemplo, si se sabe que un manipulador te halaga antes de pedirte un favor que te extra olvida, no juegues, más bien, responde y mueve la conversación.
- **Confía en ti. A veces, la manipulación puede incluir los intentos de una persona de hacer que** otra persona dude de sus habilidades, intuición o incluso realidad. Si esto sucede, puede ser útil que te acabe la historia; sin embargo, si esto sucede a menudo en una relación cercana, podría ser el momento de irse.
- **Aborde la situación.** Llama al comportamiento manipulativo mientras está sucediendo. Mantener el enfoque en cómo las acciones de la otra persona le están afectando en lugar de comenzar con una declaración acusatoria también puede ayudarle a alcanzar una resolución de sus tácticas manipulativas no funcionarán en usted.
- **Manténgase en el tema.** Cuando señalas un comportamiento que te hace sentir manipulado, la persona puede tratar de minimizar la situación o enturbiar la situación al criar a los insultos como una distracción. recuerda su punto principal y apegarse a eso.

La manipulación es una tendencia masiva que es evidente en casi todas las áreas de nuestra vida social. Es una actividad motivacional desconcertante dirigida a meterse con el proceso de toma de decisiones de otra persona, por lo general sin su permiso. Esta interferencia se logra implícitamente mediante el uso de técnicas moralmente cuestionables como la coerción, la desviación y la desorientación.

El valor engaño sinónimo de engaño hace que la práctica ocurra en variaciones casi infinitas y muchas maneras diferentes, que van desde un arma poderosa en la búsqueda de la desinformación indecente a la psicoterapia altruista e incluso pasos de alfabetización. De hecho, los científicos sociales han señalado que, sin emplear un cierto grado de manipulación, no se puede lograr un cambio efectivo en la toma de decisiones y el comportamiento humanos.

La manipulación no es precisamente persuasión, no coerción, y no sólo engaño- La tendencia enigmática se encuentra entre este comportamiento motivacional en algún lugar de la zona gris, y esta posición gris plantea dificultades críticas para caracterizar la coerción y calcular su efecto. El manipulador experto adopta estrategias de una manera que oscurece sus acciones ' juicio normativo y legal. Sus complejas e ilusorias técnicas de manipulación amenazan la ortodoxia de los principales defensores de la sociedad abierta. El problema existe en casi todos los aspectos que se pueden considerar, desde la economía hasta el marketing, la salud e incluso las relaciones más íntimas.

¿Dónde está, por ejemplo, la frontera entre el acoso sexual y la corte legítima? ¿Cómo es posible distinguir la propaganda respetable e indecente? ¿Cuál es exactamente la línea entre la influencia justa y la influencia injusta del mercado? ¿Cómo pueden las personas atraer interés cuando no están inclinadas a prestar atención a ideas innovadoras? ¿Cómo pueden el reformador social, el artista y los pioneros probar el pensamiento convencional y abrir nuevas perspectivas? ¿Cuál es la forma más exitosa de abrir un debate público sobre cuestiones críticas e importantes que son percibidas por casi todos en la sociedad?

Explorar el tema desde este punto de vista ayuda a comprender mejor las características únicas de la manipulación y nos permite evitar luchar con preguntas de engaño que no se pueden responder satisfactoriamente.

Tipos de personalidad

Hay muchos sistemas de personalidad que se han desarrollado en la historia del estudio humano. A lo largo del tiempo, las personas han participado en ejercicios autorreflexivos para explorar lo que significa ser humano y por qué somos como somos.

Una de esas personas que estaban estudiando lo que significaba ser un hombre era Carl Jung. Jung escribió e investigó mucho sobre arquetipos. Los arquetipos son cosas relacionables que todos vemos en la vida. Mira, Jung pensó en esto ya que todos tenemos experiencias comunes —el sol, la luna, la oscuridad de la noche y la luz del día— y esto nos conecta con un inconsciente colectivo. Los seres humanos tienen experiencias universales, como el nacimiento y la muerte, y el amor y la angustia, y estos temas universales sugieren un orden psíquico preordenado en nuestra mente. Esta es la idea de que, dado que todos estamos en cuerpos humanos que experimentan la tierra, debe haber un punto en común en nuestras experiencias. Estos arquetipos pueden manifestarse de diferentes maneras en diferentes culturas, pero están profundamente arraigados dentro de nosotros.

Puesto que todos estamos conectados con nuestra experiencia física y la tierra de una manera muy íntima, hay formas de vida y personalidad que han salido a la conciencia como formas reconocibles que las personas son como son. La sombra es un símbolo del inconsciente, y es una analogía para el lado oscuro de una persona, a los ojos de Jung. La sombra se auto refleja el Id de Freud y es el lado animal de nuestra conciencia. Es lo que nos hace plenamente humanos, y es el lugar al que vamos cuando nos sentimos animalistas en cualquier dirección, es decir, satisfacer la necesidad de tener relaciones sexuales, comer o protegernos.

El trabajo de Jung ha sido procesado una y otra vez y ha influido en muchas esferas del pensamiento, incluyendo la psicología popular y la psicología científica. El sistema Eneagrama a isas es un sistema de personalidad que puede tener vínculos con el trabajo de Jung, ya que muchos de los principios que miró se encuentran allí. El Eneagrama tiene sus raíces en la tradición sufí, y fue refinado a lo largo de los años por varios pensadores. El Eneagrama de la personalidad se alinea libremente con la idea de personalidad de Jung, y presenta nueve personalidades como formas en las que podemos reconocer a las personas que se comportan en el mundo.

El Eneagrama no es un pergamino mágico que le dirá el futuro y le dirá exactamente cómo una persona actuará en cualquier situación dada. Más bien, es una manera de que puedas pensar en la personalidad y una manera de categorizar a las personas en patrones de comportamiento y decir por qué son como son y por qué hacen las cosas que hacen. No es algo que sea cristalino en todos los casos. Una persona que ves algún día podría actuar de cierta manera porque se siente de cierta manera, pero al día siguiente actuarán completamente diferente. Esto no desacredita el Eneagrama, ya que, de hecho, el Eneagrama es una de las cosas más cercanas para describir lo indescriptible. Son maneras de ver a una persona en una historia. Al igual que los estereotipos de Jung, estos tipos de personalidad pueden estar profundamente ligados a la literatura, las películas, etc., y tiendes a verlos una y otra vez.

El primer tipo de personalidad en el Eneagrama de la personalidad es El Perfeccionista. El Perfeccionista es impulsado por un impulso moral. Son buenas personas, y esto es porque crecen queriendo ser buenas personas. El Perfeccionista a menudo tendrá patología relacionada con el perfeccionismo. Si un Perfeccionista es impulsado en la infancia siempre a estar logrando y siempre tratando de ser el mejor, a menudo puede crecer con hábitos que se relacionan con el perfeccionismo que se convertirá en problemas más adelante en la vida. El Perfeccionista quiere que todo no sólo funcione en buenas condiciones, sino que también quiere que las cosas sean morales. Ven el mundo en lo bueno y lo malo, y siempre quieren estar del lado bueno de las cosas.

El Perfeccionista tendrá que aprender a calmar sus impulsos perfeccionistas para alcanzar la autorrealización. La autorrealización es el concepto de que una persona puede ser plenamente ella misma y alcanzar el potencial que tiene en varios dominios diferentes. Estos dominios incluyen, pero no se limitan al trabajo, el amor, las relaciones, el arte y cualquier otra cosa que una persona necesite funcionar. Cuando un Perfeccionista es capaz de darse cuenta de que no todo tiene que ser perfecto y que sólo puede volver a aceptar lo que está pasando a su alrededor, entonces será capaz de hacer más conexiones con otras personas y con sigo, y se dará pensado de que tienen un más fácil ti yo en la vida.

La segunda personalidad en el Eneagrama es El Ayudante. El Ayudante quiere ayudar a la gente, y quieren que el mundo sea un lugar mejor. El Ayudante a menudo encontrará una profesión de ayuda, donde están trabajando con otras personas para ayudarlos en sus vidas. Pueden tener trabajos como médicos, terapeutas, enfermeras, fisioterapeutas, etc. Estas personas tienen un profundo impulso para ayudar y ser útiles. Quieren dar y ser generosos consigo mismos, y esperan que otras personas hagan lo mismo. El Ayudante a menudo entra en relaciones codependientes, donde quieren ayudar a otra persona, y necesitan que la otra persona las necesite. Esto puede convertirse en una dinámica poco saludable, ya que el ayudante siempre está buscando a su próxima persona para ayudar a pesar de que la persona probablemente nunca cambiará.

El ayudante debe pasar de este patrón si quiere participar en la práctica que conducirá a la autorrealización. Un Ayudante debe darse cuenta de que otros pueden ser ayudados, y ellos cumplen este papel muy bien, pero también deben reconocer que ellos mismos necesitan ayuda ala flaquear que deben aprender para ayudarlos y aceptar la ayuda de los demás. Cuando el Ayudante hace esto, aprenderán que el mundo no es un lugar malo y aterrador, y que en realidad pueden estar en el mundo y ser ayudados por otros, y que esto les proporcionará un sentido de satisfacción. Se trata de equilibrar tus rasgos clave con el resto de tu conciencia.

El tercer tipo de personalidad en el Eneagrama es el Triunfador. el Triunfador es una persona muy optimista y carismática. Les gusta ir a la cima de una montaña porque les apetece, o podrían haber visto a alguien más subir la montaña, y quieren demostrar que pueden lograr algo más grande que otra persona a su alrededor. Lograr proporciona una manera para que esta persona encuentre crecimiento personal y se sienta bien consigo misma. Sin embargo, el Logro eventualmente se dará cuenta de que lograr es sólo una dimensión de la vida humana. Lograr es algo que hacemos cuando necesitamos hacer avanzar la sociedad, y es esencial que hayamos logrado en el mundo. Sin embargo, el Logro tendrá que aprender acerca de otros aspectos de la vida humana, incluyendo amar, descansar, cuidar de los demás y la reflexión.

Una vez que un Logro es capaz de hacer esto, aprenderá que el logro no es necesario para que ganen el amor de los demás, pueden encontrar el amor, tal como son. La aceptación va a ser una gran tarea para el Triunfador a medida que avanza en la vida y tratan de hacer conexiones profundas con otras personas.

La siguiente personalidad descrita en el Eneagrama es el Romántico. El Romántico es impulsado por una profunda necesidad de hacer la vida significativa, y lo hacen bien. El Romántico ama los océanos, los incendios, las fiestas, las puestas de sol, la narración, las bebidas, las cafeterías, las librerías y similares. Quieren vivir en un momento embellecido para siempre. Quieren que todo sea hermoso, y disfrutan de la melancolía de la vida. Les gusta deleitarse con la tristeza de la vida, y piensan en la condición humana como una cosa hermosa. Prefieren estar en la carretera actuando con una banda que trabajando en una oficina.

Les gusta perderse en los libros y la poesía, y por lo general son buenos conversando con los demás. El Romántico es a menudo un artista, y a menudo tratarán de vivir como músico, artista, actor o presentador de radio. Son personas creativas y espontáneas. Un lado oscuro del Romántico es que son propensos a la depresión. Esto se debe a que se sienten mucho en el mundo, y son escapistas porque el mundo los abruma. Pueden no ser muy buenos en la modulación de su vacío y salir de un cierto estado de ánimo. Podrían sentir que el mundo es demasiado triste y peligroso para ellos, y esto a menudo los mantendrá en una depresión.

Para encontrar la autorrealización, un romántico tendrá que aprender que no todos los momentos de cada día son hermosos. Aquí es donde necesitan encontrar la aceptación: no todos los días son hermosos, no todos los momentos son un buen momento. Hay momentos secos y que ocupan la mayor parte de cada día, y tendrán que aprender a sobrellevarlo. Los románticos a menudo serán capaces de atemperar sus instintos anteriores para el caos y la rebelión y encontrar la paz. Hacen este pensamiento reconociendo que el mundo no siempre es hermoso, pero que no hay nada que puedan hacer al respecto.

El siguiente tipo de personalidad en el Eneagrama es el Investigador. El Investigador es impulsado por la necesidad de percibir el mundo. Pueden escritores web o periodistas o científicos. Les gusta organizarse en el mundo como una esponja, alguien que siempre está recibiendo información del mundo. Creen que al observar e investigar, encontrarán la verdad y el significado. Son impulsados por la necesidad de percibir. La necesidad de percibir es algo que todos tenemos dentro de nosotros, pero el Investigador está obsesionado con él. Pueden sufrir de una falta de personalidad en sí mismo porque siempre están enfocados en otros y otros sistemas y cuerpos con los que se convocan, en lugar de investigarse a sí mismos.

Con el fin de lograr la autorrealización, el Investigador tendrá que aprender cómo convertir esa luz de investigación sobre sí mismo y tener espacio para la autorreflexión. El Instigador podría estar alineado con muchas vistas del mundo diferentes, pero esto no cambia su necesidad central de equilibrar sus impulsos. Esto llevará al Investigador tener algún tipo de experiencia que altera la vida donde cayeron humillados. Sólo entonces serán capaces de arrojar una luz en su armario en su mente y aprender realmente lo que está pasando con ellos y cómo pueden vivir en el mundo y prosperar.

La siguiente categoría de personalidad en el Eneagrama es la Lealista. El leal no quiere nada más en el mundo que amigos. Al principio no les gusta la intimidad física de las relaciones íntimas, y no están tan preocupados por los lazos familiares. Lo que quieren son amigos para rodearlos en todo momento y para que tengan un círculo social completo con un montón de diferentes tipos de amigos. Los Loya listas a menudo tendrán un grupo, o podrían simplemente tener un solo amigo realmente bueno con el que han encontrado una relación simbiótica. Encontrarán a una persona a la que puedan acompañar en el mundo y ser leales, y la persona con la que están, encontrará maneras de ser una persona a la que la persona pueda ser laque.

Al leal realmente le gusta el conflicto, y se quedarán a evitar conflictos a toda costa. El leal tiende a entrar en una relación codependiente. A menudo, el Ayudante y el Lealista entrarán en una relación codependiente en la que el Ayudante quiere ayudar al lealista cambio, pero el Lealista no está interesado en cambiar, más bien en prolongar la relación. Se encontrarán dando un poco de lo que el otro quiere en diferentes momentos, y descubrirán que se encierran en relaciones que son poco saludables y son realmente malas para ellos.

Lo que el lealista necesita desarrollar para alcanzar la autorrealización es un sentido de sí mismo y de identidad. Están tan concentrados en sí mismos en el contexto de los demás, aunque el lealista tendrá que aprender a decir lo que quieren ver cuando quieren decirlo, y tendrán que aprender a ser ellos mismos alrededor de otras personas. A menudo, un lealista sentirá que el mundo los ha engañado, que eran una buena persona y amigo en que no se les dio la misma oportunidad para demostrar que son los mejores. Se sentirán oprimidos y decepcionados en el mundo, y tendrán que tomar este sentimiento y aprender a modularlo para que no se sientan como si fueran la única persona en el mundo que se siente de esa manera. El leal a menudo siente que el mundo tiene un orden loco que no puede entender. El leal tendrá que aprender que ese no es el caso; en realidad, el mundo es igualmente indeterminable para todas las personas.

El Optimismo es la mariposa social. Este es un tipo de personalidad del Eneagrama que ama estar con otras personas y le encanta levantar a otras personas. Son capaces de ver lo bueno en cada situación, y tienen sueños fantásticos sobre lo que será en el futuro. El Optimismo será capaz de imaginar realidades que no son accesibles para el pensador cotidiano, y se verán impulsados por la necesidad de fijar, lograr y unir a las personas. El Optimismo puede ser menos un logro que otros, pero lo han logrado en ciertas áreas. Al optimista le encanta poder iluminar una habitación y hacer reír a la gente, y quieren ver a todos a su alrededor crecer a su máximo potencial. Al Optimista le encanta conocer gente nueva, y les encanta estar cerca de los niños. Creen que la vida debe ser despreocupada y fácil, quieren que todo sea un buen momento y quieren que todos estén de fiesta todo el tiempo.

Para alcanzar la autorrealización, los optimistas tendrán que darse cuenta de que el mundo es un lugar un tanto pesimista, y tendrán que ponerse más en contacto con sus sentimientos de tristeza y dolor. Esto sucede lentamente, a menos que algún tipo de dramática incluso suceda a causar una muerte por ego en la persona.

La siguiente personalidad en el sistema Enneagram es el Protector. El Protector aprendió desde el principio que esta es una manera en que pueden controlar su entorno: sus propias fuerzas, a veces físicas. Son buenos ayudando a otras personas, pero no de la misma manera que el Ayudante. Les gusta usar la fuerza bruta para derrotar a sus enemigos y lograr sus objetivos. Son muy buenos en los deportes, a menudo, y tienden a ser personas que enfatizan la forma física más que otros. Ellos ven la forma física como una metáfora de la mente, y donde la mente va, el cuerpo seguirá. Se ven a sí mismos como un papel que tiene un papel en el universo para cuidar y cuidar, en un sentido emocional, pero más en el sentido de cuidar a un rebaño.

El Protector tendrá que darse cuenta de algunas cosas para alcanzar su potencial como ser humano. Tendrán que aprender que ellos, como todos los demás, tienen debilidades, incluso físicas, y aprenderán a vivir con estas deficiencias al ganar para depender de otras personas.

Esto será difícil para el Protector, ya que realmente no les gusta exponerse a los demás, y odian ser vulnerables. El Protector es una persona que tendrá que aprender a abrazar al niño interior, y en lugar de decirles que necesitan luchar para sobrevivir, tendrán que decirle al niño interior que está bien llorar, está bien ser débil, y está bien depender de los demás.

El tipo de personalidad final que presenta el Eneagrama de la personalidad es el Pacificador. El Pacificador está interesado en la armonía, y les gusta estar conectados con otras personas a la que les gusta ver esto prosperar en la comunidad. El Pacificador es impulsado por una brújula moral, pero no de una manera patológica como el Perfeccionista. Donde el Perfeccionismo quiere que todo sea perfecto porque es bueno, el Pacificador era todo para ser bueno porque el formando experimentará menos sufrimiento de esa manera. Siempre hay un dolor, pero el Pacificador sabe que hay dolor y que hay sufrimiento. Uno de ellos, el dolor, nunca va a salir de nuestras vidas.

Habrá aspectos del dolor, ya sea físico o emocional, a lo largo de nuestras vidas. No es algo a lo que podamos escapar. El sufrimiento, sin embargo, es algo que sucede cuando tratamos de lidiar con el dolor y realmente no podemos lidiar con él todo el camino. Entonces, estamos sufriendo. Este es un estado en el que estamos luchando contra ser humano, y es lo opuesto a la aceptación. El Pacificador conoce intuitivamente esta situación, y entienden la dinámica de lanzar esto funciona. Quieren hacer del mundo un lugar mejor.

Con el fin de hacer las paces con el mundo para ellos, el Pacificador debe empañar de la otra manera y aprender a ser más un luchador. Este es el error que este tipo de personalidad a menudo enfrenta: no se dan cuenta de que para promulgar el cambio que les gustaría ver en el mundo, tienen que salir y hacerlo. Pueden ser personas mansas o débiles en su presentación, y les gusta mantenerse a sí mismos para sus batallas. Necesitan ser más como el Protector si quieren establecer órdenes de conciencia de alto nivel. El Pacificador sabe cuándo están haciendo esto. Deben ser capaces de aprender a defenderse a sí mismos, así como a los demás, un guio de la cabeza para ser asertivo sin luchar contra la buena lucha.

La forma en que estos tipos de personalidad están situados en el Eneagrama también tiene importancia. Hay tríadas y alas en el sistema Enneagram. Estos se pueden estudiar más si usted está interesado en el tema. Los tipos de personalidad presentados aquí y otros sistemas de personalidad básicamente te dan una manera de mirar a las personas y analizar su comportamiento. Pueden mostrarnos la forma en que las personas actúan en ciertas situaciones. Nos hablan de los impulsos innatos de una persona y no sólo de las características venerables.

Debes tener cuidado al tratar de aplicar el conocimiento de los tipos de personalidad a tu vida cotidiana, y saber que las personas pueden ser complicadas y no ser tan fácilmente desensfiguradas. Un día de la semana, una persona puede estar actuando como una cierta personalidad, y en otro día, podría estar actuando como si estuvieran en un gran estado de ánimo que difiere del otro día. La gente actúa de la manera que quiera en el momento, lo que es de esperar. Sin embargo, hay ciertas maneras en que nos orientamos en el mundo; estos contribuyen a nuestro comportamiento. Los tipos de personalidad pueden indicarle cómo observarlos y qué buscar. Hay muchos otros sistemas de personalidad, que pueden abrir su perspectiva aún más.

La personalidad es algo que no está en piedra, pero tiende a ser una manera que una persona funcione en el mundo durante la mayor parte de su tiempo. Sin embargo, la gente puede cambiar y cambiar en sus vidas. Una persona puede estar tratando de hacer el cambio de encajar con una personalidad a otro tipo de personalidad en su vida. No es común, pero sucede. Hay maneras de derivar algún significado de los tipos de personalidad enumerados en el Eneagrama, y pueden ser una buena manera para que usted lea a las personas.

Al ser capaz de identificar a un perfeccionista, por ejemplo, entonces puede saber por qué una persona hace lo que hace. Cuando te das cuenta de que pueden encajar bien con el tipo de personalidad perfeccionista, entonces puedes empezar a saber que quieren que todo sea bueno y moral, y esa es su mayor motivación en la vida. A continuación, puede ajustar sus expectativas en consecuencia.

Una gran parte de lo que el Enneagram permite es que usted pueda ajustar sus expectativas de una persona. Mucha gente piensa que todos tienen las mismas características que ellos. Algunas personas pueden tener patrones y características similares a los de usted, pero muchas no. Las expectativas le permiten saber lo que una persona será vale para manejar, lo que una persona será capaz de hacer en ciertas situaciones, y cuánto puede depender de ellos.

Hay diferentes umbrales que todos tenemos en diferentes áreas. Uno de ellos es el umbral de incomodidad. Muchas personas tienen altos umbrales de incomodidad, y son capaces de soportar ciertos tipos de dolor mejor y más tiempo que otros. Algunas personas tienen altas tolerancias al dolor emocional y tolerancias físicas bajas al dolor. Otras personas tendrán la experiencia opuesta: el dolor físico será fácil de soportar para ellos, pero el dolor emocional de la vulnerabilidad será difícil.

Por lo tanto, usando el Eneagrama, usted puede asegurarse de que no está esperando un Perfeccionista para tratar de hacer alguna tarea desordenada con usted y estar bien con él, y usted sabe no pedir a un Protector para ser vulnerable fue allí hay otras personas alrededor. Empiezas a notar esos patrones en las personas, y empiezas a notar sus miedos y deseos y lo que los hace iluminar. El Eneagrama puede darte pistas sobre por qué una persona puede tener miedo en una situación y feliz en otra.

Intuición

La intuición es un concepto abstracto. No hay manera de estudiarlo, excepto pedirle a alguien que describa su experiencia de intuición. La intuición es una combinación de tu yo espiritual, tu yo físico y tu yo cognitivo, todos juntos. Tiene en cuenta los sentimientos que están experimentando, sus pensamientos y las sensaciones corporales que están experimentando, y le dice lo que se siente bien en este momento.

La intuición es algo profundamente humano que no se explica fácilmente. No es ansiedad, no es un miedo, y no es una emoción. Más bien, es una combinación de emoción, pensamiento y sensación que te lleva a ser capaz de tomar decisiones. Cuando sientas tu intuición, trata de seguirla. Algunas personas no saben lo que se siente ser capaz de seguir su intuición; puede que ni siquiera sean conscientes cuando están recibiendo la pista sobre algo o alguien.

La intuición es esa pequeña sensación de que esta persona te está mintiendo, o esa ligera gota en el intestino cuando te das cuenta de que has ganado un premio. Es tu cuerpo reaccionando antes de que tu mente pueda. El cuerpo es realmente una construcción inteligente; nos gusta pensar en las mentes la fuente de inteligencia en Occidente, pero eso es sólo parcialmente el caso. El cuerpo es para agradecer por algunos de nuestros sentimientos de pares y procesos intuitivos, y el cuerpo es lo que nos dice cuando estamos en peligro, nos están mintiendo, necesita ayuda genuina, o estamos enamorados. Una mente es un lugar lleno de pensamientos e ideas. El cuerpo está lleno de datos de sentido real que es más confiable que los pensamientos.

Piensa en el último sueño que tuviste. ¿Sabías que era un sueño? Probablemente no. Hay algunas personas que han informado que son capaces de controlar sus sueños, en un proceso llamado sueños lúcidos. En este proceso, una persona es capaz de señalar a su conciencia del sueño de lo que está experimentando un sueño, y que lo que están imaginando no es real. Cuando son capaces de hacer esto, las personas pueden dirigir sus acciones en el sueño. Pueden empezar a tener más control, y pueden encontrar una manera de estar conscientes en sus sueños.

Sin embargo, la Sra. pepled't tiene esta habilidad, que es perfectamente normal. Para ellos, parece que sus sueños son completamente reales. Cuando están experimentando sueños, no son capaces de distinguir de la realidad, y aunque ese contenido del sueño puede ser fantástico y poco realista, se encuentran creyendo que todo en el sueño es verdadero y realmente está sucediendo.

Esto sólo muestra lo poco confiables que son nuestras mentes. Si son capaces de construir una realidad completamente nueva donde se puede volar o hacer otras cosas que son completamente irreales, entonces sólo imagine lo lejos que puede llegar a su pensamiento en la vida cotidiana. El cuerpo no es tan falible. El cuerpo no piensa; simplemente reacciona. El cuerpo es un lugar donde no se puede controlar lo que está sucediendo, y ahí es donde entra la verdad. La verdad está en el lenguaje corporal porque el cuerpo simplemente reacciona. No hay proceso de filtro cognitivo.

Cuando sientas una cierta manera acerca de una persona en tu intuición, sólo trata de ver que eso es válido. Puede que no sea algo en lo que quieras actuar, pero puedes empezar a darte cuenta de que tus sentimientos corporales de intuición son válidos, y entonces puedes empezar a hacer algo con ellos. Muchas personas crecen aprendiendo a ignorar su intuición por varias razones. Una de esas razones es que se les animó a no expresar emociones cuando eran más jóvenes. Muchas personas más jóvenes con padres estrictos son así; se les muestra o les dice entonces son niños que expresar emociones los debilita y que no deben expresar emociones por miedo a ser abandonados o criticados. Esta es una manera muy dañina de crecer, y afecta la capacidad de una persona para poder confiar en su intuición. Para una persona como esta, la confianza será la clave para desarrollar la capacidad de confiar en la intuición.

Esta es una persona con baja autoestima. Una persona con baja autoestima tendrá problemas para confiar en su instrucción porque ha aprendido o se ha dicho a sí misma que su instinto no es algo en lo que se pueda confiar. Este no es el caso, porque, para todos, sus sentimientos internos son válidos. Por lo tanto, esta persona tendrá que aprender confianza. La terapia de exposición es buena para esto; los principios de la terapia de exposición afirman que cuando usted está expuesto a algo que usted está incómodo con durante un largo período de tiempo, usted comenzará a aprender cómo lidiar con ella más, y usted comenzará a ser capaz de soportar períodos de exposición a los estímulos mor y porque usted es capaz de tomar el calor, por así decirlo.

Esto significa que las personas con problemas de confianza deben buscar ponerse en lugares fuera de su zona de confort. Para empezar, puedes tratar de ponerte en posición de asumir pequeños riesgos. Si una persona tiene ansiedad social, podría tratar de conseguir un trabajo en una cafetería o en algún lugar donde tendrá que interactuar con mucha gente, pero en un nivel limitado. Esto te hará pensar en cómo puedes interactuar con las personas, y te ayudará a sentirte más cómodo con la exposición a las personas todos los días. Cuantas más personas interactúen con, más empezarás a aprender que eres una persona interesante e interesante si te involucras en buena fe, y la confianza crecerá a partir de ahí.

La confianza es lo que te permite hacer lo que debes hacer. Entonces, esa pequeña sensación te dice que debes ofrecer a esta persona un trabajo, o salir de otra situación, o conducir una ruta diferente a casa, lo haces porque tienes confianza en ti mismo y te has visto triunfar una y otra vez. Esto es algo que necesitará tomar un poco de tiempo, y el suyo es paciente y amable con usted mismo a través de esta experiencia.

No hay manera de registrar la intuición; no hay manera de cuantificarlo. Esto es algo en tu alma. Es algo que podría tener que hacer un poco de búsqueda del alma. Esto es algo que algunas personas sienten proviene de su antepasado, y hay una especie de unísonos colectivos en los que todos estamos participando juntos.

La idea del inconsciente colectivo es que todos somos seres humanos y podemos relacionarnos entre sí a nivel humano. Esto significa que nuestra intuición a menudo coincidirá. No siempre, pero es algo con lo que podemos conectar con personas que se encuentran en situaciones similares a nosotros.

Esto es algo que yace a fuego lento debajo de la superficie de nuestras mentes, no está tanto en la superficie. La intuición es un sentimiento, y es lo primero antes que los pensamientos. Los pensamientos no son tan importantes. Pueden ayudarte a entender tu intuición, pero los pensamientos de la hora no son tu intrusión, son un proceso automático que te distrae crecer sea cual sea el que usted está pasando.

¿Cómo se presta la intuición a la manipulación ética? Juega un papel importante. La intuición puede decirte los bloques de construcción de lo que es esa persona se trata. La mayoría de nosotros llevamos unos cuantos grandes impulsos, algunas motivaciones que nos ayudan a determinar lo que queremos en la vida. Algunos de nosotros queremos amigos, otros queremos dinero o éxito, algunos de los que estamos impulsados por la vida familiar.

La intuición puede ayudarte a determinar esto para cada persona. Si puedes observar a una persona y luego dejar que tu intuición se haga cargo, podrás identificar sus unidades en la vida o en una situación dada. Su intuición, especialmente en esta área, se guía por la experiencia de vida. Es posible que notes que algunas personas actúan o hablan de cierta manera, y puedes empezar a categorizarlas en grupos. Un padre preocupado actuará de cierta manera. Si notas que alguien encaja en esta categoría, porque has observado a personas actuando así en el pasado, puedes aprender un poco sobre esa persona de inmediato. Un padre preocupado es impulsado por proteger y asegurarse de que las cosas estén seguras. Ahí, ahora, tienes el impulso principal para esta persona. Ahora puede actuar en consecuencia.

Otra categoría que es fácilmente identificable es "Mendigo". Esto viene con un conjunto de comportamientos y palabras que son reconocibles. Alguien que se maneja por dinero tendrá una cierta manera de acercarse. Puede ser cautelosamente amigable. Podrían empezar en un discurso sobre su desgracia. Esto no quiere decir que todas las personas que están abajo en su suerte son lo mismo, pero proporciona un ejemplo fácil de los procesos de los que estamos hablando. Cuando ves a alguien que está pidiendo dinero, reconoces ciertos patrones de comportamiento y patrones de habla. Usted es capaz de identificarlos como una cierta categoría de personas.

Esta capacidad de procesar y categorizar es útil; le ayuda a saber automáticamente lo que va a suceder cuando se le acerca. Lo sabemos porque sucede mucho. Otros tipos de personas (alguien que quiere darte algo, alguien que necesita aprobación, el niño perdido, el anciano solitario) pueden ser más difíciles de desarrollar una conciencia para, pero lo harás, con el tiempo.

Carisma y confianza

La timidez puede ser una señal. Podría estar viniendo desde muy atrás en la psique de una persona, o podría ser que se sienten enfermos hoy.

Sea lo que sea, la timidez es el estado de no querer compartir con el mundo lo que está pasando contigo. Es un estado de no compartir con el mundo y no saber cómo serás recibido en el mundo. Este es un estado en el que te escondes dentro de tu propia mente. Es un estado de orgullo y un estado de protección.

Debes ser amable contigo mismo cuando eres una persona tímida. Tienes que involucrarte en una charla personal educada y amable. Por ejemplo, puedes decirte a ti mismo: "Está bien. Voy a estar bien. Serán momentos incómodos, y lo haré duro para esta cosa con vida". Esta es la actitud que te ayudará. Hay miles, probablemente millones de personas tímidas en este país. Cada uno tiene que ir a descubrir sus propias experiencias, pero usted puede saber que usted no está solo.

Una cosa a recordar con ansiedad social es que otras personas realmente no perciben su sistema social como usted cree que lo hacen. Podrías estar proyectando cómo te ve la gente, y podrías pensar en ti mismo una persona que es incómoda. El verdadero hecho es que todo el mundo es incómodo a veces.

La ansiedad social puede hacerte sentir que no quieres hacer nada o ir a ninguna parte. Una gran parte de aprender a lidiar con esto es aprender sobre el estado de ansiedad y aprender a modular su cuerpo. La forma número uno de hacerlo es respirando. Al hacer respiración profunda intencional, usted es capaz de causar una respuesta de relajación en el cuerpo. Hay algunas acciones que son intencionales, como andar en bicicleta. Hay otros estados que son más automáticos, como respirar o parpadear el ojo. Sin embargo, puedes decidir hacer respiración intencional, y puedes afectar la reacción física de tu cuerpo haciendo esto. Es una herramienta muy poderosa para la ansiedad social. Mediante el empleo de esta herramienta, se puede reconocer cuando su cuerpo va a empezar a ir hilos y vaya, puede hacer un poco de respiración para calmarse.

Si hay un evento al que tienes miedo de ir, como una fiesta o un espectáculo, puedes notarte a ti mismo mientras te acercas al evento, cómo te sientes en tu cuerpo, y seguir comprobando cada par de minutos. Usted comenzará a notar un apretamiento, y a veces será en el pecho, a veces en otros lugares del cuerpo. Por lo general, lo que está presente con la ansiedad social es un apretamiento del pecho, una sensación de la frecuencia cardíaca que sube, y una sensación de respiración que se constriñe.

Si usted es lo suficientemente consciente como para notar que está sintiendo los síntomas, sólo sepa que realmente puede cambiar esto en ese momento, puede comenzar a respirar, y se sentirá diferente. Una vez que comience a respirar profundamente, debe notar que sus síntomas disminuyen.

Para algunos casos extremos, esto podría no ser suficiente. Algunas personas con ansiedad pueden ser diagnosticadas con medicamentos que les ayudan a disminuir estos síntomas e ir y ser más saludables en el mundo. Si tienes ansiedad social extrema, habla con un médico y comprueba si hay opciones para que tomes medicamentos.

No tienes que compartirte todo el tiempo. De hecho, sería bastante extraño si lo hicieras. Debes buscar ser independiente cuando te sienta bien, y debes conocerte lo suficiente como para saber cuándo eres apropiado para ser tímido. Esta es una tendencia natural para mucha gente.

La confianza es lo opuesto a la timidez. En lugar de querer cerrar todo y ocultar todo del mundo, deberías querer compartir todo con el mundo y darte a conocer. Cuando una persona tiene confianza, siente que no tiene nada que ocultar. Es una forma de estar en el mundo, compartirse en beneficio de los demás, así como de usted mismo.

Lo que realmente se reduce a ser tú mismo y no tener miedo de ser tú mismo. Esencialmente, no podemos cambiar eso. Podemos cambiar los comportamientos en ciertos escenarios, y actuar de cierta manera alrededor de las personas, y podemos hacer pequeñas modificaciones aquí y allá, pero lo que realmente está ahí dentro de nosotros es lo que somos. Es algo que está en el centro de cada persona.

Entonces, ¿qué es lo que nos impide ser nosotros mismos, con confianza? Puede ser que no confiemos en nosotros mismos. Algunas personas tienen pensamientos sobre sí mismos que son negativos, y asumen que no son dignos o no tan buenos como otros. También podría ser que tengan pensamientos negativos sobre el mundo, y piensen que otras personas y el mundo simplemente los van a castigar sin cesar y que nunca pueden ser ellos mismos.

El carisma es cuando una persona es atractiva, no sólo en un sentido físico, sino en un sentido más amplio. Piensa en la persona más carismática que conoces. Probablemente sean capaces de liderar y ser un líder. Probablemente son capaces de hacer que la gente se sienta como en casa. Lo que pasa con el carisma es que eres atractiva. Significa que la gente quiere estar a tu alrededor porque piensa que las cosas buenas sucederán cuando estén a tu alrededor. El carisma está profundamente ligado a la confianza porque la confianza es atractiva, pero es algo que no es confianza. El carisma es una acumulación de rasgos que son adaptables y saludables. Las personas son capaces de sentir a una persona fuerte y saludable, y el carisma es esa colección de atributos.

La manipulación ética de los demás se reduce a la confianza. Si confías en tu mensaje y en tu objetivo, podrás afectar a los demás de la manera que quieras. Por ejemplo, digamos que hay alguien en el trabajo que no quiere llevar a cabo una determinada tarea porque le tiene miedo. Supongamos que usted es responsable de sus acciones si no completan la tarea. Así que vas a ayudarlos. Cuando les ayudas, ¿cómo es tu actitud? ¿Eres condescendiente e impaciente con ellos, porque sabes que tienes la respuesta al problema? Si es así, usted tiene algo de mejora que ver con sus habilidades de manipulación ética.

El objetivo aquí sería infundir confianza en la otra persona demostrándolo usted mismo.

En lugar de enojarse e impaciente, actúa como si no fuera gran cosa. La gente se alimenta de las emociones de los demás, y si actúas como si hubiera un problema, lo habrá. Si no actúas como si hubiera un problema, entonces otros te usarán como un ancla emocional. Ellos serán capaces de utilizar como una fuente de estabilidad, y usted se convierte en la base sólida del grupo. Usa tu confianza; esto permitirá que otros a su alrededor se sientan seguros también.

En lugar de impacientarse, demuestra la manera correcta de hacer la tarea —de la manera que quieras— y hazle saber a la persona que no tienes miedo de este desafío. Si usted siente miedo, se sentirán asustados, y el ciclo continuará. Sólo se necesita una persona para actuar como si el problema no fuera un gran problema. A veces, sólo una persona que actúa de esta manera hará que la persona que está enloqueciendo se dé cuenta de que el problema no es tan grande, y no tan aterrador. El problema, entonces, se convierte en algo que es factible, ahora que ha modelado el comportamiento que es necesario.

Conclusión

Cada uno de nosotros tiene una voz subconsciente dentro, llamada un "diálogo interno", que influye fuertemente en nuestras vidas. Debido a que siempre ha sido una parte constante de nuestra vida despierto, la mayoría de nosotros ni siquiera nos damos cuenta de que está ahí.

Nuestro diálogo interno controla todo lo que hacemos. Da forma a nuestra percepción, toma decisiones por nosotros, nos advierte, da forma a nuestros valores y opiniones, nos dice quiénes somos y qué nos gusta, monitorea nuestro comportamiento, evalúa situaciones y hace juicios.

Esto nos explica cuando nuestra cooperación interna es estructurada. No desalienta cuando nuestra conversación interna es pesimista. El diálogo negativo da forma a las actitudes restringidas.

Limitar las creencias puede ser el resultado de poderosas influencias externas como padres, religiones, familias, educadores, cultura, medios de comunicación y sociedad. Tras la exposición repetida a estímulos o como resultado de traumas o violencia, también pueden crecer por sí solos.

Nuestras vidas están siendo saboteadas limitando las creencias. Nos dicen mentiras y mentiras, nos hacen sentir mal con nosotros mismos, nos impiden el éxito y nos hacen repetir patrones que son insalubres. Sólo nuestros estados de ánimo y emociones están controlados.

Recuperación de la codependencia

Estrategias de desprendimiento saludable para dejar de luchar contra las relaciones codependientes, los celos obsesivos y aumentar su autoestima [Codependncy Cure, Spanish Edition]

Melina Pera

Tabla de contenido

PRÓLOGO
comprensión codependencia

¿Cuál es la codependencia?

En la actualidad, no existe un acuerdo sobre un sentido de la codependencia. Sin embargo, algunas definiciones de trabajo pueden ser adoptados. En general, la codependencia es una apasionada condición, mental y del comportamiento que crea debido a una persona que está dibujado a cabo la exposición a, y la práctica de una gran cantidad de normas duras - reglas que evita la articulación abierta de sentirse igual de la charla inmediata del hombre, tal como relacionales cuestiones. La codependencia se ha definido como un ejemplo de insoportable dependencia de las prácticas habituales y respaldo de otros a descubrir la seguridad, la autoestima, y el carácter. La codependencia significa una disminución de la capacidad para iniciar o tener un interés en adorar conexiones o relaciones. Por otra parte, se ha denominado como una indicación de abandono - de uno está perdido realidad interna y una dependencia de la realidad externa.

Inicialmente, se aplicó el término codependiente claramente a los grupos de bebedores. A la larga, el término se extendió a recordar las familias con subordinado a alguien para cualquier tipo de medicación. Hoy en día, la palabra se usa con frecuencia para nadie representan en una relación notable (o asociaciones) con un individuo que muestra algún tipo de dependencia. Tales condiciones podrían incorporar licor, medicar, el sexo, la alimentación, el trabajo, las apuestas, los logros, la compulsión o algo diferente. Estar en asociación con este tipo de individuo aporta regularmente sobre la codependencia, que incluye una conciencia desequilibrada de otras de las expectativas para proteger, reparar y ayudar a este individuo.

Un individuo que padece o que experimentan la codependencia se denomina codependiente, y una definición práctica de un codependiente es un individuo que no puede trabajar desde su propia innata y en vez organiza el pensamiento y la conducta en torno a una sustancia, proceso o de otras personas. Una persona codependiente es aquel que da de otra persona llevar a cabo una oportunidad de influir en él o ella y que está fijado en el control de la conducta de esa persona.

Tal como ha establecido anteriormente, existen muchas concepciones sobre lo que es la codependencia, lo que lleva a una situación en la que las situaciones o escenarios que no tienen nada que ver con la codependencia etiquetados como tales. Como resultado, la necesidad de desenmascarar estos conceptos erróneos. El individuo en la vida del codependiente puede ser un individuo sólido o desafortunado o reunión de personas. Los codependientes reaccionan a los sentimientos, sensaciones, condiciones, problemas del presente individuales o actividades con desasosiego, desgracia, el estrés, la culpa o la compasión.

Los codependientes tienden a sobre responden a las cosas fuera de sí mismos, y bajo-responden a las cosas dentro de sí mismos. El exceso de respuesta a las cosas fuera es la parte adictiva de la codependencia. El codependiente puede ayudar a otras personas en caso de emergencia, solucionar los problemas de los demás, se centran alrededor de todo lo negativo y cosas dañinas otros hacen a esa persona, y una reprimenda a otros por sus problemas de reclamación. Estos son en su mayor parte los métodos para mantenerse alejado de dentro del mundo real y la agonía. La escasa respuesta a las cosas en el interior es la parte renunciar de la codependencia. El codependiente mantiene una distancia estratégica de los sentimientos, el tormento, la felicidad, sueños, pensamientos, fideicomisos, deseos, inclinaciones, planes y objetivos. ¡Estas son las cosas que hacen que un individuo que son! Ellos son el carácter del individuo. De esta manera, la codependencia se convierte en una negación del yo.

La codependencia sucede cuando las necesidades naturales de un individuo y los requisitos para la adoración y la seguridad se han visto obstaculizados en una asociación con un individuo roto, dando lugar a una ausencia de objetividad, una conciencia distorsionada de otras de las expectativas, siendo controlada y controlar a otros, daños y ultraje culpa y desamparo. Esta frecuencia se inicia en la adolescencia. La codependencia es un impulso para controlar y salvar a otros mediante la fijación de sus problemas. Esto influye en la codependiente conexiones de todos los individuos, lo que, es más, querer. Por lo tanto, mientras que la codependencia puede comenzar como un problema en uno solo o un apenas conexiones, que regularmente se resumió y el codependiente individuo reacciona de una manera codependiente a todo el mundo en su vida, con el sonido y las personas desafortunadas.

Unos Consecuencias de la codependencia incluyen: Sometimiento a la satisfacción de los demás; Verse limitados por alguien y tratar de controlar a la persona de que se trate; Siendo dependiente de la satisfacción de los demás; Asumiendo la responsabilidad de asegurar que otros están contentos, fructífera y sentirse bien; Sentirse arrepentida cuando no lo hace todo sin defecto constante; y tratar de hacer un pozo individual debilitado, sin embargo, liquidación aniquilado a sí mismo.

Lo que puede no equivale a la codependencia

Es imprescindible tomar nota de que cualquier significado de la codependencia puede incorporar personas que tienen al menos otro problema mental; por ejemplo, sobre la cuestión habitual superior, una falta de capacidad de concentración consistente de dispersión, dispersión bipolar, así como cuestión de carácter, por ejemplo, narcisista, subordinado, o en el límite.

La codependencia tampoco está proporcionando el cuidado, la consideración, o interdependencia. Hay casos en que los individuos fueron marcados "codependiente" a la luz del hecho de que se trataba de un miembro de la familia aniquiladas o ayudar a alguien. conducta codependiente en una circunstancia particular no crea un codependiente individuo. Una evaluación de la codependencia depende de un ejemplo más grande de conducta y se fue con los diferentes atributos.

La codependencia no está proporcionando el cuidado.

Numerosas personas, especialmente mujeres, aprecian el apoyo y pensar en los demás. Algunos hacen un llamado, a pesar de mí. Las madres se conectan a pensar en sus jóvenes. Codependiente proporcionar atención es única en relación a ofrecer atención a alguien. De hecho, la codependencia, que podría haber más teniendo que dar cuando los requisitos del proveedor son lo primero. Esto es a causa de que se origina de atención que proporcionan a plenitud, y de cuidado exuda de necesidad y las dificultades.

La codependencia hace la bondad no significa

Es, sin duda, la normalidad y cumpliendo para ser útil y amable con otras personas. En cualquier caso, codependiente satisfacer irradia de baja confianza - más para llegar a dar. ¡Numerosos codependientes no tienen una decisión! No pueden afirmar que no. Al igual que con la prestación de cuidados, es menos las actividades que deciden la codependencia, sin embargo, la perspectiva de la complaciente. La investigación básica es si usted está dando desde una posición de confianza o de culpa, temor o debilidad.

La codependencia no es la interdependencia

En cuanto a las conexiones, independientemente de si los elementos están codependiente o sólido, la interdependencia puede no ser evidente a primera. Aunque, desde el exterior una pareja codependiente puede tener un aspecto físico, intelectual y financieramente autónoma, como regla general, hay dos genuinamente independientes y temblorosas adultos. A diferencia de la equidad, la intimidad y sentido, hay una irregularidad o potencialmente poder controlar las batallas. Un individuo puede imaginar diferentes necesidades y después sentirse arrepentida, en el borde, o enojado por eso. No están simplemente influenciados por el uno al otro; responden a y la sensación

responsables respecto de sus respectivas sentimientos y modos de pensar. Se forma directa o por implicación intento de controlar al otro con el fin de satisfacer sus necesidades. Se sienten menos libres en la relación y temen tanto la cercanía y la separación, que socavan su ser poco fiable.

Por otra parte, la conexión crea normalmente en las relaciones íntimas. En el momento en que dos personas se aman, es normal para ellos necesidad de ser como una sola y perderse, lo que, es más, se preocupó alrededor de la otra. Después de algún tiempo, sus vidas y sus horarios se entrelazan. Ellos aprecian ayudar y potenciar el uno al otro. Necesitan, se basan en, y son influenciados por la otra, sin embargo, son subidas a y asuman la responsabilidad por sus propias vidas al igual que su compromiso con la relación. Sus vidas están asociadas. No temen a la intimidad y la libertad no es visto como un riesgo para la relación. En realidad, la relación les da cada oportunidad más. Ellos consideran y refuerzan mutuamente sus objetivos individuales, sin embargo, se centró en la relación.

1

¿De qué manera la gente se vuelve codependiente?

Se ha comprobado empíricamente que la mayoría de las personas desarrollan la codependencia de su infancia o etapa de formación. Esto puede atribuirse a una serie de factores:

Probablemente usted no recibió suficiente amor

Los niños se llevan al indefenso mundo, lleno de requisitos, y dependientes de sus supervisores para todo. Desarrollar, que necesitan el contacto tanto como alimento - además de la consideración, la compasión, el mantenimiento y la seguridad. Los niños están tan sujetos a sus madres que no tienen la más mínima idea acerca de sus cuerpos son discretas. La madre es cada reacción o ausencia de impactos reacción la joven. Dado que una gran parte de sus actividades son sin restricciones y ajeno, lo que su identidad es mental tiene un impacto más prominente que incluso lo que hace. Por ejemplo, la manera en que una madre sostiene, asistentes médicos, y sus contactos transmite su infantil sensación de nerviosismo o la seguridad, el amor o la falta de compromiso, la irritabilidad o la atención. El tono de su voz, la articulación facial, y la tensión en su cuerpo dio su hijo información sobre si la tierra está protegida. La investigación muestra que si la madre es aburrida mientras conversa con su bebé, el niño comienza a inquietarse. Por otra parte, las necesidades mentales de un niño permiten el desarrollo de una caja fuerte, imprescindible, y sin asistencia gratuito. En el momento en que construye, puede emergencias climáticas y desgracias, la decepción, lo que, es más, el logro, y despido y profundo respeto.

Comenzando en cuatro a un año y medio y progresando hacia adelante, los bebés deben sin duda lograr la partición de sus madres y establecer sus propios límites. Se debe individualizar, que es un procedimiento mental a largo mediante el cual un niño, además, más tarde juveniles vueltas crecidos en un individuo y se acumula toda una auto - una persona que es independiente mental, intelectual y emocionalmente, y las reclamaciones y confía en sus reconocimientos, consideraciones, emociones y recuerdos.

Verbal y reacciones de los padres no verbales ayudan u obstaculizan esta tarea de desarrollo. guardianes seguros de sí mismos reconocen empresas de sus hijos, lo que, es más, tratando sin miedo, empujar, sofocar, o contendientes. Para aislar y aprender autoconfianza, los niños deben inicialmente confíe en sus madres para satisfacer sus necesidades de forma fiable, incluyendo la necesidad de aislar. Como guardianes responden de forma viable decide cómo sus jóvenes pueden definir límites como los adultos.

La clave para el proceso de individuación de la partición y el desarrollo de un auto sonido es la capacidad de la madre para reflejar los sentimientos del chico. Lo hace mediante la coordinación de empáticamente y, naturalmente, sus reacciones a las necesidades de su regularidad y joven; fluctuantes sentimientos. Participa en la felicidad de su hija y se mantiene en silencio y el presente con la amargura de su bebé, la contención y la difusión de las emociones graves. Ella identifica y espejo de su hijo de sentimientos hacia atrás, precisamente, mostrando su hija a percibir, la confianza y responder a sus sentimientos interiores, reconocimientos y contemplaciones, ya que "todo lo sabe Mama" ha concedido la autorización. límites sonoros mantienen una madre de la personalización de las emociones de su hijo. Ella está dispuesta a reconocer que su hijo tiene reconocimientos, emociones,

De esta manera, es a través de este procedimiento de coordinación que una sensación lactante y el niño apreciado y comprendido y construir una, yo mental diferente. Para tener una sensación de seguridad y seguro para expresar su ser genuino, un niño debe sentirse apreciado como un individuo diferente por los dos tutores.

madres codependientes pueden, sin saberlo, la negligencia para ayudar a sus jóvenes desarrollo de la unidad de autonomía. Más bien, las necesidades de las momias y reacciones programadas paralizar a sus jóvenes, manteniendo las subordinan, lo que, es más, por lo tanto, codependiente como adultos. Por otra parte, las madres que se sienten preocupados por las necesidades de sus jóvenes pueden apoyar la autonomía precipitadamente, dominando la capacidad restringida de su hija a supervisar por sí solos. Su hijo puede sentirse abandonado, partición temor, y se convierten en codependiente. Con suficientes comunicaciones maternas defectuosos, de construir un auto amistosa y crucial, trabajo emocional de estos jóvenes se forma deformada. Como los adultos, que participan en propósito y los esfuerzos urgentes para controlar o potencialmente complacer a los demás con el fin de cumplir con sus propias necesidades identificadas.

Abuso

El abuso es habitual en las familias disfuncionales y puede aparecer como negligencia o por otra parte física, o abuso emocional de otro sexual. El abuso no tiene en cuenta sus límites y realmente daña su confianza. El abusador podría ser uno de los padres, los parientes más establecidos, u otro miembro de la familia. En algunos casos, los parientes más establecidos copian la conducta dañina de los padres y de ventilación no expresado su descontento en un niño más joven. El abuso es generalmente irregular y poco común, añadiendo a un clima de malestar o incluso temor. necesidad abuso no sea ilegal o contundente. Joven abuso puede ser discreta, tranquila, reservada, e incluso placentero o enmascarado como un juego o chistes. Los abusadores generalmente niegan su conducta opresiva y acusan a sus desafortunadas víctimas. explotados asimismo niegan y limitar el abuso que experimentan, ya que se sienten avergonzados, a pesar de que no tiene la culpa. Sólo el abusador es capaz por sus actividades - Nunca la persona en cuestión.

El abuso puede tomar varias formas:

Abuso emocional: El abuso emocional puede aparecer asimismo como la retención de amor o el menoscabo o autorizar la disciplina sin sentido, las tareas, la segregación, o dificultades. Unos guardianes son fríos y poco cariñoso, y otros son inertes, mecánico, y un fantasma. El abuso emocional hace sentir digno de ser amado y despedido y resultados en temas como a un adulto interfaz emocionalmente. En la remota posibilidad de que un padre controla sus ejercicios y opciones o era posesivo y envidia de sus compañeros y novias, se sentiría cubierto o claustrofóbico en conexiones cercanas. En el caso de que usted tenía un padre que era excesivamente crítica, constantemente exhortar, reprender, y la mejora de ti, que te disfrazas desgracia y la baja confianza y crecer para ser exactos. Acepta que eres rara vez es suficiente - no hacer lo que sea necesario y adecuado,

Unos guardianes con enfermedad mental son implacable y salvaje. Un padre agitó su hijo cada mañana a las 5:00 am para llegar cada hoja que había caído la noche anterior. Como disciplina, que más tarde dejó a su hijo en una estación de servicio en una ciudad extraña. Una madre asesinada mascota conejo de su chica y se separó de trofeos deportivos de su hijo.

Abuso físico: Esto incluye no sólo los actos violentos, por ejemplo, golpear, patear, roer, asfixiante, por otra parte, el consumo, pero, además, empujones, bofetadas, apretando, lanzando cosas, tirones de pelo, diezmando a la propiedad, y los peligros de daño físico. disciplina corporal que se realiza gravemente o sale de una copia, herida, o roncha es además perjudicial. La mayoría de los guardianes han sido atraídos a la huelga su niño en la insatisfacción, sea como fuere, si el deseo se hizo un seguimiento de, es persuadido por necesidad emocional de los padres, no se preocupe para el niño. Flagelación no educa a la conducta correcta. Sólo arraigados temor y vergüenza. Cosquillas o duras alojamiento por un padre o pariente más experimentado se convierte en perjudicial cuando se necesita que detuvo sin embargo se ven abrumados o ignorada. Este es el dominio por el individuo más a tierra sobre el endeble y se mortificante y sabotaje. El chico pinchado puede no encontrar la manera de asegurar a sí mismo. En el caso de que viste el comportamiento agresivo en casa o abuso físico de un pariente, que sufrieron daños como si se supo. Es posible que sienta remordimiento por no anticipar el abuso. Esto se llama abuso observador. Incorpora ver a un padre con ferocidad daño a la propiedad - como romper una entrada. Es posible apreciar la observación de su padre lágrima hacia abajo un espacio para rediseñar todavía ser petrificado observar que en el momento en que su gente se disputa. Su furia es lo que está amenazando. Es posible que sienta remordimiento por no anticipar el abuso. Esto se llama abuso observador. Incorpora ver a un padre con ferocidad daño a la propiedad - como romper una entrada. Es posible apreciar la observación de su padre lágrima hacia abajo un espacio para rediseñar todavía ser petrificado observar que en el momento en que su gente se disputa. Su furia es lo que está amenazando. Es posible que sienta remordimiento por no anticipar el abuso. Esto se llama abuso observador. Incorpora ver a un padre con ferocidad daño a la propiedad - como romper una entrada. Es posible apreciar la observación de su padre lágrima hacia abajo un espacio para rediseñar todavía ser petrificado observar que en el momento en que su gente se disputa. Su furia es lo que está amenazando.

Negligencia: La negligencia puede resultar cuando guardianes son física o mentalmente enfermos o medicamentos que maneja mal. Es la decepción de una matriz dar el alimento necesario, la vestimenta, la cubierta, la consideración de restauración, o la supervisión que los compromisos de joven 's bienestar, la seguridad o el bienestar. jóvenes desatendidos son saqueados de una dificultad juventud y experiencia cuidando de sí mismos como adultos. En el chance fuera que nesecita a deal con uno de los padres, que tienen que soportar el impacto incluida la infracción límite generacional.

Abuso sexual: El abuso sexual puede incorporar cualquier contacto equivocada, besos, mirando, desnudez, siendo una tomadura de pelo, entretenimiento sexo, la mirada furtiva, el exhibicionismo, o insinuación sexual, historias o chistes. En el punto en silencio cuando el contacto sexual con un joven se quedó, es presumible dañar, y los combustibles misterio del mal. contacto sexual impropia es perjudicial. Es un exceso de animación y una ruptura de la confianza ya que está siendo utilizado para deleitar a las necesidades del abusador. El encuentro con la alegría no significa que sea menos perjudicial.

De hecho, incluso entre un pariente más establecidos y más joven, la diferencia de edad es un abuso de intensidad. Víctimas de abuso sexual sensación autoodio y desgracia - en particular en el caso de que encontraron la alegría. Como los adultos, tienen problemas con la cercanía, la confianza y la sexualidad.

Sistema Familia disfuncional

Numerosas familias disfuncionales parecen sólidas hacia el exterior, sin embargo, los elementos interiores giran en torno a la esclavitud, el mal uso, la enfermedad o la lesión de una parte de la familia. Diferentes familias son disfuncionales debido al control inflexibles o ausencia de simpatía y reconocimiento de que puede hacer que los niños se convierten en codependiente. El indicador más a tierra de la codependencia es tener guardianes codependientes.

La codependencia generalmente comienza cuando se siente desertaste emocionalmente. En la reacción, que sofocar los sentimientos, necesidades, percepciones y contemplaciones. Se aprende a adormecer su dolor, duda de sus amigos, y llegan a ser independientes. Para adaptarse y ser reconocido, se toma a cubierto detrás de un carácter falso o potencialmente crear prácticas habituales para adaptarse. Que viene a continuación son indicaciones, sin embargo, no todos son vitales para una familia disfuncional.

Las familias disfuncionales presentan por lo general al menos uno de los siguientes atributos:

Aislacionismo: Las familias disfuncionales están cerradas en diferentes grados. Algunos no permitir que modifique o nuevos planes que se hable entre individuos o con parias.

Es posible que no invitan a los visitantes o becas con los de otra raza o

religión. Unas pocas familias se separan y no cooperan con la red. Otros lo hacen, sin embargo, las apariencias lo son todo. La familia

podría ser considerado en la sociedad, sin embargo, oculta la realidad. discutiendo el

familiares a los demás es visto como traidor. En la base están vergüenza y temor de pensamientos dispares.

Negación: Los problemas familiares y situaciones de emergencia, por ejemplo, de una parte, no aparición, la enfermedad, o hábito, nunca se discuten. Guardianes creen que en el caso de que la demostración ordinaria también, imaginar el problema no existe, tal vez va a dejar, o los niños no van a ver o ser dañado. Sin embargo, esta afectación hace que dude de sus discernimientos ya que lo que se ve y se dan cuenta que no son reconocidos por las cifras de potencia. No se aprende a dirección o confíe en sus personas ni confía en su discernimiento, sentimientos, o por el contrario a sí mismo, así como a un adulto. La negación transmite a los niños que no pueden hablar de algo alarmante - incluso el uno al otro. Trágicamente, asustado niños que comparten una habitación similar y capturan sus amigos luchando, sin importar en vivo con el temor tranquilo, ya que no pueden discutir su tormento entre sí.

La ausencia de límites definidos: Gran crianza de los niños requiere tener apropiado y los límites adaptables que consideran su independencia y separación. En las familias sólidas, tutores consideran sus límites emocionales, mentales, sexuales y físicos. En las familias disfuncionales, los límites son inflexibles, oscurecido, o una mezcla.

Problemática de comunicación: En las familias disfuncionales, los individuos no se conectan, y la comunicación no es uno o el otro decisiva ni abierta. Es utilizado para controlar más de comprender.

Mensajes dobles ocurren cuando un padre dice una cierta cosa y hace otra, o hace peticiones opuestas. Los modelos son una madre que dice bien que dé mientras ella está llorando, un padre que nunca se instruye a mentir sin embargo garantiza sus 13 años de edad es 12 con el fin de comprar un boleto más barato, o una madre que lleva un carrito de niño y dice: "Elige todo lo que deseo", pero paga por así decirlo lo que necesita.

De vez en cuando hay divisores de quietud, o la comunicación es insignificante lo que está ocurriendo exactamente. Los niños aprenden a no plantear preguntas o comentario sobre acontecimientos preocupantes. Se siente abandonado y se desprendieron de estar obligado a lidiar con sus emociones por sí solas, que es más perjudican a las genuinas ocasiones. Usted es reacio a expresar sus contemplaciones y emociones y caminar sobre cáscaras de huevo, ya que está acostumbrado a ser acusado, en desgracia, se pasa por alto o rechazado. Forma directa o de manera indirecta, que han aconsejado no sentir o pensar en lo que haces. El resultado es que, después de algún tiempo, subyugaros su vida y estado de ánimo asesinas indicaciones interiores que le dan información sobre el mundo real y usted mismo. En la remota posibilidad de que sofocar sus emociones, percepciones y reacciones - no una vez, sin embargo, de forma habitual -usted se adormece y desanimado. Como adulto, que nunca más puede reconocer sus emociones y no confiar en sus conclusiones y reflexiones.

Lo que, es más, es posible que haya caído en desgracia a sentir despreciable de adoración, el logro, o, de nuevo algo grande o placentero. En el momento en guardianes conservan el amor o la culpa de, lo que, es más, la desgracia a sus hijos, la vergüenza y el temor de abandonar a convertirse disfrazada.

Por otra parte, los enfrentamientos entre guardianes aterrorizan los niños, que, además, sufren regularmente la peor parte de ultraje a su gente. Jóvenes puede convertirse en un caldo de lucha por parejas que tratan de no transmitir. En lugar de luchar legítimamente, guardianes hacen su niño la emisión y el punto focal de su molestia y decepción entre sí. Sostienen sobre la crianza del niño o de su hijo, que se siente confundido y dividido entre ellos. Esto ocurre, además, de vez en cuando se produce una separación.

Perfeccionismo y reglas inflexibles: En ciertas familias, tutores no son fiables, y las reglas son excesivamente descuidado. Sus niños necesitan dirección y no tienen un sentido de seguridad y pensado. Otras familias disfuncionales tienen principios inflexibles, prohibitivos. Un estilo de crianza de los hijos puede controlar la codependencia rápido, en los jóvenes. Reglas con frecuencia son implícitos, sin embargo, sentía. Puede haber restricciones sobre comentando sobre lo que está sucediendo, el misterio de la familia, y / o en las otras materias mano estimado "indecoroso, por ejemplo, la desaparición, el holocausto, el abuelo de cojera, o que el padre se enganchó con anterioridad. En el momento en reglas anticipan impecabilidad, no hay espacio para fracasa. Unas pocas familias limitan la declaración de indignación, la abundancia, o llorando. hay estrictas familias donde' generalmente re esperado sentirse agradecido y que perdona y debe evitar que sus emociones de reclamar dolor, la indignación y la desilusión. Para comprobar sus emociones, se aprende el equilibrio y llegar a ser excesivamente controlada o controlar, todo lo cual a la baja confianza.

2

Am I codependiente?

Es bastante difícil admitir que está codependiente. O peor aún, es posible que ni siquiera sabe que son codependiente, teniendo en cuenta el hecho de que antes de ahora, usted no puede entender lo que significa codependiente. Sin embargo, como se señaló anteriormente, una sola pantalla de codependiente rasgo (s) no implica en modo alguno hacer que una persona codependiente una automática; para establecer la codependencia, debe haberse observado una serie de atributos. Algunos de estos síntomas como será discutido en este capítulo incluyen: la vergüenza oculta, búsqueda de control, baja autoestima, perfeccionismo, no tener límites establecidos y vivir una vida para complacer a otros.

La vergüenza oculta

La vergüenza es una inclinación difícil de la desatención, la insuficiencia, y el distanciamiento. En algunos casos, se puede sentir al descubierto y distanciado, ya que otros puedan ver sus defectos. Esto hace que necesita para cubrir y convertirse en imperceptible. Todo el mundo tiene la desgracia, la incorporación de las personas con alta autoestima, que en su mayor parte como ellos. Desgracia es el sonido cuando se le impide lograr algo por lo general considera socialmente satisfactoria, como Cagando a la intemperie o gritando en una biblioteca. Sorprendentemente, la vergüenza no es del todo una cuestión emocional o psicológico, ya que puede manifestarse físicamente, en la forma de mantener una distancia estratégica de ojo a ojo y el aislamiento de conexión retirada, sudoración, caída de los hombros, colgando de su cabeza, la enfermedad deslumbramiento, etc.

Típicamente, desgracia va después de un episodio humillante, sin embargo, para los codependientes desgracia se disfraza de encuentros en la adolescencia. Se queda allí explotación en la que se aprobará y perdura mucho después de la ocasión, similar a una lesión abierta que nunca ha reparado. Estás avergonzado por lo que su identidad es. Es todo lo ineludible, amortigua la inmediatez, y te caracteriza. Usted no acepta que la materia o son merecedores de afecto, sentido, el logro, o satisfacción. Uno se imagina que eres horrible, deficiente, insuficiente, una falsificación, una decepción, o más horrible. desgracia disfrazada constante hace sentir común desgracia cada vez más graves y duran más, y hace que la tensión desgracia en gran medida por ser digno de usted y otros. Indignante, desgracia retardados desesperanza y la miseria rápida desensibilización o causa clarividente, siendo muerto por dentro como un zombi. desgracia disfrazada causa baja autoestima y la mayoría de los efectos secundarios codependiente, por ejemplo, la satisfacción, la dependencia, control, conservación, desánimo, falta de asertividad, cuestiones de cercanía, y sutilezas. Disfrazada desgracia hace una sensación incesante de la mediocridad. Es posible que envidiarle y contrastar a sí mismo de manera adversa con personas a las que respeto. Usted puede aceptar que eres rara vez es suficiente, que no se está haciendo lo que se necesita, lo suficientemente atractivo, lo suficientemente inteligentes, o suficiente. Dado que la desgracia es difícil, es posible que ajeno a su desgracia y piensa que tiene una gran autoestima. Es posible presumir o la sensación de auto importante y mejor que los que se educa o dirigir, los individuos de una clase o cultura diversa, o que nadie te juzga. Degradando otros, ayudarse a sí mismo superior a negar y ocultar su vergüenza de ti mismo. La mayoría de los codependientes cambian entre sentirse de segunda categoría y predominante.

Siendo controlada efectivamente y controlar a los demás

Los codependientes se controlan eficazmente

Los codependientes gestionar una gran cantidad de culpa que hace una "necesidad de" actitud. No hay libertad para caer plana a la luz del hecho de que los aparentes peligros de perder el amor, así como respecto son excesivamente extraordinaria. Por lo tanto, el codependiente es impulsado. El individuo en cuestión es de lo más urgentes necesidades, para hacer la mejor elección, hacer el comentario inteligente, llevar las prendas correctas, buscar la ruta correcta y para decirlo claramente, ¡ser grande! El codependiente tiene que ser lo que cada persona necesita más que esa persona sea. Además de ser conducido, el individuo en cuestión es normalmente aceptable, hará cualquier cosa para cualquier persona siempre con una sonrisa. En este sentido, los conjuntos codependientes a sí mismo hasta constreñida por otros.

Los codependientes son controladores de sí mismos.

Los codependientes no pueden ver la decepción como una opción. Ellos deben ser correctos. Hay dos límites: un ideal de sus vidas y algunos quedan inmovilizados. El sobre el individuo entusiasta superior necesita su vida en la solicitud impecable. Aunque grandes cosas pueden ser cultivadas, el cumplimiento no dura. Debe hacerse más por otra parte, más de una vez más. En el momento en esta impecabilidad no se puede lograr, el codependiente se

quedan inmovilizados y se siente como una decepción horrible. Los siente individuales inmovilizadas dominado por la "necesidad" de ser grande. El individuo en cuestión se rendirá y dejar de intentar.

Los codependientes son el control de los demás

Los codependientes controlar a los demás por lo general estrategias similares utilizados en ellos. Regularmente, se utilizan las estrategias contundentes unifamiliares. Aclamación, la indignación, la retirada, el dolor, la estupidez o burla todo sería capaz de estar métodos para la supervisión de otros. Regularmente codependientes de control mediante la utilización de "fijación" y "salvaguardia" diseña ese punto de hacer que los demás "bien". Por lo tanto, las necesidades de las personas codependientes a "arreglar", independientemente de si tienen que ser fijos.

Un trenzado El conocimiento de otras de las expectativas

Los codependientes luchan con la falta de fiabilidad y el exceso de obligación. Con frecuencia, esto comienza con abrumadora preocupación para tratar con individuos rotos y el cumplimiento de ellos. Si bien se acepta la responsabilidad de cumplir con los demás, los codependientes anticipan que otros deben cumplir con ellas. La obligación moral se pasa por alto. En una relación codependiente, cada individuo es responsable de otro individuo. Esto no funciona; debe responder de sus propias actividades, también las emociones.

Secuelas de una conciencia retorcida de otras de las expectativas:

- Los codependientes evitar que otros la creación de deber.
- Los codependientes caso omiso de ellos.
- Los codependientes regularmente no les gusta ser el rescatador constantemente.
- Los codependientes compromiso, sin embargo, mantener el ahorro.
- Los codependientes necesitan objetividad acerca de ayudar y ayudar a otras personas.
- Los codependientes presten atención a sí mismos también.

Bajo nivel de confianza y la falta de autoestima

A pesar de la vergüenza es una inclinación, la autoestima refleja cómo se considera usted. Es una autoevaluación. La confianza es su verdadera evaluación de sí mismo. Su relación auto podría ser alta o baja, sin embargo, no depende de lo que otros piensan. En lugar de la autoestima (una letra mayúscula "S" para acentuar la autoevaluación), codependientes miran a otros por su valor y su aprobación. Otros y cosas que se sientan positivo o negativo. Se puede decir que los codependientes son "otros orientados". Ya sabes lo que se siente al terminar una empresa problemática, ganar un desafío, o simplemente tener un día extraordinario con sus compañeros. Las personas con alta autoestima sienten que la ruta más de las veces. Un gran número de personas se sienten Cabizbajo cuando son reprendidos por su jefe, tener una desgracia relacionados con el dinero, o se enferma, sin embargo, estas emociones son transitorias y no reflejan genuina autoestima, positivo o negativo. Una gran autoestima no cambia en conjunto con ocasiones exteriores. Usted no se sentirá muy mal por sí mismo cuando las cosas terribles ocurren en los terrenos que están fuera y no una impresión de su Ser fundamental. Se da cuenta de que tiene los activos para recuperarse. Sea como fuere, cuando los individuos con baja autoestima soportar la desgracia o por otro lado la frustración, se sienten aplastados.

En caso de que seas codependiente, su autoestima es probable baja. Usted puede basar su autoestima en efectivo, magnificencia, distinción, o por exceder las expectativas en algo - en cualquier caso, ser un padre increíble - sin embargo, nada de esto es la autoestima. ¿De qué manera se sentirá sobre sí mismo en la remota posibilidad de que pierda su dinero en efectivo, las apariencias, la notoriedad, o si sus giros cabrito en una medicina que alguien que es adicto? Hay personas eficaces, deliciosas famosos que no gustan a sí mismos, y, individuos normales habituales con una alta autoestima. Tampoco depende genuina autoestima en la realización de grandes si sus actividades son estimuladas por el deseo de ganar la aprobación o el reconocimiento de los demás - por lo tanto, la articulación,

"No eres más que la clase en el mismo como su última ejecución." Te verías por cuanto "los demás". Es posible que respetarse a sí mismo, no lo entienda del todo depende de estas fachadas. Ya que están desacoplados de sí mismos, los codependientes normalmente experimentan problemas con la autoconfianza y después de su dirección hacia el interior. Usted puede ser confundido o incapaz de decidir, pidiendo continuamente la sensación de otra persona. El usuario no puede reconocer lo que realmente necesita y conceder a los demás todos juntos para ser amado y apreciado. En el momento en que conoce sus necesidades y deseos, es posible rechazar o trabajo usted mismo fuera de ellos, o alguien que obliga a mantener una distancia estratégica de la distensión - sobre todo en conexiones acogedoras.

La baja autoestima puede hacer que supercrítico, por lo que critica casi todo relativo a usted - cómo feel, actuar, mirada, y lo que necesita, pensar, decir o hacer. Usted puede incluso detestan y aborrecen a sí mismo. Al igual que muchas personas, que presumiblemente no entiende el grado de su auto juicio. Te hace susceptible a análisis y se siente reprendido cuando no estás definitivamente. Al llegar el reconocimiento, consideración, alabanzas, o dotaciones, que está humillado y racionalizar a la luz del hecho de que no se siente merecer. Ser autocrítico del mismo modo que lo hace incredulidad de los demás.

Trate de no desanimarse. Hay esperanza. Su autoestima se aprende

Pequeña estimulación ser cambiado en la autoestima.

Tratando de satisfacer a los demás

Hay codependientes que se entreguen de nuevo a frente para adaptarse a otros. Ellos no están concentrados en sí mismos y necesitan con urgencia otros para aprobarlos, similar a ellos, los ama, o si nada más necesidad de ellos. En la remota posibilidad de que is que usted, usted necesita respecto de los demás por lo que mucho de eso se intenta transformarse en un pueblo-pretzel con el fin de que sería ideal si conviene, y ganar reconocimiento por parte de otra persona.

se sienten inquietos en la oportunidad de que los demás están descontentos con usted, y le dan la prioridad de necesidades, emociones y evaluaciones sobre su propia. De hecho, su quietud, de vez en cuando, incluso a sí mismo, sus propias necesidades, emociones, contemplaciones y cualidades para convertirse en lo que acepta es normal o querido por otra persona, en particular en las conexiones sentimentales - donde las cosas se vuelven reales. Intenta encajar, ser grande, ser decente, parece grande, ser conscientes, progresar muy bien, por otra parte, trato con los demás, ocultando aún más sus lesiones, su desgracia, y su tormento. En el momento en que se sienta increíblemente incierta, puede hacerse pasar por otras de las actividades y los sentimientos o pretensión de sentir y actuar de la manera en que se puede esperar alguien necesita. Cuanto más se busca externamente con el fin de cuantificar cómo se debe sentir, pensar, lo que, es más,

La satisfacción de los demás da el alivio simplemente transitorio y fabrica un requisito para adicional, hasta que la fascinación de ese "otro" se convierte en una dependencia.

La culpa-sentimiento

Los codependientes se sienten culpables por lo que han hecho, lo que no han hecho también, lo que debería haber hecho. Para decirlo claramente, se sienten lamentable de todo. Esto impulsa el codependiente a ir a través de su tiempo en el ahorro de la tierra, ayudar y potenciar a los demás. Sea como puede que sin tener en cuenta de que lo hace, una terrible, molestando, sintiendo que son inútiles, inadecuados y nunca puede hacer lo que es necesario ser adecuada no va a desaparecer. La culpa se convierte en el ayudante esencial en la vida codependientes. Sus transforma la vida en una existencia de "tengo que" en lugar de "tengo que". Los codependientes viven por "debe tener" y "no debe tener".

La culpa no del todo es la misma que la desgracia. Mientras que la desgracia es una sensación horrible que tiene de sí mismo como individuo, la culpa es una inclinación en lo que has dicho o hecho que abusa de sus propios puntos de referencia, una ley o una norma moral, tales como daño a alguien. Para los codependientes, la culpa es difícil renunciar y se agrava cuando se aprovecha de los sentimientos fundamentales de la desgracia. Es posible que sienta culpable ("No debería haber hecho eso") seguido por desgracia ("Estoy tan estrecho de mente, o un fracaso, y así sucesivamente.")

Las emociones son una parte de nuestra humanidad, sin embargo, los codependientes se sientan arrepentidos y avergonzados por ellos. Uno se pregunta ¿cuál es típica y juzgar sus emociones. Usted puede revelar a sí mismo que no debe sentir la manera en que lo hace y sentir remordimiento en el punto cuando estás furioso, o puede creer que hay un problema importante con que en el momento en que eres lamentable o desanimado. Auditar ocasiones anteriores y discusiones, Lo que, es más, reprender a sí mismo por la sierra "fracasa".

Los codependientes se sientan remordimiento por sus propios sentimientos, sin embargo, además de las emociones de los demás individuos. Erróneamente se sienten responsables de ellos. Es posible que sienta culpable si su compañero de vida no le importaba para la película que eligió, a pesar del hecho de que la persona en cuestión accedió a verlo. Ver a alguien, no se puede variar sin lamentable sensación.

¿Estás diciendo continuamente: "¿Tengo el corazón destrozado" por sus "errores" e invertir más energía, con frecuencia en lugar de enfrentarse a la conducta de su cómplice? En el caso de que la persona en cuestión es de un temperamento antagónica o tiene una sensación dolorosa, similar a la indignación o la amargura, primero piensa, "¿Qué me falta para arriba?" en cualquier caso, cuando no está siendo acusado. Usted se convierte en protectora.

obstaculiza la culpa oír a la otra persona, el mantenimiento de lucha. Sentirse despreciable y no merece que se puede hacer un lechón para la disciplina. Usted es incapaz de tolerar ultraje opresivo de los demás y de fallo como una prueba más de que usted es el que fuera de la base - en cualquier caso, cuando se está acusa de causar conductas adictivas o perjudiciales del otro individuo. En los límites de luz de baja autoestima, en lugar de establecer, se invierte mucha más energía para complacer al acusador y ganar reconocimiento alguno. En cualquier caso, culpanos son codependientes, también. Tratan de no asumir la responsabilidad por sus actividades como consecuencia de su baja autoestima, además, como protección contra la desgracia por censurar a otros por su propia conducta. No es uno o el otro, el acusador ni la complaciente se centra dentro de su propio Ser.

perfeccionismo

La perfección no existe en el planeta, sin embargo, sólo en el cerebro de un alboroto. Es un estándar engañoso que está constantemente distante. Como rigorista, nunca se da cuenta de lo que es suficiente. Estás dejándose caer continuamente en su psique. Progresando auto comparación con normas perfectas hace incesantes auto juicio y auto vergüenza - para una conducta en particular, sin embargo, de usted como individuo. Al igual que con David, el tenedor de libros en el modelo anterior, las actividades entusiastas en búsqueda de la impecabilidad escudo contra estas emociones.

La mezcla de vergüenza, culpa, y compulsividad es particularmente contraproducente cuando se mira por el afecto de alguien que no puede valorar o puede dar sólo esporádicamente. Usted invierte más energía para ser grande y procurar amor para demostrar que eres adorable con el fin de aprobar su autoestima y reprimir sus sentimientos internos de vergüenza.

Algunos realizadores codependiente altos intento de demostrar su valor a través

logros. Su impulso es conducido por desgracia disfrazada de que son imperfectos. Un suplente que se fija en una A- en una prueba o que no ha cumplido una investigación es un alboroto impulsado por desgracia. Otros no intentan llevar a cabo a la luz del hecho de que ellos creen que son miserables decepciones. Suplentes que aceptan mensajes deshonrar que son lentos, desilusiones o inepto no pueden exceder las expectativas en la escuela.

Otro modelo es una mujer cuya apariencia consistente debe ser grande. De hecho, incluso su casa debe ser perfecto. Su propia desgracia se anticipa a su condición, lo que ella ve como una impresión de su terrible auto defectuoso. Algo astillas, polvo, o extraño puede hacer malestar insoportable, que ella puede provenir simplemente mediante su fijación en oposición a la fijación de sus emociones acerca de sí misma.

La falta de límites definidos

Los codependientes no pueden percibirse a sí mismos como individuos independientes con sentimientos y pensamientos aislados. Están tan remotamente situados que "asumen" los sentimientos de otros, por ejemplo, la indignación, como su posesión y no perciben esto está ocurriendo. Los codependientes no tienen ni idea de donde "fin" y otros "Inicio".

Los límites son una declaración de autoestima. Caracterizan donde termina, y, lo que, es más, otros empiezan. Establecen puntos de ruptura entre usted y otras personas que le permiten encapsular su Ser individual. Conciencia de los límites de ambos le asegura de los demás y le impide dañar los límites de los demás. Están conseguido la caída del crecimiento, cuando los guardianes aseguran y consideran sus límites y muestran que no ataquen a las de los demás. En el caso de que no fueron educados, no se percibirá cuando estás siendo malo, y si su gente atacó sus límites, se siente normal cuando otros lo hacen. Tener límites sólidos comienza con familiarizarse con usted y sus emociones y puntos de corte.

Sin embargo, los límites vienen en diferentes formas: Material; Físico; Mental; y emocional.

Los límites emocionales

Límite más prominente es emocional. límites emocionales son sin pretensiones y difícil de comprender. Se caracterizan sus derechos y obligaciones emocionales y separar sus sentimientos de las de los demás. Los individuos con límites emocionales de sonido no se pierden en conexiones cercanas.

Los codependientes no tienen límites emocionales sólidas. En la remota posibilidad de que sus emociones no se consideraban como usted estaba creciendo, es posible que no es capaz de sentido contrastes entre sus sentimientos y los de otra persona, o que no puede saber cuándo se despreciaron sus límites. Usted no puede darse cuenta de por qué estás molesto o lo que sientes, y es posible que no pueda nombre de su dolor, vergüenza o indignación. El usuario no puede volar durante un período considerable de tiempo, si por cualquier tramo de la imaginación. No puedes decirle a alguien a dejar de perjudicar a usted hasta que usted lo sepa. Una vez dicho esto, es posible que no se siente calificado para Afirma tus privilegios.

límites emocionales pobres pueden hacer que se sienta responsable por, y de vez en cuando, de hecho, incluso censurable cuando se oye la preocupación de otra persona o emociones pesimistas. Tú

tener la unidad para lograr algo cuando otra persona se altera. Sus problemas y obligaciones se convierten en la suya. El usuario toma en exceso de 50 por ciento de la obligación en una relación y, si no está trabajando, acusar a sí mismo. Se intenta hacer frente a los problemas de su cómplice, sin embargo, no tienen en cuenta su propio. Es posible que, de hecho, incluso reprender a sí mismo por su cómplice sexual quebrantamiento, fijación, o la miseria. Sea como se puede, ayuda no está, por lo que ambos se terminan abatido. Sus límites son frágiles en el caso de que se habilita a alguien para culpar, control, uso indebido o por el contrario a explotar. Usted siente que la culpa cuando se le acusa y responder en lugar de decir, "yo no asumo ninguna responsabilidad por ello", o "Me opongo a esta idea." Es necesario limitaciones en cuanto a la cantidad que permitir o dar. Por otra parte, en el caso de que se culpa, son perjudiciales, o por otra parte decir a los demás lo que deben hacer, estás con vistas a su separación y que crucen sus fronteras. Hacer esto con el fin de hacer que se sienta mejor con vistas a su deber con respecto a sus propios sentimientos. Se puede inferir que otra persona es responsable de cómo se siente, negando la separación entre los dos.

Los límites físicos

Los límites físicos y sexuales aluden a su protección y cómo, quién, y en el punto cuando se habilita a alguien a entrar en su espacio o contacto usted. En el momento en que los niños se impide un privilegio de asegurar la protección o poder sobre sus cuerpos, sus límites físicos no son considerados. Puede hacerse una idea de los límites de los individuos por lo cerca que se mantienen a usted, independientemente de si ofrecen un apretón de manos, abrazo, o un beso. En la remota posibilidad de que se tire de distancia y que continúa, en ese momento te das cuenta de que no están con respecto a sus límites y que ellos son únicos en relación a la suya. Otro modelo es alguien que los teléfonos en horas impropias o despachos en un monólogo unilateral sin afectividad a la audiencia. Sin embargo, el público, al no establecer límites, necesita, además, límites.

Los límites físicos pueden variar entre compañeros en vista de la forma en que se plantearon y pueden llevar a enfrentamientos en temas, por ejemplo, las entradas de bloqueo; desnudez; prestataria, el gasto y el intercambio de dinero en efectivo; aseos; datos; y los efectos individuales.

Los límites mentales

límites mentales se aplican a las evaluaciones y convicciones, y si se puede planificar y embrague de su propio cuando se prueba, sin conseguir inflexibles o en el otro una parte del lado, que mostraría límites rígidos. En el caso del proceso de crecimiento se le negó el privilegio de tener un punto de vista, se asientan independiente sobre sus propias decisiones, o tienen sus pensamientos y sentimientos considerados, en ese momento es posible que no reconozca lo que usted piensa o por el contrario aceptar. En el momento en que lo hace, usted puede conseguir confundido, retención de perder su opinión, o llegar a ser extremadamente furioso en una contienda. Esto podría ser una respuesta impactado por su pasado cuando guardianes expulsados, condenado, o se calmó sus perspectivas.

Los límites materiales

límites materiales aluden a compartir sus activos y dinero en efectivo. Los individuos sin límites dan y avanzar sin congoja. Tomar o adquirir dinero o posesiones sin autorización o sin devolverlos por otra parte muestra una falta de respeto por los límites de los demás.

La falta de límites está estrechamente asociada con la fijación y abiertos sentimientos demasiado de estar en unidad con otra. Dos individuos son marcadamente distinguibles. Puede ser que sean fundamentalmente los mismos que, sin embargo, cada individuo es único en su clase, por otra parte, que usted y su historia, cualidades hereditarias, inclinaciones, contemplaciones, los intereses incorpora, deseos y reacciones emocionales. De hecho, incluso los gemelos indistinguibles crean, lo que, es más, reaccionan a las cosas de una manera inesperada. Sus límites se cruzan cuando otros aceptan lo que está pensando, sintiendo, o lo que es ideal para ti. En cuanto a los límites de los demás elogia su separación.

Los individuos con poder o sin límites se sienten incapaces de ser distante de todos los demás y siendo además en las relaciones acogedoras donde quieran, en general, se pierden. Se meten en ellas rápidamente, se involucran en relaciones sexuales con extraños, y el estado "Sí" cuando necesitan estado de "No" Ellos confían en nadie y medidas de protección Destape a colegas. Cuando no existe el límite entre usted y otra persona o es extremadamente niebla, se llama enredo. Se puede hacer que las relaciones sorprendente e insoportable.

En el momento en que estás enredado, se siente responsable por y responder a los sentimientos, las necesidades, las actividades y los problemas de su cómplice, sin embargo, no trate de juzgar a sí mismo por sus emociones, ni asumir responsabilidad alguna por ellos. Se siente, "estoy feliz en el punto cuando hay duda de ello", "Estoy lamentable cuando estás triste." Las parejas enredadas pueden aparecer como si sólo hay una persona de control en la relación. Esto es a causa de que los dos se funden. No hay espacio para hablar, contradicción, o, de nuevo la separación. Un individuo es una colchoneta o tutor sin un sentimiento de derechos distintos, cualidades y sentimientos.

Por otra parte, los límites demasiado rígidos pueden crear una atmósfera de aislamiento. En la remota posibilidad de que sus límites son inflexibles o grueso de autoprotección, se termina triste de miedo ya que no han descubierto la manera de asegurar a sí mismo. Usted es inaccesible, lo que, es más, parecen ser seguros, y sus relaciones necesita compartir y están llenos de directrices decididas. Es posible desacoplar social o de trabajo, utilizar la coacción, o actividades para mantener una distancia estratégica de proximidad - una y otra vez sólo ser agradable durante las relaciones sexuales. Es posible construir divisores de autoprotección de la tranquilidad, la ira, la duda y el escepticismo sobre las personas y la vida. límites inflexibles hacen problemas para otras personas, que no son permitidos se acercan. Su comunicación no verbal aconseja a las personas a permanecer lejos, similar a una criatura herida que se aleja de autoprotección ya que se siente impotente. En el caso de que su familia necesitaba la cercanía o ponerse en contacto o tenían pautas negativas acerca de la autoexpresión, en ese momento es posible que haya descubierto la manera de tener límites inflexibles. Unos niños se separan y tire hacia atrás para tener una sensación de seguridad en su familia, y se procede con la conducta en la edad adulta. límites inflexibles pueden ser igualmente una respuesta a una lesión.

La obsesión innecesaria y el temor de abandono

Los temores de quedarse, despedidos, o solos asumen un trabajo importante en las relaciones subordinadas. Algunos codependientes no pueden descansar en paz. En caso de que esté separado de sí mismo, no se sentirá total. Usted no tendrá una vida interna para continuar y mantener usted, y estar lejos de todo el mundo puede sentirse vacante - como en casa de nadie. En caso de que seas incapaz de hacer frente a sus problemas, confía en que otra persona lo hará. Las relaciones se suman a su vida aún no se puede arreglar lo que falta en el interior. Se puede sentir de manera similar como triste en una relación, y una vez bonos de conexión agarran, la dependencia de las transformadas de relación en la esclavitud.

Desertar en la juventud temprana produce vergüenza, baja autoestima, y la incertidumbre acerca de si usted está adoraba y pensado y si se puede confiar en ella más adelante. Viniendo sobre malestar desgracia hace que la ansiedad por despido y una vez en la desestimación de la sierra, mientras que puede no ser la verdad. necesidad renuncia no sea un verdadero abandono debido a la muerte o separación, sin embargo, podría ser emocional, como cuando alguien está ausente emocionalmente o retiene el amor o consideración.

En el momento en vergüenza y el temor de la entrega son inevitables, sientes que estás nunca es suficiente y es una vergüenza de afecto. Usted Sábana sus imperfecciones, intento que sería ideal si y obligar a su cómplice, la banda de rodadura a la ligera, soportar el mal uso, te haces necesaria, y se convierten en un pretzel humano - todo para abstenerse de estar solo o despedidos. La pérdida de una relación es el malestar no sólo en razón de que se desencadena una cesión anterior, pero además ya que usted está perdiendo partes de ti mismo - las partes o capacidades, por ejemplo, calmar a sí mismo, que son a partir de ahora ausente.

Es posible dibujar en cómplices inaccesibles o sus alegaciones determinadas o solicitudes de consideración o consuelo puede crear su gran intensidad terrible temor y les apartarlo.

En el momento en que una relación es nueva, no es inesperada a tener que estar con la energía e invertir el pensamiento sobre el hombre o la mujer que amas. La persona en cuestión es el punto focal de su realidad desde hace algún tiempo, sin embargo, para los codependientes, que nunca se detiene. Lo que, es más, no tiene que ser alrededor de una relación de afecto - se puede fijar a nadie cerca de usted.

Además, se entregará lo que es imperativo que ser con u obligar a ese individuo. Fijaciones son un enfoque para mantener una distancia estratégica de profunda agonía más emocional aún no son realmente difícil. A decir verdad, podrían ser sueños placenteros de lo que usted prefiere experiencia en su relación, cómo le gustaría a alguien para que actúe, o recuerdos de mejores ocasiones. Independientemente de si los sueños o charla interminable llena su psique, estas cosas siguen se retiraron del mundo real, incluyendo anhelos de asociación y necesidades desatendidas, e incapaz de descubrir posibles respuestas para sus problemas. La separación entre el sueño y la realidad revela la profundidad de lo que se está perdiendo.

Falta de independencia

Los codependientes broma que, en el lecho de muerte, la vida de otra persona parpadea sus mentes. En realidad, una gran cantidad de sí mismo como se pone recursos a otros que se pierde lo que su identidad es - sus emociones, necesidades, actividades de ocio, y objetivos. Su pensamiento y actividades en torno a conseguir SPIN, cambiante, destacando sobre, y respondiendo a otra persona. En el corte de fases borde de la enfermedad, los codependientes se han convertido en cáscaras - toda su vida después de haber sido desperdiciado en alguien diferente de la manera que un entusiasta jugador o desechos persona endeudados sus fondos de inversión vida.

Los codependientes son, por definición, "subordinado" - depende de algo o alguien fuera de sí mismos. Reveladores signos que no son independientes incluyen:

- razonamiento Innecesarios, subrayando, o discutir a alguien
- Estimando a los demás conclusiones sobre su propia
- sedimentación problemas en la elección de solo
- entregándose con frecuencia planes, desvíos, o intereses para estar con alguien
- Temor de quedarse o despedidos
- Sintiendo, o ser el descontento desgraciado, vacante con uno mismo
- Temor de estar lejos de todo el mundo
- El no terminar en un lugar bueno o iniciar extiende sin que nadie más
- El ajuste a las preferencias o punto de vista de los demás
- Siguiendo, mirando en, o espiar a alguien
- Sentirse desanimado o atrapado en una relación que no puede salir

Es posible que no haya invertido suficiente energía para ser más familiarizado con usted mismo y crear

lo que, es más, calcular sus propias evaluaciones y objetivos. Estas suelen buscar a alguien para satisfacer en caso de que esté sola, y cuando estás en una relación, que se centran alrededor de cumplir con ese alguien. En ninguno de los casos no se toma la oportunidad de verificar por sí mismo. Usted es infrecuente contenido con uno mismo y llegar a ser excesivamente los recursos puestos en la satisfacción o ayudar a otra persona, a la que se empieza a confiar para llenar los huecos en su Ser. En poco tiempo que está respondiendo y limitada por las emociones del individuo, las necesidades, y la conducta, y se intenta controlar a la otra persona se sienta mucho mejor, en lugar de respetar sus necesidades y emociones.

Anhelación persistente para el control

Se espera por completo a requerir un control y consistencia, sin embargo, el grupo de un fanático o abusador está en emergencia sin fin. Intenta controlar salvaje alguien y contener perturbación en la familia. En el caso de que usted experimentó en niños en que condicion o en una familia dictador o de alto conflicto, el miedo a molestar a un padre implicado restante a cargo. Usted descubierto la manera de controlar sus emociones y conducta a tener una sensación de seguridad. Nunca lo nuevo necesita estar en la bondad de alguien. Como adulto, usted no tiene un sentido de seguridad. Es posible que sienta en el borde, temer calamidad, y el intento de control de las personas y ocasiones debido a su temor pasado, en todo caso, cuando no hay ninguna prueba de que en el presente.

Regularmente, las personas consideran el control solicitante u otros malos tratos obvio, sin embargo, el control puede incorporar revés, la conducta no verbal. Sutil y formas "silenciosas" de control incluyen: indefensión o inactividad; de retención; Desconexión; Hablando; Tranquilidad; Dotaciones y favores. Sin embargo, cabe señalar que el control puede ser de diversos tipos, incluyendo:

Control a través de la manipulación

La manipulación es una aproximación a impactos o alguien de control con ambiguos, engañosas o estrategias perjudiciales. Los codependientes utilizan complacer a la gente, apelación, y hablar dulce u ofrecen favores, sexo, ayuda, y las dotaciones para ser reconocido y adorado. Pueden intentar impacto a alguien diciendo lo que piensan las necesidades individuales para oír a fin de obtener a lo largo o ser apreciado. En el momento en que experimenta dificultades sin decir, puede dar su consentimiento a las cosas que prefiere no hacer, sin embargo, a continuación, obtener su camino al pasar por alto, llegar tarde, o por el contrario lo hace a medias. En el caso de que posteriormente hacer lo que tiene, tiende a ser considerado animosidad inactiva. Cuando se puso de pie para, a la luz del hecho de que puede experimentar problemas de aceptación de la obligación y la culpa, racionalizar u ofrecer expresiones de remordimiento vacío para mantener la armonía.

Con vistas "intencionalmente" amablemente mantiene una distancia estratégica de lo que usted prefiere no hacer y exige venganza en su cómplice - al igual que dejar de lado para conseguir prendas de tu pareja de la tintorería. Progresivamente amenaza está ofreciendo dulces a su cómplice que está en un régimen de alimentación. Estos casos de agresión pasiva son métodos para comunicar un ambiente amenazante. Exceso de análisis, la culpa y la autocompasión se utilizan del mismo modo que el control: "¿Por qué razón tiene usted, por así decirlo, considérese y nunca pedir ayuda o yo con mis problemas te ayudaba?". Reproducción de la desafortunada víctima es un enfoque para controlar la culpa. Algunos codependientes de control con los peligros duras, aterrorizar, temor y furia para conseguir lo que necesitan. Los adictos niegan de forma rutinaria, la falsedad, y control para asegurar su fijación. Sus cómplices, además, controlan - polizón o debilitar los medicamentos de un amigo o licor, por ejemplo, o por medio de otra conducta encubierta. Pueden mentir así mismo o contar medias verdades para mantener una distancia estratégica de enfrentamientos o para el control de alguien.

Control a través de la bondad y de cuidado

Los cuidadores realmente necesitan ayuda. Esto los hace sentir grande como para ser útil. No obstante, la prestación de atención y el cuidado codependiente son extraordinarios. El anterior tiene ningún compromiso, mientras que el último hace y puede ser visto como un tipo ajeno a la manipulación secreta.

Cuando el Cuidado y la bondad es normal y aceptable:

cuidado genuino implica sintonizar con las reflexiones y los sentimientos de los demás y con la comprensión de lo que les permite conceptualizar arreglos. Consideras separación y límites de los demás y ofrecer ayuda sin mancha o una inclinación a solucionar sus problemas. Usted entiende que otros descubrirán ajuste respuestas para sus problemas y tormento, y sin importar si no lo hacen, no es su negocio para seleccionar y dirigir sus vidas. En el momento en que das, es sin deseos o de control. Tratas de no entregarse. Los cuidadores ofrecen amor para conseguir amor. Se dan más en las relaciones y en la actividad, trabajan con mayor diligencia y más largo que los demás. No se sienten merecedores de amor, excepto si están dando ya que no aceptan que son adorables, lo que, es más, lo suficiente, ya que pueden ser. Cuidado le permite Sábana las necesidades, sentimientos, lo que, es más, las imperfecciones te dan vergüenza acerca. Usted, además, compensar el no sentirse adorable dando, siendo necesaria, y conseguir crucial. Es una protección en contra de ser abandonado. Desde Cuidado emana de culpa, vergüenza, miedo y más de adoración, le das con deseos de tener sus propias necesidades satisfechas - requisitos normalmente ajenos para la adoración, reconocimiento o aprobación que usted es un gran individuo. Hay sorpresas - en particular cuando se anuncian bendiciones, ayuda relacionados con el dinero, o el sexo. de Protección en contra de ser abandonado. Desde Cuidado emana de culpa, vergüenza, miedo y más de adoración, le das con deseos de tener sus propias necesidades satisfechas - requisitos normalmente ajenos para la adoración, reconocimiento o aprobación que usted es un gran individuo. Hay sorpresas - en particular cuando se anuncian bendiciones, ayuda relacionados con el dinero, o el sexo. de Protección en contra de ser abandonado. Desde Cuidado emana de culpa, vergüenza, miedo y más de adoración, le das con deseos de tener sus propias necesidades satisfechas - requisitos normalmente ajenos para la adoración, reconocimiento o aprobación que usted es un gran individuo. Hay sorpresas - en particular cuando se anuncian bendiciones, ayuda relacionados con el dinero, o el sexo.

Cuando se inicia amabilidad conseguir anormal:

Los codependientes no pueden dejar de intentar ayuda. Es un estilo de carácter que se ha aprendido y convertirse en permanente. Usted confía a reconocer qué es lo mejor para los demás, lo que, es más, cómo ejecutar sus vidas, incluso en circunstancias en las que no se tiene experiencia. A causa de una conciencia tergiversada de otras de las expectativas de otras personas - su alegría, sentimientos, contemplaciones, conducta, necesidades, deseos, y quiere - se puede sin gran parte de un tramo convertido recursos puesto en sus asuntos, intentar protegerlos, y el control el resultado.

Prevé emociones y necesidades de los demás y ofrecer guía espontáneo y sugerencias sin ser preguntado. Es posible que no se desanime si la persona necesita ayuda para no aceptar el individuo en cuestión tiene un problema. En el momento en que su recomendación no se toma o su ayuda no se valora, que se decepcione, irritada, dolor, o por el contrario enojado, sin embargo, se mantiene en ayudar si usted está listo para cambiar a la otra persona. Algunas personas pueden explotar su impotencia a otro no. A pesar del hecho de que eres voluntario ayuda, por no asumir la responsabilidad de su conducta, es posible que, al fin, se siente objetivado o enojado e insuficientemente reconocido, adorado, o remunerados por sus esfuerzos.

Al ser reactiva a situaciones y personas

Los codependientes reaccionan. Esto implica que sus actividades están determinadas predominantemente por impactos externos. Un par de palabras en un mensaje instantáneo puede golpear como un viento violento y que cepillar descentrada basa en lo que estás haciendo, sentimiento o pensamiento. Se destruye su estado de ánimo y lo que se considera. Se puede demoler su día o incluso su semana. Se toma por lo que otros y por el estado como un reflejo de ti. Esta distancia derecha da su autoestima y las emociones a lo que sea o por el contrario el que los ha activado. Se pierde la mitad a la luz del hecho de que su Ser-es otro definido, y el locus de control es otros.

Esto le hace fácil de controlar. Reaccionar realmente no significa volar en una rabia, a pesar del hecho de que podría hacerlo. Para el modelo, puede reaccionar del mismo modo con descanso al ser entrometido, en lugar de responder mediante la definición de límites. Tanto el desafío y la consistencia son reacciones, simplemente inversa caras de la moneda. Aquí y allá, las decisiones importantes de la vida son reacciones a un padre, amigo u otra persona persuasiva. Tener un auto delicado y límites pobres se suma a reaccionar, sin embargo, que viven bajo una presión constante, independientemente de que como joven o como un adulto, puede hacer que se hiper vigilantes y reactiva - como una criatura dañada rápido para saltar - y cada una aparentemente insignificante detalle se convierte en una emergencia. Haces una montaña de un grano de arena y gritar a sus hijos o PC para algo que otros tomarían en pie. A diferencia de ponderar las alternativas y que hace movimiento útil, reaccionas en vanos esfuerzos para el control de maneras que disminuyen la emisión. Diferentes ocasiones, una ocasión de menor importancia pueden establecer que fuera a la luz del hecho de que es la gota que colmó el vaso en un arreglo de cuestiones o menosprecio que puede haber pasado por alto o se quejó acerca anteriormente. Su reacción es una señal de que debe realmente descubrir nuevos arreglos productivos y tal vez buscar ayuda competente. Para responder a los impactos es muy diferente. Es una respuesta proactiva o respuesta. s de vuelta en un arreglo de problemas o menosprecio que puede haber pasado por alto o se quejó acerca anteriormente. Su reacción es una señal de que debe realmente descubrir nuevos arreglos productivos y tal vez buscar ayuda competente. Para responder a los impactos es muy diferente. Es una respuesta proactiva o respuesta. s de vuelta en un arreglo de problemas o menosprecio que puede haber pasado por alto o se quejó acerca anteriormente. Su reacción es una señal de que debe realmente descubrir nuevos arreglos productivos y tal vez buscar ayuda competente. Para responder a los impactos es muy diferente. Es una respuesta proactiva o respuesta.

Es una conducta confiable que espera que se piensa, resolver problemas, o actuar de maneras que son apropiadas y para su mayor ventaja. Se sugiere, además, la decisión, coloca a usted responsable, tanto para su articulación hacia el exterior y sentimientos internos. Del mismo modo se puede decidir responder con tranquilidad o hacer caso omiso de una actualización. En respuesta difunde emociones en lugar de criarlos.

La falta de comunicación y la falta de asertividad

La comunicación es básica para mantener una relación efectiva, y que descubre mucho sobre su autoestima a la audiencia. la comunicación sólida que es clara, compacta, legítimo y decisivo refleja una gran autoestima. La razón de la comunicación es otorgar emociones e información, sin embargo, una parte significativa de la comunicación es sintonizar. Codependientes tienen aptitudes de comunicación pobres. Son tan absortos o emocionalmente reactiva que con frecuencia no lo hacen generalmente en sintonía. Las palabras de la otra persona consiguen tamizados a través de capas de miedo y baja autoestima. Usted comienza a aprender la comunicación antes de que esté listo para hablar. De hecho, incluso en el útero, que está aprendiendo la cadencia y el sonido de la voz de su madre. Sus padres eran sus buenos ejemplos, sin embargo, mejores aptitudes de comunicación pueden ser académica.

¿Usted dice lo que piensa y siente? Temor, impulsado por desgracia, es el mayor impedimento para ser directo en la comunicación. Sin asertividad, problemas en las relaciones nunca son decididamente tendían a o abordados. Conciencia de sus sentimientos de temor le puede ayudar con los juegos de azar de ser sencillo. Usted puede ser destacando sobre lo que alguien va a pensar, en lugar de pensar acerca de las realidades innegables y sus reflexiones y emociones. discutir temas pueden sentir como si estuviera en una situación peligrosa para la vida - que son a ser criticado, encubrir o realidad ocultar, o disculparse y concurrir todos juntos a que sería ideal si pacificar, o controlar las emociones de otra persona. Esta es la manipulación de protección, ya que está convencido por temor a mantener una distancia estratégica de la distensión.

El control de focos en otra persona cuya reacción se convierte en la medida de su autoestima.

Negación

Por el momento, una de las características más destacadas de la codependencia. La negación es una falta de reconocimiento de la realidad de algo. Es considerado como el signo de la dependencia, que se aplica a los codependientes, también. Negación puede arrastrar a la codependencia durante un período considerable de tiempo o décadas.

Eres tan propensos a estar en negación respecto a la dependencia de alguien cercano a usted a medida que son de su propia dependencia de los demás - su codependencia. Es posible que desee cosas fueron extraordinarios y acuse a su cómplice sin mirar a sus propios problemas. Con respecto a la persona en cuestión, es posible que a un lado y negar lo que sabe que es auténtico a la luz del hecho de que está confiado sobre la relación. Uno se imagina y va sobre como si las cosas son típicas cuando están muy lejos de ella, la disminución de la emisión y la reorientación de la responsabilidad de la persona impertinente en su vida. En la remota posibilidad de que los avances rechazo, su conducta resulta ser progresivamente sin sentido.

Descendientes de los adictos niegan regularmente que las cuestiones de su gente han influido en ellos, aceptando que aventurarse fuera de casa o recuperación de los padres dependientes puso una conclusión a sus problemas. Ellos no entienden que estar con la esclavitud durante su juventud inicial sigue afectando a ellos como los adultos, ni necesitan tener en cuenta su pasado atroz. En la remota posibilidad de que tenían un abuelo gran bebedor, esto hizo que su codependiente de los padres, y por lo tanto han estado influenciada, también.

Los codependientes, además, no están informados de sus necesidades, las necesidades y los sentimientos. Independientemente de si usted es consciente de sus emociones, se puede sentir demasiado indefenso contra siquiera considerar expresarlos, el despido temor, o creer que eres de mente estrecha, pobre, o autoindulgente. Más bien, hace una pausa, confiar, y anticipa que los demás deberían llenar sus necesidades sin ser pedido, o se convierte en autosuficiente a no confiar en nadie. Sin tener en cuenta sus necesidades y sentimientos, a evaluar lo que otros necesitan y se sienten para comprobar su reacción.

Una gran cantidad considerable de las cualidades de la codependencia son las dos indicaciones de esta negación y fortalecer aún más ya que, cuando se está centrado en torno a otra persona, no se siente a sí mismo.

Los patrones de negación:

Algunos rasgos comunes hacen superficie para establecer que una persona codependiente está viviendo en un estado de negación. Los codependientes con regularidad. . .

- cuestiones de experiencia distinguir lo que están sintiendo.
- limitar, modificar o negar lo que realmente sienten.
- verse a sí mismos como totalmente desinteresado y dedicado a la prosperidad de otros.
- necesidad simpatía por las emociones y necesidades de los demás.
- marcar otros con sus cualidades negativas.
- imaginan que pueden ocuparse de sí mismos sin ayuda de otros.
- tormento cubierto de diferentes maneras, por ejemplo, la indignación, el humor o la desconexión.
- expresar el cinismo o la animosidad de manera ambiguos y unifamiliares.
- no perciben la inaccesibilidad.

Los efectos secundarios físicos

El estrés es una demostración importante de bienestar enfermo y la enfermedad crónica. Largos tramos de angustiantes relaciones y las emociones se desgastan no susceptible del cuerpo también, los sistemas sensoriales y su capacidad para fijar y renovarse a sí misma. La incesante preocupación de la codependencia puede dar lugar a problemas médicos, incluyendo la enfermedad coronaria, la cuestión relacionada con el estómago y el resto, las migrañas, la presión muscular y el tormento, la corpulencia, las úlceras y el trastorno de agotamiento incesante. Estos y otros efectos secundarios físicos, por ejemplo, los Desorden sexuales, cistitis, hipersensibilidad, ciática, Zumbido, y los problemas dietéticos, así mismo pueden ser signos de emociones sofocado.

Emociones negativas

A pesar de estar en la negación, los codependientes todavía experimentan agitar emociones. Prevalentes son el nerviosismo y el odio. Su estado de ánimo igualmente oscilaciones de temor o por el otro lado ultraje a la tristeza y la desesperanza. Sin ayuda, después de algún tiempo codependientes experiencia de tristeza, que es una falta de sentimiento. Algunas de estas emociones negativas son:

La ansiedad del miedo y la vergüenza

Temor puede generar inquietud, nerviosismo y temor puede hacer. Se ha establecido que algunos sentimientos normales de trepidación que provienen de una baja autoestima incluyen temores de conteo de la rendición, el despido, la cercanía, el análisis, el control, el rendimiento y la decepción. Cada día, los codependientes viven con aún más miedos - el temor de actuar de forma natural, de estar lejos de todos los demás, de demostrar sus emociones, de las reacciones de los demás, sobre todo ultraje, y de salir en una extremidad. Unas pocas personas además tienen sensaciones físicas explícitas de inquietud y temores. Cuando los codependientes no son aprensivos, que están en el borde. El nerviosismo es la ansiedad acerca de un peligro futuro. Atipicidad y debilidad añadir a la inquietud. Nuestros cuerpos están destinados a responder al miedo por luchar o escapar, sin embargo, cuando no se puede controlar ni escapada circunstancia, los resultados nerviosismo. Mezclado con legitimaciones y sueños acerca de cómo desea que las cosas sean, a anticipar sus expectativas y temores en el futuro - en cualquier caso, cuando no hay ninguna prueba que van a suceder.

La ansiedad de la vergüenza es habitual para los codependientes, en base a que temen volver a experimentar la desgracia o desertar emocional que sentían en la adolescencia. Se solicita la autoconciencia y el nerviosismo la desgracia de ser dañado, juzgado, o despedidos. tergiversa Desgracia típica de tensión e influencias sus sentimientos y actividades. Su psique se puede convertir en fijaciones teniendo en cuenta los resultados temidos.

En lugar de responder al mundo real, puede reaccionar a sus contemplaciones inclinados, Además, el daño a su actividad o relaciones. En la remota posibilidad de que usted vive con un adicto a la medicación o abusador, es normal que temer por su bienestar y el bienestar de sus hijos y la persona que es adicta. Usted está viviendo en una zona de combate, sin saber cuándo o dónde una bomba caerá. Usted es aprensión su pareja puede no darle un segundo pensamiento para los jóvenes, o su otra significativa voluntad no ponerse a trabajar o se dará por terminado. ¿Va a venir todo el camino de regreso protegida y tranquila? Usted puede temer el sonido de frascos de apertura o su vehículo a aparecer en casa y respondiendo a las preguntas de los recolectores de obligación, compañeros y miembros de la familia en cuestión, o la policía en su entrada. Usted don' t tienen la oportunidad de recuperarse de un desastre antes de que otro golpe. Se empieza a temer ocasiones familiares que terminan un campo de batalla o de otra frustración. El estrés y la fijación desarrollan. A practicar el negativo y en vivo en el borde de "imaginar un escenario en el que ...". - imaginar un escenario en el que otra batalla, garganta, o de emergencia relacionados con el dinero. Estás vistos y continuamente ir con cuidado. Poco a poco, que se desconectan cada vez más de sus seres queridos, lo que aumenta sus sentimientos de temor. o dinero relacionado emergencia. Estás vistos y continuamente ir con cuidado. Poco a poco, que se desconectan cada vez más de sus seres queridos, lo que aumenta sus sentimientos de temor. o dinero relacionado emergencia. Estás vistos y continuamente ir con cuidado. Poco a poco, que se desconectan cada vez más de sus seres queridos, lo que aumenta sus sentimientos de temor.

Por una u otra manera a encontrar la manera de vivir con batallas constantes esfuerzos, debilidad, incluso suicidas, y todavía tratan de ponerse a trabajar, criar a los jóvenes, y mantener una apariencia de regularidad. Este y se ha convertido en nuestra típica; una existencia real vivido en el miedo no es ordinario.

La desesperación y la depresión

Sin recuperación, la miseria y la tristeza son los resultados regulares de las últimas fases de la codependencia. La tristeza puede miseria pronta - sensación de entumecimiento - una ausencia de sentimiento, como si la vida se había agotado de usted. Se pierde el entusiasmo por las cosas. Usted puede sentirse infeliz o llorar, pero sin ayuda. La miseria puede tener lugar debido a la "depresión" o manteniendo pulsada emociones, sobre todo ultraje. El diálogo interno negativo relacionado con la desgracia, además, provoca tristeza.

Numerosos codependientes tienen un desaliento incesante bajo grado de las cuales están desinformados. El fervor del sentimiento, el sexo, cómplice inaccesible, relaciones melodramáticas, un calendario animada, y las asignaciones de ser obispo dan la incitación y la interrupción adecuada de la recesión que está justo debajo de la superficie. Una relación serena o condición tranquila tendrían poco tiempo de ser "agotador" sin la adrenalina que dramatización y hacer que el estrés para cubrir el dolor básica.

Los codependientes son generalmente preocupados por:
- Una sensación incesante de inadecuación y vergüenza
- Sin fin emergencias que no pudo deshacerse
- Tener una progresión de relaciones ineficaces
- Ser atrapado en una relación conflictiva
- Al sentirse vencido por la tensión diaria y ausencia de bienestar y armonía

La indignación y el odio

Los codependientes tienen ultraje a la luz de las circunstancias actuales. Es una reacción sólida a alguien

que siempre rompe garantías y responsabilidades, no tiene en cuenta sus límites, le desilusiones, y, además, traiciones su confianza. Numerosos codependientes se sienten atrapados, inquietado con inconvenientes que puedan responderse para los niños, y cargados con temas relacionados con el dinero. Ellos no ven un plan de salida, pero todavía aman el uno que es culpa de sus desgracias o se sienten demasiado remordimiento para pensar en salir. Algunos resienten Dios, sin embargo, de que la codependencia es la base de su indignación. La indignación es una vitalidad sorprendente que busca la articulación. Aquí y allá, se requiere la actividad para hacer frente a un mal. No tiene que ser ruidosa o terrible.

Los codependientes no tienen la más remota idea de cómo adaptarse a su indignación. Todo el mundo lo maneja de una manera inesperada. Algunos reprendan, detonar o culpa. Otros sofocan o intento de comprender un abusador en lugar de expresar su indignación, o lo llevan a cabo en los menos poderosos. Muchos codependientes no sienten ni reconocen su indignación. Es posible entenderlo días, semanas o años después de una ocasión. Cubierto y no expresada, se solidifica en odio. Otros sienten remordimiento comunicar esto, la emoción humana normal. Usted es aprensión su molestia se haga daño, alejarse, o incluso a alguien que amas pulverizar. Usted lleva a cabo en y por favor o desmontaje posterior a mantenerse alejados de la lucha, mientras que mentalmente la práctica de las quejas y de sentir engañado. Puede llegar a ser severa y quiere venganza. Nada cambia, y se sigue tolerando una conducta inadecuada.

Usted, además, ultraje directo hacia sí mismo. Usted censuras, fallas y propulsarse. Esto puede desánimo pronto y manifestaciones físicas.

Problemas con indignación se debe a que de ejemplos de buenas pobres en los jóvenes, en los que uno o los dos guardianes fueron contundentes o latente. Al crecer, que descubierto la manera de hacer cualquiera. Como adulto, usted puede temer transformadora en su matriz forzada. En la remota posibilidad de que recibieron instrucciones de no hablar en voz alta o fueron rechazados para comunicar ultraje, que descubierto la manera de sofocarlo. Estos confían que es poco cristiano o no de otro mundo o agradable para expresar su indignación.

Es una mala interpretación que se necesita para ventilar o ira por alguien para expresar su resentimiento. La mejor manera es ser decisiva y sin culpa o acusaciones. En contraposición a alguien o amonestar cosas de su indignación, diario, examinarlo con alguien, y luego expresarlo. rabia canal en el movimiento físico o imaginativo. Usted puede ver del mismo modo ultraje en la reflexión o descomponer los elementos que contribuyen, incluyendo su parte.

3

La evaluación de su codependencia

Como ha quedado claro anteriormente, no es fácil admitir que usted es codependiente. De hecho, la falta de objetividad es un atributo clave de los codependientes. Por lo tanto, los expertos tienen con una serie de pruebas que son lo suficientemente objetivo para ayudarle a determinar el estado de la codependencia.

Que viene a continuación son dos evaluaciones utilizados para distinguir los codependientes. los

preguntas requieren un "sí" or respuesta "no".

TEST 1

Este inicialmente fue creado por Ron y Pat Potter-Efron. Se considera un codependiente que ser alguien que tiene o ha tenido una contribución con un borracho, artificialmente dependientes, o de otro tipo a largo plazo, alterar profundamente la condición de la familia, incluida la enfermedad a largo plazo que puede ser relacionada con la salud física o mental.

La prueba va así:

1. ¿Usted se preocupan por los problemas de otros, especialmente los del usuario?
2. ¿Trata de "mantener las cosas bajo control" o "mantener un mango" en situaciones?
3. ¿Toma más de tu justa cuota de responsabilidad of para las tareas que tienen que hacer?
4. ¿Tiene miedo de acercarse a otros directamente, en particular el usuario?
5. ¿A menudo se tiene la sensación de ansiedad o preocupación acerca de lo que sucederá después?
6. ¿Cómo se evita correr riesgos con otros porque es difícil tu confianza?
7. ¿A menudo se siente vergüenza no solo de su comportamiento, pero también sobre el comportamiento de los demás, especialmente al usuario?
8. ¿Se siente culpable por los problemas de otros en su familia?
9. ¿Se retira del contacto social cuando sensación de malestar eres tú?
10. ¿A veces odio a ti?
11. ¿Alguna vez encubrir malos sentimientos sobre sí mismo actuando con demasiada confianza?
12. ¿A menudo se siente desesperado sobre la corriente cambiante ¿situación?
13. ¿Tiende a ser pesimista acerca del mundo en general?

14. ¿Tiene un sentido de baja valor o falla que no refleja sus habilidades y logros?
15. ¿Se siente enojado persistentemente con el usuario, otros miembros de familia, o usted mismo?
16. ¿Tiene miedo de perder el control si usted se deja obtener realmente loco?
17. ¿Estás enojado con Dios?
18. ¿Alguna vez de vuelta en otros en formas fraudulentas, sin ser plenamente consciente de este comportamiento en el tiempo?
19. ¿Se siente tuyo negar los problemas básicos en su familia?
20. usted se dice que estos problemas no son tan malos?
21. encontrar razones que justifiquen el comportamiento irresponsable de otros en tu familia?
22. ¿Tiende a pensar, ya sea en términos / o cuando hay problemas, en vez de mirar muchas alternativas?
23. ¿Se siente preocupado si cualquiera causa malestar rutinas habituales?
24. tienden a ver las cuestiones morales en términos de blanco y negro?
25. atacan en sentimientos siertamentes como la culpa, el amor o la ira?
26. ¿Tiene problemas para preguntar que o que y necesidad?
27. ¿Siente dolor derecho junto con otras personas que está en el dolor?
28. ¿Necesita tener a otra persona con el fin around para que se sienta que vale la pena?
29. ¿Le preocupa una gran cantidad acerca de cómo otros que perciben?
30. uno se pregunta lo que significa ser "normal"?
31. algunas veces piensan que debe ser "loco"?
32. ¿Se encuentra es difícil a veces identificar lo que está sintiendo?
33. ¿Tiene una tendencia to ser tomada por otros para ser ingenuos?
34. ¿Tiene dificultades para hacer hasta tu mente - ¿estás indeciso?

PRUEBA 2

Esta evaluación posterior se extrae de la codependencia Escala compuesto, como se distribuye en el artículo "La mejora y la aprobación de una medida modificada de la codependencia," Investigación afirmó que se trata de una estimación legítimo de manifestaciones centro de la codependencia de ocultamiento emocional, el control relacional, y el sacrificio.

La prueba se describe a continuación. (Recuerde que usted es dar "Sí" o "No" respuestas.)

1. Trato de eventos de control y personas través ayuda, la culpa, la coacción, amenazas, manipulación dar consejos, o la dominación
2. Me convierto miedo de dejar personas ser quienes son y dejar que los acontecimientos sucedan naturalmente
3. Trato de eventos de control y cómo la gente debería otros comportarse.

4. Me siento obligado o forzado a personas ayudar a resolver problemas suyos (por ejemplo, ofreciendo consejos)
5. Siento que, sin mi esfuerzo y atención, todo se desmoronaría
6. Vivo demasiado para los estándares de otras personas.
7. Me puse un espectáculo para impresionar personas; No soy la persona que pretendo ser
8. Con el fin de llevarse bien y ser querido, yo necesitaba serlo gente quieren que sea
9. Necesito hacer excusas o disculpas por mí mismo la mayor parte del tiempo
10. Siempre pongo las necesidades de mi familia ante mis propias necesidades
11. Es mi responsabilidad de dedicar mis energias a ayudar seres queridos a resolver sus problemas
12. Pase lo que pase en la familia siempre viene primero
13. A menudo dejo las necesidades de otros más adelante de mi propia
14. Lo que siento no es tan importante como al igual que yo amo bien
15. Debido a que es egoísta, mis propias necesidades primero que de los demás
16. Si trabajo lo suficientemente duro, debería de resolver casi cualquier problema o mejorar las cosas para la gente
17. Sentimientos a menudo se acumulan dentro de mi que no expreso.
18. Guardo mis emociones bajo control estricto
1. Guardo mis sentimientos y poner un frente bueno.
2. Me hace incómodo para compartir mis sentimientos con otros.
3. No suelo dejar otros ver el "yo real"
4. Me oculto para que nadie sabe realmente de mí.
5. Empujo pensamientos y sentimientos dolorosos de mis premios.
6. Muy a menudo no trato a recibir amigos con gente porque creo que no lo harán como yo
7. Me puse una cara feliz cuando estoy muy triste o enojado

PATRONES codependencia

Co-Dependientes Anónimos (CoDA) - una organización de prestigio internacional de los individuos que tienen como objetivo desarrollar relaciones-sanos han llegado con un conjunto de rasgos de carácter conocidos como patrones de codependencia, y que han desarrollado una lista de control de estos rasgos de más ayuda "diagnosticar" codependencia. Incluyen patrones negación, los patrones de baja autoestima, patrones, patrones de cumplimiento de control y patrones de evitación.

Los patrones de negación:

Los codependientes a menudo. . .

- tienen dificultades para identificar lo que están sintiendo.
- minimizar, alterar o negar lo que realmente siente.

- percibirse como completamente pescado y dedicado al bienestar de los demás.
- carecer de empatía por los sentimientos y necesidades de los demás.
- etiquetar otros con sus rasgos negativos.
- piensan que pueden cuidar de ellos mismos sin ninguna ayuda de los demás.
- enmascarar el dolor de varias maneras, tales como ira, humor, o el aislamiento.
- expresar negatividad o la agresión de manera indirecta y pasivo.
- no reconocen la falta de disponibilidad de otras personas a las que atrajo todos ellos.

Patrones de baja autoestima:

Los codependientes a menudo. . .

- tienen dificultad para tomar decisiones.
- juzgan lo que piensan, dicen o hacen duramente, como nunca lo suficientemente bueno.
- se avergüenzan de recibir el reconocimiento, alabanza, o regalos.
- la aprobación de los demás evaluando nuestro pensamiento, sentimientos, y el comportamiento de su propio.
- no perciben a sí mismos como loable o vale la pena personas.
- buscar el reconocimiento y la alabanza a sintiéndose vencido.
- tienen dificultades para admitir un error.
- necesidad de parecer ante los ojos de los otros es mentira incluso para quedar bien.
- son incapaces de identificar o pedir lo que necesitan cuando quieren.
- percibirse a sí mismos como superiores a los otros.
- mirada a los demás para proporcionar su seguridad o sentido.
- han de comenzar dificultad, el cumplimiento de plazos y completando proyectos.
- tiene un ajuste de problemas prioritarios y límites saludables.

Los patrones de cumplimiento:

Los codependientes a menudo. . .

- son extremadamente leales, que queda en situaciones dañinas demasiado tiempo.
- comprometer sus propios valores y la integridad de la ira acerca de rechazo.
- dejar a un lado sus propios intereses en otros para hacer lo que quieren otros.
- son vigilantes hiper respecto a los sentimientos de los demás y asumir esos sentimientos.
- tienen miedo de expresar sus creencias, opiniones, y sentimientos cuando difieren de las de los demás.
- aceptar la atención sexual cuando quieren amor.
- tomar decisiones sin tener en cuenta las consecuencias.
- renunciar a su verdad para ganar la aprobación de otros o al cambio.

Patrones de control:

Los codependientes a menudo. . .

- creen que las personas son incapaces de hablar con cuidado de sí mismos.
- tratar de convencer a los demás lo que piensan, hacer o sentir.
- ofrecer libremente consejo y dirección sin estar pedido.
- se resienten cuando otros declinan su ayuda o rechazan su consejo.
- lujosos regalos y favores a los que quieren to iinfluencia.
- utilizar atención sexual para ganar aprobación y aceptación.
- tiene que sentirse necesaria con el fin de tener una relación con los demás.
- exigen que sus necesidades deben cumplir los otros.
- utilizar encanto y carisma para convencer a otros de su capacidad de ser bondadoso y compasivo.
- utilizar la culpa y la vergüenza de explotar a otros emocionalmente.
- negarse a cooperar, compromiso, o negociar.
- adoptar una actitud de indiferencia, impotencia, autoridad, ni la rabia para manipular los resultados.
- utilizar la jerga de recuperación en un intento para controlar el comportamiento de los demás.
- Pretender agregar con otros para conseguir lo que quieren.

Patrones de evitación:

Codependientes a menudo. . .

- actuar de manera que invitan otros de rechazar, la vergüenza, la ira or expresan según ellos.
- juzgan con dureza lo que otros piensan, dicen o hacen.
- acerca intimidad emocional, físico o sexual como una forma de mantener la distancia.
- permitir adicciones a las personas, lugares y cosas to distraer de ellos logrando intimidad en las relaciones.
- utilizar la comunicación indirecta o evasiva al conflicto o confrontation.
- ellos disminuir la capacidad de tener relaciones saludables por declinar a utilizar las herramientas de recuperación.
- reprimir sus sentimientos o necesidades para evitar sentimientos vulnerable.
- La gente tira hacia ellos, pero cuando se acercan otros, ellos apartarlo.
- Rechazo a renunciar a autorizar una rendición evitar a un mayor poder que ellos mismos.
- creen muestras de emoción son un signo de debilidad.
- reteniendo expresiones de apreciacion

4

En el camino a la recuperación: Primeros pasos

Antes de poder poner en marcha adecuadamente el viaje a la recuperación en curso completo, hay algunas cosas que usted tiene que establecer y tener conocimiento de. Uno es abordar y hacer frente a la negación, la cabeza larga. La negación representa el rasgo característico importante la mayor parte del codependiente; y, paradójicamente, la negación es también lo que impide que el codependiente de buscar ayuda. El codependiente será, a causa de la negación, evitar la pregunta de si está o no codependiente. Esa es una.

Otra cuestión es apreciar, abrazar y reconocer la importancia de la recuperación. Si no están bien versados en cuanto a la importancia de un fenómeno, que podría no ser capaz de utilizar lo suficientemente bien.

Enormidad de Negación

Sencilla y básica, la negación es un sistema de salvaguardia. Todo el mundo lo hace. Es la primera salvaguardia que nuestro cerebro está equipado para utilizar. Funciona de forma natural, lo que, es más, sin darse cuenta. El cerebro realmente puede torcer información tangible y traducirlo por lo que hace certezas no amenazantes, la utilización de una parte de los sistemas de I Diagrama en el área siguiente, para obstruir lo que está pasando. Puesto que es ajeno, es difícil de detectar en sí mismo. A pesar del hecho de que no se decide a estar en negación, cambia su visión del mundo real para proteger a sí mismo de ser dominado por la emoción o confrontar algo que da miedo. Esto implica, en el caso de que usted no ve algo que no es correcto o amenaza, en ese punto no es necesario encontrarse con sentimientos difíciles o choque al respecto.

Las razones de la negación

- Para mantener una distancia estratégica de contemplaciones difíciles o sentimientos si de alguna manera pasó a reconocer las cuestiones claras acerca de alguien que amas, usted mismo, o sus relaciones
- Para mantener lejos de choque emocional con otra persona o para evadir la lucha dentro de sí mismo acerca de colocar en las decisiones molestas o hacer un movimiento que puede alcanzar el tormento o la desgracia.
- Para mantener una distancia estratégica de un riesgo aparente, normalmente de la desgracia, la renuncia, daño físico o emocional, dolencia genuina, o desaparición
- Para adaptarse a un efecto de aturdimiento o lesiones traído regularmente sobre por maltrato físico, sexual o emocional que puede haber ocurrido hace un tiempo en el pasado.

Rostros de negación

Con respecto a la compulsión y la codependencia, la negación no es sonido; a decir verdad, puede ser arriesgado. Al no poder afrontar el problema, usted se niega de aprender las estimaciones de votos que pueden mejorar y, posiblemente, su vida sobra, lo que, es más, las de los demás. Los codependientes tienen numerosos tipos de negación, y se manifiesta en las diversas etapas de la codependencia "viaje". Con el fin, que incluyen negar el comportamiento de otra persona; negando su propia codependencia; negando sus sentimientos; y negando sus necesidades.

Negar el comportamiento de otra persona

La principal especie de negación se puede negar que alguien en su vida tiene una esclavitud o por el contrario que su conducta está causando un problema o es al contrario que influye. Desde denegación que protege de la realidad reconociendo, no tendrá que ir en contra de la conducta perturbadora de alguien o dependencia, experimentar el tormento, o hacer un movimiento. En el caso de que amas a un demonio y se puede imaginar que los peligros enfrentarse a él o por el contrario ella no existir, en todo caso, por un período breve, puede funcionar mejor. No es necesario tener en cuenta las repercusiones de su hábito y conducta, por ejemplo, una sobredosis letal de medicamentos o accidente de coche, la liquidación a causa de infortunios de apuestas, cirrosis del hígado, o la horda de diferentes temas.

La negación no implica que usted no está molesto por su conducta. Esto implica que no se ve la verdad al respecto, por ejemplo, el mal uso, la traición, una dependencia, o cualquier otro problema. La probabilidad transitoria puede entrar en sus pensamientos; Sin embargo, no se piensa en ello. Es posible que expulsarlo como inmaterial, o limitar, legitimar, o perdón con aclaraciones y justificaciones. Usted revelará a sí mismo que las cosas no son tan horribles, que van a mostrar signos de mejora, y en el ínterin tener sueños acerca de cómo desea que sean. Incluso puede que la incertidumbre de su propio discernimiento y aceptar mentiras o razones sabe que son falsas. Esto es común cuando se prefiere no aceptar que alguien que usted ama tiene un verdadero problema mental o sociales, sin embargo, montar los inconvenientes arriba, y un día se descubre' re racionalización de la conducta que nunca pensó que soportar. Eso es lo que ocurre con la negación. Las cosas se deterioran.

Los modelos pueden ser caso omiso de las indicaciones de emisión, la compulsión de un compañero de vida, o el análisis de daños. Guardianes de un cliente joven Tranquilice pueden pasar por alto el problema o fallo caída de evaluaciones sobre el impacto terrible de los compañeros o el tiempo que el joven pasó jugando con el ordenador. Diferentes tutores pueden reconocen que sus bebidas cabrito excesivamente Sea como fuere, limitar esto como pequeños placeres culpables. La negación de la esclavización de un joven es normal cuando un padre está en la negación de su propia fijación.

Razón por la cual los codependientes niegan comportamiento de los demás:

- Adictos y abusadores no les importa asumir la responsabilidad por su conducta. Ellos lo niegan y acusan a otras personas que están dispuestos a reconocer esto como la verdad.
- Experimentar infancia en familias inútiles, a encontrar la manera de no confía en sus observaciones y lo que sabe.
- Reconociendo la realidad podría causar sentimientos de vergüenza a la vista de la vergüenza anexa a la dependencia y el abuso.
- La baja autoestima trae abajo de sus deseos para ser tratados así.
- Necesita información sobre las indicaciones de la esclavización y el mal uso.
- Muchos crecimos con adicción o disfuncionales comportamientos en la familia por lo que se siente normal; que se utilizan para ello.

Diagnosticar si usted está en la negación de la conducta de alguien:

En caso de que usted está en la negación sobre la conducta de alguien, no lo sabrá. ¡De hecho, la mayoría de las personas negarán que están en la negación! Intento de ser sencillo, y componer una sección sobre cada una de las preguntas que se acompañan:

- ¿Cómo se invierte la energía teniendo en cuenta cómo desea que las cosas sean?
- Qué le dice a sí mismo: "¿Suponiendo solo, él (o ella) lo haría ...?"
- ¿Cómo se racionaliza a alguien a otras personas? ¿A ti miso?
- ¿Limita o legitimar terribles conductas o sus emociones heridos?
- ¿Acepta garantías o afirmaciones que se han roto?
- Usted calcula la relación o conducta mejorará cuando algunos

futura ocasión sucede (como una escapada, proposición de empleo, el compromiso, o tener un bebé)?

- ¿Se mantiene en hacer concesiones o cambiarse a sí mismo, confiando en que la relación o la conducta del individuo van a mejorar?
- ¿Es usted oculta o no destape de la familia o partes del acompañante de su relación que se humillan?

Negando su propia codependencia

En su mayor parte, cada vez que se enfrentó, codependientes niegan su codependencia. Este es el tipo 2. Los codependientes aceptar que no tienen las decisiones acerca de su circunstancia, así como acusar a otros. Niegan su propia enfermedad para mantener lejos de más profunda agonía. Otra explicación que podría ser difícil para usted a reconocer que tiene un problema, además, refiérase a la información de la base de que usted no está acostumbrado a tomar un vistazo a ti mismo. Centrado en otros escudos que enfrentar desde su agonía y asumiendo la responsabilidad de su propia alegría. Se mantiene atrapado buscando después de que el objetivo vano de tratar de transformar a otros o buscando a alguien para cumplir, en vista de la premisa falsa de que sus mentiras dicha en otros. Acusar a los demás o sensación incomparable anima a mantener lejos de autoexamen.

Unas pocas personas, entre ellos expertos en servicios humanos, saben mucho sobre la codependencia, sin embargo, sólo consideran que se aplica a otras personas. Su negación les impide tomar un vistazo a sí mismos. Hay, además, las personas que conceden su codependencia, sin embargo, entender que no tiene que molestarse con ayuda. Han hecho sentido de sus problemas en su mente y aceptan que pueden supervisar sin que nadie más o el de leer y conversar con los compañeros. Ellos piensan poco de su codependencia y su efecto en sus vidas, lo que, es más, no recibe ayuda, a menudo a la luz de la desgracia disfrazada - Del mismo modo que la desgracia mantiene adictos medicar de recibir tratamiento.

Negando sus propios sentimientos

Los codependientes son normalmente muy bien en darse cuenta de lo que otros sienten e invierten una gran cantidad de energía agónica sobre ellos, regularmente con odio, sin embargo, no son muchas conscientes de sus sentimientos, que no sea el estrés y, además, de vez en cuando desdén. La negación de los sentimientos es de tipo 3. En el punto cuando los individuos están fijarse en su hábito - independientemente de si se trata de un individuo, la alimentación, el sexo, el trabajo, o un medicamento - que es normalmente una interrupción en base a lo que están sintiendo realmente. En la remota posibilidad de que se les pregunta cómo se sienten, que el estado "Estoy bien", o en la remota posibilidad de que usted pregunta lo que sienten, afirman "nada". Comprenden tormento físico todavía no tormento emocional, ya que están en la negación de sus emociones reales, lo que agitar a entender. El desarrollo hacia arriba, nunca descubierto la manera de distinguir sus sentimientos o tuvo una sensación de seguridad comunicarlos, sobre todo ante la posibilidad de que no tenían a nadie para consolarlos. Más bien, se sintió avergonzado y cubierto y frena sus sentimientos.

Sentimientos, incluyendo los insoportable, satisfacen una necesidad. Le ayudan a percibir sus necesidades y se ajustan a la naturaleza.

Por ejemplo:

- El miedo le dice a evitar peligros, incluyendo personas que puede hacer daño emocional.
- La ira le dice que se requiere una acción to derecho or un error hacer cambios.
- La culpa sana ayuda a actuar de manera congruente con sus valores.
- La tristeza ayuda you dejar ir y encofrados de empatía y la conexión humana.
- La vergüenza le ayuda a encajar en soiedad y le impide hacer daño a otros.
- motiva soledad que alcanzan fuera de otros.

El punto cuando se niega o emociones someter y se puede estancar a cabo. La inclinación no se descargará y se mantiene en su inconsciente - una y otra vez durante un período considerable de tiempo. recoge tormento, y más agonía requiere más negación. Un resultado no intencionado de negar los sentimientos insoportables es que se desanima o indiferente a la satisfacción, aprecio y amor, también. Vitalidad que puede ser utilizado de manera innovadora y amablemente se dirige hacia mantiene pulsado emociones, tales como tratar de mantener la tapa en una olla a peso. La negación de la emoción cruda otorga a pudrirse como una fijación, la coacción, el temperamento desanimado, o el odio. Activación de las emociones para transmitir las descargas la tensión acumulada. Algunos codependientes utilizan desdeñan disfraz ultraje que está debajo.

Regularmente, odian a alguien con el que no se han definido grandes límites. Crecer no podría haber sido protegida a otro no o expresar su indignación. Como adultos, que pueden limitar o apoyarlo e incluso acusarse a negar su indignación y para guardar la asociación con otro individuo. Permitiendo que el ultraje descarga el odio, y la discusión se puede arreglar la relación.

Unas pocas personas muestran sus emociones frenado con la conducta que descarga la presión emocional sin encontrar la inclinación. Los codependientes frecuencia que niegan sus sentimientos casaron alguien que tiene emociones impredecibles, lo que les permite emociones encuentro indirectamente. En el momento en que negar sus emociones, que le protege de responder adecuadamente, lo que, es más, hace más problemas. De vez en cuando, se puede reconocer la inclinación sin embargo han negado su cubierta, la importancia sofocado. En el momento en que esto ocurre, puede en ningún caso la estancia fijada en un ciclo de re-experimentar la inclinación y refrito de la sociedad, con el argumento de que la agonía más profunda no se solucione.

Negando sus propias necesidades

Los codependientes son realmente expertos en prever y llenar los requisitos de otros, sin embargo, niegan o limitan sus propias necesidades. En el otro escandaloso son las personas que solicitan, lo que, es más, le espera cada otra persona para hacer frente a sus problemas. Algunos codependientes fueron ignorados, y las necesidades físicas esenciales no se cumplieron. Otras personas que fueron mal manejados pueden nunca han encontrado bienestar en una relación y no prevén como un típico esencial. Numerosos codependientes tenían sus necesidades materiales satisfechas y aceptan que eso es todo lo que necesitan. En cualquier caso, las personas tienen algunas necesidades. La percepción de una necesidad que cayó en desgracia o nunca llena se asemeja a pedir a un individuo con discapacidad visual a la sombra retratar.

Grandes guardianes hacen que sea aceptable para los jóvenes a solicitud de lo que necesitan. En ese momento, como los adultos, que están dispuestos a reconocer sus necesidades, el trabajo sin que nadie más, y expresar sus necesidades. En el caso de que las necesidades fueron deshonrados o pasados por alto en su juventud, uno crece haciendo lo mismo a ti mismo y apagar los sentimientos relacionados con esos requisitos. ¿Por qué siente una necesidad en el caso de que usted no anticipa que debe ser llenado? Es menos difícil negar por completo.

Esta es la razón por numerosos codependientes encontrar la manera de ser autosuficiente y, en concreto, para negar las necesidades emocionales. Comunicar las necesidades con respecto a una relación requiere confianza, por lo que se sentiría necesidades mencionar sin poder ser satisfechas en la remota posibilidad de que requieren el interés de otra persona. Usted puede negar, así como sentirse avergonzado acerca de sus necesidades de ayuda, el cuidado y el más humano de todos - el requisito para la adoración. Independientemente de si se da cuenta de que eran adorados, en la remota posibilidad de que usted nunca recibió el mantenimiento o habían considerado sus sentimientos, es posible que tratará de llenar este vacío con una fijación. relaciones adictivas rellenan como un sustituto sin duda una asociación. Unas pocas personas son los guardianes que quieran conseguir el amor, por consiguiente, en todo caso, no puede ser impotente acerca de sus propios sentimientos,

Numerosos que no perciben sus requisitos para la ayuda y el consuelo de la segregación - sobre todo cuando están dañar. De hecho, incluso con la atención a sus necesidades, preguntando a alguien para reunirse con ellos puede sentir mortificando.

La importancia de la recuperación: Recuperación construye el autoconocimiento

A medida que avance en la recuperación y lee este libro, que revelan más tipos y grados de negación. La articulación "Pelar una cebolla" es capaz, basándose en que recogiendo la conciencia de material ajeno es un procedimiento continuo, tal como capas de espalda decapado de una cebolla. Las personas pueden ir a reuniones de Doce Pasos para un periodo de tiempo considerable, sin embargo, negar el grado de su codependencia.

La mayor parte de las veces, la persona que es adicta entra recuperación, o la codependiente aumenta la suficiente libertad y la autoestima de dejar la relación peligrosos. La vida mejora, y las imagines individuales que se alivia la codependencia, sin embargo, las causas no se han tendido a, por lo que temas se repiten. De vez en cuando, los codependientes están en negación acerca de la forma en que la lesión pasado está causando problemas con su estado de ánimo, la fijación, o en las relaciones.

5

Recuperación (1): apreciar Recuperación

Hay personas en recuperación que empequeñecen el tiempo y la contraprestación asociada a sobrevivir a la codependencia y cómo puede colarse de nuevo en ellos exactamente cuándo lo están haciendo mejor. Este libro ofrece una extensa guía con respecto a lo que se dedica a la recuperación, sin embargo, hojeando y, en cualquier caso, entendiendo que no será suficiente. A cambio, la responsabilidad y el esfuerzo son fundamentales. La dedicación es a sí mismo ya su recuperación. Es necesario a necesitar realmente a los cambios en la luz del hecho de que el procedimiento no se sentirá mejor manera continua o agradable. Puede haber momentos en los que se preguntan si merece el esfuerzo. Las personas se quejan de que su cómplice no está intentando cambiar, también, preguntarse por qué deben. Es imperativo reconocer desde el principio que,

La recuperación requiere el cambio

Antes de conocer a la codependencia, que no estaban informados sobre los nuevos resultados concebibles para sí mismo y sus condiciones. Puede que no han comprendido que la reparación es una forma de autoconciencia que implica la inclusión de nuevas mentalidades, prácticas, reconocimientos y convicciones. En el momento de salir de la negación. Cambio espera que asumir la responsabilidad por su compromiso con sus problemas. Con ella viene la atención que las actuales decisiones son las semillas del cambio o el estancamiento de mañana. Considere lo que le ha impedido hacer un movimiento con anterioridad o, de nuevo le hace vacilar ahora y lo que estimulado a leer este libro.

Hacer una promesa a sí mismo

Muchas personas comienzan recuperación para estar fuera de agonía, para ayudar a otra persona, o por el contrario de sobra una relación. Estas son las motivaciones finas, para empezar, sin embargo, para el cambio al último, usted debe estar centrado en sí mismo. El tormento disminuirá, el "alguien" podría mejorar, o la relación puede terminar, sin embargo, independientemente uno se queda con uno mismo. En el momento de realizar su recuperación una necesidad, recibirá la recompensa. Es su vida, y con la recuperación, a encontrar las claves para su satisfacción, que es su obligación si se encuentra en una relación. En caso de que esté desanimado, con el tiempo, se le desanimado en o por otra parte de una relación - el equivalente va para otras características codependientes.

La codependencia se niega de su vivacidad, la felicidad, el bienestar y la capacidad de actuar de forma totalmente natural - lo principal que satisfaga al demandante en el puesto hace mucho tiempo de ejecución. Ponerse inicialmente es problemático. Usted está acostumbrado a hacer otros una necesidad. Esa es la cuestión. Para construir otra aptitud o montar un músculo, usted debe practicar constantemente, no cuando se obtiene en torno a ella. El equivalente va para nuevas convicciones y propensiones. Ir tan pesar de que su recuperación fue la bendición más preciada en el mundo - por el hecho de que es. Con el tiempo, se dará cuenta de que está mereciendo la misma.

Que no va a ser un paseo liso

El procedimiento de recuperación no es certificable una manera recta; más bien, es recurrente. Los ciclos son reiteraciones. Considere ciclos de reubicación, las estaciones y las insurgencias planetarios, sin embargo, en la reparación no regresa al punto de partida absoluto. Recuperación persigue un progreso en espiral por delante, similar a una suave: Usted sinuoso hacia la reparación, lo que significa una condición mejorada del trabajo.

En el caso de que usted ha tenido daños, es muy probable que experimentaron una mejoría, dificultades, también, la recuperación constante. A lo largo de estas líneas, así, con la codependencia. Te vas a encontrar los momentos de perplejidad, el estancamiento, la insatisfacción, y se desliza en sentido inverso, pero más a menudo que no, sigas empujando hacia la recuperación. Se asemeja a guiar un barco. En el arranque, no se dará cuenta cómo guiar o controlar las velas, y se le flotar descentrada. Con el tiempo, vas a modificar la caña del timón para cruzar el camino correcto, consciente de la brisa y su objetivo.

Cuanta más atención le llevará a su procedimiento de recuperación; cuanto más que avance la experiencia. Active su voluntad de recuperar, o su trabajo se reducirá.

No hacerlo solo

Las relaciones codependientes y las familias en general, se cerrará, lo que implica que se separan a partir de datos externos y la red. El mejor enfoque para recuperar es dar un paso más allá de la familia, sobre la base de que esas relaciones son prohibitivas por ciertas razones. En situaciones en las que se incluye la esclavitud, la regularidad vergüenza y temor mantener a las personas entren a cabo. En una relación perjudicial, el abusador se ocupa de control, preguntas intocables, y se niega impacto fuera. Es importante no aceptar o entrega de mensajes de duda y temor. Por el contrario, descubrir todo lo que pueda y encontrar apoyo. Independientemente de que no hay ni maltrato ni esclavización incluido, los codependientes necesitan abrir sus cerebros, que se han enfocado en otra persona, también contemplaciones negativas. Que viene a continuación son las propuestas que han hecho una diferencia enorme número de codependientes. A pocos o ninguno de ellos puede sentir directamente para usted.

Esperar a suspender sus preguntas y probarlos. Uso lo que resuena con usted y la indiferencia lo que no.

Importancia del apoyo

Incomprensiblemente, necesita ayuda externa para los compañeros dentro de ti. Se necesita auto restricción no desanimarse u ocupado. Soporte o respaldo es fundamental para el apoyo ayuda a su esfuerzo después de algún tiempo de despliegue duradera mejora y le da la siguiente: los datos, el consuelo, la aprobación, el fortalecimiento, la comunión, la comprensión, y la expectativa. Copia de seguridad también ayuda a recordar sus objetivos y lo que es concebible. La prueba más grande es permanecer centrado en torno a sí mismo. Respaldo puede hacer eso, también.

Del mismo modo el cambio implica malestar - independientemente de si se trata de otra impresión del mundo real o de sí mismo, el miedo del oscuro o reacciones de los individuos, o el desorden y la ineptitud de manejar algo sólo por qué. Es posible que sienta remordimiento, engorroso, y en el borde. Es cualquier cosa menos difícil conseguir debilitados e influenciados por antiguas propensiones. Su codependiente cambio de aspecto voluntad batalla como si no hubiera mañana para detener su progreso. Necesita ayuda sin parar y la atención a anticipar el deslizamiento en sentido inverso. Incansable vale la pena. Los mejores origina la ayuda de personas con experiencia en la codependencia, independientemente de si se trata como un programa de doce pasos, abogado, o psicoterapeuta. Los diferentes tipos de ayudar a incorporar sus seres queridos, sin embargo, regularmente tienen un punto de vista codependiente y pueden haber añadido a la cuestión en el por delante de todos los demás. Pueden dar energía a su negación o, más terrible, que la censura de sus problemas. Encontrar apoyo desde fuera de su marco familiar es tan vital como para cambiar sus convicciones y conducta. grupo de personas en línea podría ser una buena manera de empezar, sin embargo, tenga cuidado de que usted podría estar recibiendo de forma incorrecta orientación.

En caso de que esté teniendo contemplaciones autodestructivas o está en la actualidad en una relación de daños, llamar a una línea y busque tratamiento.

Tanto la terapia y reuniones tienen varios puntos de interés y no deben ser considerados como alternativas sin relación, donde se puede tomar parte en uno en lugar del otro. Por el contrario, considerarlas tipos adicionales de ayuda. Su recuperación será más sencillo y rápido con la ayuda más notable. Tanto la psicoterapia también, doce reuniones Paso abordar las cuestiones con respecto a las relaciones, otro mundo, el hábito, el cambio, la conducta y las fronteras.

¿Qué tipo de apoyo está disponible?

Psicoterapia

Otro tipo de ayuda es la psicoterapia, generalmente aludido como tratamiento, con un experto bienestar mental autorizado que haya aprendido sobre la codependencia y el hábito. Mentales expertos bienestar incorporan autorizados especialistas matrimonio y la familia, autorizado mentores expertos clínicos, lo que, es más, autorizada especialistas sociales clínicos. Normalmente tienen un título de grado también, puede tener doctorados. Unos pocos estados permiten diferentes guías que requieren un título de grado, por ejemplo, bebidas alcohólicas y de medicamentos instructores. Los terapeutas tienen doctorados, y los terapeutas son especialistas restauradores que pueden componer soluciones. Un psicoanalista tiene un título otorgado por una asociación psicoanalítica después de una investigación seria.

Beneficios de la psicoterapia incluyen:

Atención personal: Se obtiene la consideración singular con respecto a la forma de abordar sus específica circunstancia, convicciones y emociones. Su historia individual, reacciones, el pensamiento y las normas de conducta personal pueden ser comprendidos, analizados y suplantados con nuevos patrones.

Cercanía: La naturaleza individual y privada del procedimiento de recuperación mejora las aptitudes de cercanía.

Protección: Unas pocas personas son torpes con participar en un entorno de reunión, o por el contrario quieren privacidad de forma más notable.

Maestro, la dirección de destino: Un dominio del preparado es cada vez más objetiva, lo que, es más, tiene la información de expertos más prominentes y la experiencia de un compañero, el apoyo, o parte reunión. Además, la psicoterapia puede ayudarle con el mantenimiento de una distancia estratégica de doce confundiendo las ideas de Paso débil con la vulnerabilidad, con acuse de recibo renuncia o una acción ética con el autoanálisis.

Las parejas de asesoramiento personal: Esta es la oportunidad de tomar una foto en problemas con su cómplice en relación con la cercanía, la crianza de los hijos, la sexualidad y la comunicación. Puede obtener destino críticas acerca de lo que está ocurriendo entre vosotros. De igual manera, le da un lugar protegido para conceder las cosas entre sí.

Unos mentores e instructores tienen habilidades increíbles y pueden servir de inspiración también, el apoyo. Se puede considerar que el responsable cuando se adapta nueva conducta y el cumplimiento de los objetivos comerciales y personales, por ejemplo, el asertividad, la reflexión, citas, lo que, es más, la reducción de peso. Descubre a alguien que sepa sobre el hábito y la codependencia.

Estos expertos no son administrados por las normas morales equivalentes a unos límites que el control autorizado expertos bienestar mental. Estar al tanto de cualquier conducta

que hace que la angustia. Un mentor o asesor (o dominio del autorizado, en lo que a eso se refiere) podrían dañar sus límites y de esta manera no sean capaces de educar la forma de construir y garantizar sus propios límites. Recuerde que ellos no están preparados para ayudarle con problemas emocionales, la intimidad y lesiones.

La inscripción en programas de Doce Pasos

Los 12 pasos fueron creados originalmente por los fundadores de Alcohólicos Anónimos para establecer directrices para la mejor manera de superar una adicción a alcohol. El programa ganando lo suficiente con éxito en sus primeros años de adicción y de apoyo for codependencia grupos otros para adaptar las medidas a sus necesidades propias.

El ir a reuniones de Doce Pasos es el método perfecto para iniciar la recuperación. Cada HÅ su propia estación. Unos encuentros tienen altavoces, una cierta escritura encuesta, y algunos son sólo de interés, sin embargo, no están obligados a compartir. En el caso de que no se preocupan por una reunión, ir a otro. Aquí hay una parte de las ventajas:

Apoyo: Se puede sentir vulnerable cuando ingresa inicialmente un programa de doce pasos. Es posible que haya tomado una puñalada en todo lo demás, excepto nada funcionó, también, nunca más tendrá la confianza en el cambio. Reuniones puede despertar a través de ejemplos de superación de la adversidad, ejercicios genuinos, y de los encuentros y la calidad de los diferentes individuos.

dirección individual: Haces compañeros que entienden lo que está experimentando. Comparten sus encuentros, la dirección y el apoyo ofrecen teléfono. Usted puede obtener un soporte - que alguien llamado a la exhortación también, el apoyo entre reuniones.

Información: Usted obtener información de la experiencia común de los individuos a largo plazo y de la escritura personalizado equipado con su inquietud.

Inspiración: Tal vez a resolver para lanzar una mejora o ser amplificado por un pensamiento intriga sin embargo en poco tiempo pierde o inspiración. Este es el lugar de un marco viene en ayuda. Sintonización de los demás puede instar y estimular proceder en el camino del progreso.

Secreto: Reuniones son misteriosos y cuidar de protección.

Se necesita tiempo - perseverar.

En hojeando este libro y comenzar la recuperación, se aumenta la atención. Usted puede sentirse abrumado por la información, necesidad de cambiar rápidamente, o se siente auto básico.

Se podría creer que se está perdiendo la marca con respecto a quién pensaban que eran, que desea ser, o que desea que otros puedan ver. Estar en silencio y, en lugar de juzgarse a sí mismo, y rodea como si usted está haciendo la investigación - recopilación de información sobre su conducta.

De hecho, incluso puede entrenar cuando se descubre una inadecuación. Su atención se está desarrollando, que es el comienzo del progreso. Grandes tutores no reprender a su bebé por caer cuando está encontrar la manera de caminar, sin embargo, se alaban sus esfuerzos. En el momento en que se ve a sí mismo en sus estándares de conducta personal de edad, tenga en cuenta lo que ha aprendido, y date cuenta, "La próxima vez, voy a tener la oportunidad de tratar con las cosas de una manera inesperada."

La recuperación es un procedimiento. Se requiere cierta inversión para convertirse en lo que es su identidad, y se necesita tiempo para desaprender propensiones y convicciones que no te sirven.

Tomar otros a lo largo

Se ha dicho que, si quieres ir rápido, ve solo; pero si quieres ir lejos, camina con los demás. Su recuperación es para ti, y ya está clasificado para la seguridad acerca de su tratamiento, reuniones, y cualquier otra cosa. Compañeros pueden dar asistencia enorme o daño significativo a su recuperación. Un gran número de personas que infunden sus propios sentimientos y no pueden escuchar desapasionadamente.

compañeros de apoyo sintonizar y no juzgar, Sin embargo, puede llamar la atención sobre delicadamente en el punto cuando usted no está siendo sencillo o en especie con uno mismo o tener deseos ridículos. Que usted y ayuda a recordar sus cualidades cuando se es demasiado baja como para pensar en ver los apoyan y alaban su desarrollo. Tenga cuidado con los compañeros que chismean, tienen inclinaciones sólidas, medicamentos de uso indebido o de licor, la envidia o por el contrario lidiar con usted, o no se relaciona guiarlo a obtener más de su preocupación. Unas cuantas personas están cargadas de reacciones y "debe tener" para su vida, a pesar del hecho de que ellos han tenido ninguna participación en lo que estás experimentando. Los codependientes a menudo hacen esto. A pesar de sus objetivos honestos, es una gran sorpresa puede dejar su organización sintiéndose más horrible. Diferentes compañeros pueden unirse al carro de culpa cuando estás resentido por alguien, que alimenta el fuego, sin que realmente le ayuda.

6

Recuperación (2): curarse a sí mismo y aumentar su autoestima

sentimiento de carácter codependientes se debilita. Se preguntan "¿Cuál es normal?" y "¿Quién soy yo?" Contrastan a sí mismos con los demás, se sienten vacío, y necesitan otra persona para sentirse total. Encontrando lo que su identidad es un procedimiento avanza y el paso inicial hacia la integridad.

Un Mecanismo de Control de Personal

La mayoría de los codependientes están tan acostumbrados a las emociones, los sentimientos, deseos y necesidades de obligar a otros que no pueden reconocer su propia cuenta. Has bloqueado a cabo la percepción de los sentidos y las fuerzas motrices naturales y emocionales que son una parte de sus señales tangibles. Este céntrico marco dirección que ilumina acerca de sus necesidades y emociones, lo alienta a utilizar el buen juicio, lo que, es más, le autoriza para evaluar con precisión los demás y las circunstancias. Algunos de ustedes pueden continuar con su vida separada de su cuerpo. El círculo críticas por parte de cuerpo a la mente no está muy asociada, debilitante su traducción de los datos de su cuerpo le permite saber. Recuperador consiste en sintonizar con uno mismo y el restablecimiento de esta correspondencia.

¿Ha reflexionado sobre lo que le gusta y aversión, acerca de sus convicciones y valores, y dejar de lado el esfuerzo de definir lo que realmente acepta y cree? Posiblemente usted ha sido atrapado con la contemplación, trabajar, formar una familia, y mucho más preciosa complaciente lo que su gente, compañeros, o necesidad cómplice y acepta. Otros de ustedes pueden darse cuenta mejor a sí mismo, sin embargo, no se atreven a desconcertar o por el contrario no puede dejar de contradecir las personas que le interesan. Llega a la conclusión de que es más sencillo de no bloquear el pontón y no entienden el gasto significativo que paga. Cada vez que se hace esto, se rinde a sí mismo. Sus retiros auto y su voz se vuelve más frágil,

Como una llama deje de existir. Usted puede terminar dormitar más, comer más, por otra parte, la pérdida de entusiasmo por las personas y los ejercicios que utilizó para apreciar. Usted ha "despulsado" toda su esencialidad normal. Antes de que se puede esperar para descubrir la satisfacción en una relación, que debe encontrar la forma de cumplir inicialmente a sí mismo. Su tarea consiste en convertir en su propio compañero más cercano.

¿Cómo se construye este sistema de control personal?

Personal Tiempo de Silencio:

Cada vez más familiarizados con alguien y resultando ser compañeros requieren tiempo juntos. El hecho de que usted ha tenido en cuenta y puede ser tímidos y requieren persistencia y la seguridad de pasear a cabo. Es necesario concentrarse en invertir más energía por sí sola para familiarizarse con uno mismo y empezar un discurso hacia el interior. Después, cuando se está cerca de otras personas, se puede comprobar con usted mismo - que es más intensamente a la luz del hecho de que usted puede ser tentado a perder todo el sentido de la dirección en la otra persona. Usted está comenzando un viaje de autodescubrimiento.

La inversión de energía con uno mismo no significa hojeando o mirando la televisión solos. (De hecho, incluso eso podría ser un problema en caso de que se está viendo a alguien.) Implica que no tienen interrupciones con el objetivo de que realmente puede concentrarse en lo que está pasando en el interior. Es más difícil en el caso de que usted tiene niños pequeños, sin embargo, usted puede hacer que sea una necesidad. Haciéndose una necesidad es nueva. Podría sentirse nueva y difíciles de separar de los demás y la calma sin interrupción, sin embargo, esta es la manera por la cual que se familiaricen con uno mismo y encontrar rica, además, la alimentación de los activos internos. No tienen suposiciones con respecto a qué tan bien o el tiempo que hace esto. Comience con un par de momentos, uno tras otro, y se obtendrá más sencillo.

Estás utilizado para una gran cantidad de presión y la tensión, y va a dejar de lado un poco de esfuerzo para calmarse. Muchos sistemas de respiración y la contemplación son igualmente útiles.

Reconociendo sus pensamientos y escuchar a su propio cuerpo

Sintonizar con su cuerpo va a ayudar a reactivar el marco de las críticas a su cerebro. Hay competidores o artistas que se dan cuenta cómo mover y controlar sus cuerpos y si está haciendo lo que necesitan, sin embargo, no son conscientes de los datos hacia el interior emocionales que puede dar. Algunos codependientes experimentan dificultad para observar precisamente su cuerpo y realmente han mutilados auto discernimientos, con frecuencia más grande o delgado, o menos atractivo. Otros no pagan una reflexión mucho con respecto a sus cuerpos.

Su cuerpo detecta cosas de las cuales usted puede no saber. Tomar una puñalada en sentarse discretamente. Respirar moderadas para relajarse. Traer su atención en su abdomen o el corazón, además, ver lo que está pasando. ¿Qué clase de temperatura, el sombreado, el grosor, sonidos, lo que, es más, el desarrollo no se toma nota? Relájese hasta que llegue la crítica. Sentarse apretado para una reacción táctil. Sintonizar a su cuerpo con los oídos en lugar de ver con sus ojos. Del mismo modo que pueda concentrarse en un problema en su vida y sintonizar sus sensaciones sustanciales a su alrededor. Usted puede obtener una palabra, una inclinación, o una imagen. Puede que no sea una emoción, sin embargo, sólo una sensación física, regularmente un precursor ambigua e informe a la emoción, similar a la grandeza, deslumbramiento, o mareos. Usted no necesita ser aprensivos. Algo está tratando de superficie. La tolerancia es significativa. Trate de no diseccionar o formar una opinión apresurada. Simplemente dejar que los sentimientos y las imágenes hablan con usted.

Sabes quién eres

Conozca a sus sentimientos, sus deseos, sus necesidades y sus valores. Esto va un largo camino para ayudar a construir una autoestima adecuada y conducen a una vida libre de estrés.

Tus sentimientos

Sus sentimientos son su guía, y es crucial para concentrarse y escuchar a cabo. Son un pedazo de su marco input interior. atención emocional incorpora sentirlas en el grado de sensación y de nombres y comunicarlos. Numerosas personas de estado grande y no tienen la menor idea de lo que están sintiendo. Es posible que haya cerrado y negado sus sentimientos por completo, siente algo aún no puede nombrar, con la excepción de los nombres generales, por ejemplo, "Estoy molesto", o estado que se siente "grande" o "horrible." Tal vez puede asignar nombres a las emociones sin embargo mentalmente No nada "sensación" en su cuerpo. Con el entrenamiento, se puede dibujar una conclusión obvia.

¿Cómo se llega a reconocer y conocer sus sentimientos?

Respetar sus sentimientos:

De hecho, incluso los codependientes que entienden lo que sienten o se puede distinguir un número restringido de sentimientos con frecuencia no respetan sus sentimientos y no las comparta, de vergüenza o para los demás obligar. Un reencuadre típico es "¿Qué está pasando conmigo en que me siento a lo largo de estas líneas?" A diferencia de permitir 10 minutos de dejar que sus emociones flujo, es posible pasar por día juzgando y sentimientos opuestos, resultando ser progresivamente abatido y desanimado. Esto es falta de respeto a sí mismo. Por otra parte, es posible que divulga a sí mismo que sus sentimientos son sin sentido, frágil o peligroso. A pesar del hecho de que los sentimientos no son coherentes, tienen una razón de ser y la penetración de los suyos. Algunas de las veces una sensación puede parecer tonto, sin embargo, en una evaluación más profunda, hay una justificación válida para ello.

Los sentimientos no son indicaciones de defecto; simplemente son. Lo que se siente es real, y ya está clasificado para sentir que ya lo hace. Las mentiras Peligro en sentimientos sin tener en cuenta, lo que puede impulsar malas decisiones y problemas médicos. A pesar del hecho de que los sentimientos irracionales no deben controlar opciones, lo hacen con frecuencia en el punto cuando no reconocida. Por fin, respetando sus sentimientos asimismo implica tomar obligación con respecto a ellos. Nadie hace sentir algo - sólo lo hace.

Permitir que sus sentimientos:

Dejar que se materializan. Permitir que sus sentimientos tienen la intención de ir con ellos. A menudo la gente pregunta: "¿Por qué razón debería siento (airado, dolor, triste); no va a transformar cualquier cosa" Sin embargo, ¿la decisión es falsa? Respetar y permitir que tus sentimientos te transforman. Emociones flujo y corriente. Pasan, sin embargo, oponerse a ellos les hace continuar. Si no se expresa, pueden atascar en el cuerpo y causar más tormento y problemas en las relaciones. En el momento en que frenar sentimientos insoportables, que pueden resultar de lado, detonan, y hacerle daño. sentimientos positivos, de forma similar a la energía y la felicidad, Apagar el sistema, también. Usted puede incluso perder el entusiasmo por el sexo o se siente indiferente.

Una explicación codependientes no expresan sus necesidades y sentimientos es a causa de que en el pasado fueron deshonrado o ignorada. ¿Ellos piensan "qué problemas?" a la luz del hecho de que sus sentimientos no fueron escuchadas y relacionados con el crecimiento. Trate de no esperar que todas las personas responden de manera similar a su familia hizo. Recuperación incluye sabiduría de quién es confiable y no teniendo respuesta de alguien poco a.

Intente abrir su corazón a ti mismo. Poner su mano en el pecho, prever la apertura de su corazón, y relajarse. En caso de que esté furiosa, mover, grito, paso, gruñido, grito, libra. En el momento en que está establecido, exponer en él, y comprobar si se requiere una actividad. Este es el lugar en razón viene. Permitir que sus sentimientos, considere la posibilidad de comunicarlos

Es más, conseguir satisfacer sus necesidades, y después, si es de vital importancia, hacen movimiento adecuado. La consecuencia de este modo influirá en sus sentimientos y revelar a usted si la actividad se llevó el esperado resultado. Este es el medio por el cual se obtendrá de remiendos y triunfos.

Tus necesidades

Los codependientes experimentan problemas para distinguir, comunicar y satisfacer sus necesidades y deseos. Usted puede ser receptivo a las necesidades y deseos de los demás, lo que, es más, están acostumbrados a complacer a los suyos en lugar de su propio. La recuperación implica convertir esa situación. Se requiere que usted se convierte en responsable de sí mismo. Para empezar, es necesario descubrir lo que necesita y necesidad. Este es un avance fundamental en la recuperación, por lo general no tienden a programas en doce etapas.

Unas pocas personas perciben, sin embargo, no quiere que sus necesidades, o al revés, y numerosos conseguirlos confundidos. La explicación es esencial para tener sus necesidades satisfechas es a causa de que se siente tormento emocional cuando están sin duda no. Es posible que, en el tormento por otra parte, no se sabe por qué o que no se están cumpliendo las necesidades. Después de distinguir sus emociones y necesidades, entonces sería capaz de asumir la responsabilidad para conseguir satisfacer sus necesidades y sentirse mejor. Por ejemplo, en caso de que sientes lástima, es posible que no se puede entender No Eres triste y tienen un requisito para la asociación social. Independientemente de si lo hace, numerosos codependientes se recluyen en contraposición a conectar. Después de conocer el tema

Además, la disposición, se puede hacer un movimiento llamando a un compañero o la organización de ejercicios sociales.

En el momento en que se cumplan sus necesidades, se siente alegre, agradecida, protegido, querido, amante de la diversión, de alerta, lo que, es más, tranquila. En el momento en que no lo son, usted es lamentable, terrible, furiosa, cansado y desolado.

Tenga en cuenta cómo abordar o no cumple con sus problemas y lo que usted puede hacer para empezar a abordar sus necesidades.

sus deseos

Sus deseos son articulaciones de su singularidad. En el caso de que no se reflejaron en la juventud, entonces puede haber dejado necesidad. Unos guardianes dan a los niños cosas materiales, pero no lo hacen sintonizar y mantener a sus hijos. Otros deshonran a sus hijos para necesitar algo que no pueden administrar el costo de o cuando preferirían no para satisfacer las necesidades o deseos de sus hijos. No asumen la responsabilidad y reconocen la realidad. Hay tutores que dan a sus niños lo que imaginan que debe tener lugar de lo que sus hijos necesitan. Parte del tiempo, que es apropiado para negar a un niño lo que la persona en cuestión quiere, sin embargo, es esencial para confortar error del joven. Insoportable encuentro con la necesidad puede dar lugar a la convicción, "No debería necesitar." En lugar de ser deshonrado o frustrado,

Muchos de ellos no se meten lo que necesitan a pesar del hecho de que puedan asumir el coste de la misma. Otros se entretienen de forma impredecible cuando no pueden manejar el costo de la misma en un intento de llenar un voraz mucho tiempo para el amor que han perdido.

Acepta que puede hacer lo que quiera, prestando poca atención a las limitaciones presupuestarias físicas, emocionales, o en otra parte. Completa esta oración: ". Yo realmente necesito." Ser tan salvaje y creativo como pueda. Juega un poco con esta actividad y componer como

tanto detalle cómo se puede invocar. Uno de sus deseos puede convertirse en un objetivo.

sus Valores

Su filosofía se compone de sus normas, ideas y convicciones que administran sus opciones y afectan a sus sentimientos. Usted da tiempo adicional y la consideración de las cosas que más estima. Algo que los abusos de sus valores pueden hacerte furiosa o aprensión. Siendo la totalidad incorpora la realización de una gran motivación para usted.

Esta es una pieza de su aventura de autodescubrimiento. Es significativo a la luz del hecho de que, cuando se reconoce la conducta o acarreo de los demás en contrario a sus convicciones centro, que socava su confianza y autoestima. Confiabilidad implica mezcla de sus valores, convicciones y conducta - que "camina a su discusión." Sosteniendo a sus valores independientemente de la resistencia ensambla respetabilidad y poder individual.

¿Cómo sé que mis valores?

Pregúntate a ti mismo las siguientes preguntas:

- ¿Lo que el más enojado acerca de las cosas en el planeta hace?
- ¿Qué asociaciones o entidades filantrópicas que hacer, o usted, el apoyo?
- ¿Lo guías o figuras abierta consideran usted o aprecias? ¿Por quit?
- ¿Qué convicciones estrictas ¿Está de acuerdo y no puede contradecir ayuda? ¿Por qué?
- ¿Cuáles son sus puntos de vista políticos?
- ¿Qué tipos libro y la película es lo que más aprecias?

Si realmente y objetivamente contestado las preguntas anteriores, usted debe tener una imagen real de cuáles son sus valores. Puesto que usted sabe sus valores, hacer una segunda carrera hacia abajo de sus valores según lo comunicado por sus actividades. ¿Cómo iban a coordinar? Cuestionarse a sí mismo a ver en la remota posibilidad de que sus ejercicios, metas, convicciones y valores están en el arreglo. Tenga en cuenta si sus palabras y actividades coordinan sus valores. En el punto cuando no es así, ¿cómo puede hacer que se sienta? Un modelo podría estar invirtiendo una gran parte de sus cosas haciendo de energía no intenta estima y no haciendo lo que haces estima. Volver a evaluar sus valores y lo que impactó a retirarse de ellos. ¿Son una parte de sus valores estándares sin cubrir que la figura debe mantener, sin embargo, como regla general Don' t? Considerar si usted tiene que cambiar su conducta o realinear sus valores.

creer usted mismo

En la remota posibilidad de que experimentó la infancia en una familia donde se les negó sus sentimientos y discernimientos, que descubrió que podía no confía en sus señales hacia adentro - sus percepciones, impresiones y sentimientos. Por lo tanto, su capacidad de confiar en sus sentimientos y se asientan en las elecciones quedó obstaculizada. Mediante la búsqueda de otras personas en busca de respuestas, usted renuncia a continuar con su propia vida. Por otra parte, en caso de que las circunstancias no pueden percibir, lo que, es más, las personas que son riesgosas o no bravo, que terminan confiar en la gente connivencia en las relaciones que el daño que, una vez más, haciendo más dudas. Sintonizar con uno mismo y con respecto a sus sentimientos son los inicios de confiar, adorar, y asegurar a sí mismo.

Sintonice para esa pequeña voz que puede haber pasado por alto antes. Estar tranquilos porque previamente decidir. Aviso lo que figura que "debería" hacer frente a lo que hay que hacer. Enfoque en cómo se siente cuando algo se siente "derecho", "off", o, una vez más incómoda. Esta sensación sentida podría ser su introducción inicial antes de derogar con razones inteligentes y pasan por alto o se podría esperar que pase el tiempo en la incertidumbre y desorden u obtener más datos sobre una circunstancia o por otra parte tan individual como para conseguir la lucidez. Eso está bien. Trate de no surgir. Además, saben que sus impresiones y sentimientos cambian después de algún tiempo, ya que se vuelven más familiarizado con alguien.

Para decidir, pregúntese: "¿Cuál podría ser la cosa más estimación que haga?" y "¿Cuál es mi opinión al respecto?" en lugar de, "¿Cuál es mi opinión sobre el tema?" energía invertida con uno mismo antes de la elección de pedir a los demás, y en sintonía para que su voz interna. Es particularmente crítico para sostener cuando estás en una fijación o respuesta emocional y se sienten obligados a actuar. En el caso de que usted consigue recomendaciones de otros, entrar de nuevo para ver si estas propuestas coordinan sus signos en el interior. Cuanto más haga esto, más sólida y más a tierra que se convierte en la voz, y empezar a confiar en usted mismo - su cuerpo, sus decisiones, consideraciones, y los sentimientos - para hacer su vida su cuenta.

Sintonización de uno mismo es asimismo el paso de revelar su entusiasmo. A raíz de su corazón, independientemente de lo que otros pueden indicar incluye peligro. Habrá ocasiones en las que se asientan en malas decisiones, ya sea en razón de que se hizo un seguimiento de la insuficiencia de datos o datos negados sobre un individuo, circunstancia o sus propias necesidades y restricciones. En el momento en que esto ocurre, en lugar de regañar a ti mismo, pensar en ella como una experiencia de aprendizaje para establecerse en mejores decisiones la próxima vez. Esta es la manera en que usted fabrica certeza.

Pasos prácticos para Construir la Autoestima

Aprender a vivir con sus insuficiencias

El perfeccionista tiene normas relativas inaccesibles cada pequeña cosa sobre usted, su conducta y las personas a lo largo de su vida. Vive en un universo de fantasía. Perfeccionista puede concentrarse en fracasa, eficiencia, su cuerpo, la capacidad atlética,

o por otro lado el trabajo, en su centro se encuentra la convicción de que usted no es suficiente aquí y allá - lo suficientemente atractiva, adecuada, suficientemente brillante, suficiente, etc.

El perfeccionismo es una desviación de estas convicciones insoportables. Usted puede pensar que es difícil completar las tareas sobre la base de que su trabajo no suele ser grande. La lumbrera toma una decisión acerca de usted por no cumplir con las directrices ridículos del perfeccionista. La forma en que no hay tal cosa como la perfección no tiene sentido para el perfeccionista ya que estaría fuera de una vocación.

El remedio para el perfeccionismo es autorreconocimiento. Para reconocer algo, no es necesario que te gusta, simplemente para reconocer que - tal y como está. Un par de cosas sobre sí mismo que puede transformar; otros no pueden. Incomprensiblemente, hasta que se reconoce a sí mismo, es difícil de cambiar en absoluto, ya que está en la lucha con el mundo real.

Hacer una carrera hacia abajo de sus convicciones sobre sí mismo. ¿De qué manera usted siente que está sin duda no es suficiente? ¿Cómo influyen sus convicciones sus actividades? Mirada en el espejo y el estado "En realidad yo reconozca de manera similar a mí mismo tal como soy." ¿Sería capaz de decir que - sin náuseas? ¿Te gusta lo que ves? ¿Lo protestas sonar una campana? Cortés,

Se me olvidó - mirada en el espejo al descubierto. Posiblemente se mantiene lejos de los espejos en general. Eso en sí mismo socava su confianza. Usted está tratando de mantener lejos de y negar lo que a partir de ahora acepta sobre sí mismo. Inevitablemente, hay algunas cosas que no cuida. Posiblemente usted piensa que debe ser viejo, o sus pechos son demasiado poco, las caderas son excesivamente amplia, o las piernas son excesivamente corto. No es necesario que gustar lo que ves, sólo para enfrentar y reconocer la verdad se trata de usted. Refrito en voz alta, "me acepto de manera inequívoca, a pesar de que…" En el caso de que no se puede, en ese estado de la punta, "Me reconocer mi negativa a reconocer que soy (grasa)." Para ello, el trabajo del espejo a lo largo de unas pocas semanas. Componer sus sentimientos en su diario.

Empezar a hacer

Poner lo que has descubierto sin dudar e ir a por todas es el más dominante acercarse a montar confianza. Que hace movimiento de auto confesando, por ejemplo, la comunicación de sí mismo, definiendo límites, y haciendo lo que necesita, puede sentirse incómodo desde el principio y el nerviosismo maquillaje, la culpa, y el auto pregunta. Desgracia y que acompaña a la baja confianza, pavor e incomodidad de ser juzgado, cometer errores, o tirarse todo hacer que sea difícil para salir en una extremidad. Por otra parte, tener un locus fuera del control y haber tenido el control o deshonrar guardianes bancada de su capacidad para reconocer las necesidades y deseos. Trabajando a sí mismo fuera de la acción auto confirmando puede estancar su desarrollo. Estos son en gran medida elementos disuasorios para la construcción de la confianza, la toma de decisiones, y ponerse en primer lugar.

Plan para anticipar esta obstrucción - al igual que la irritación posterior a la utilización de los músculos débiles - lo que, es más, se dan cuenta de que es una indicación de que usted está haciendo la mejor opción. Dese el crédito para salir en una extremidad. Pasando por las ramas construye otro auto discernimiento. Que se familiaricen con el mismo, a sus inclinaciones, y lo que está en forma para de otra manera. A continuación, sería capaz de expandirse en eso y salir en una extremidad, toda la estructura de su falta de miedo.

Tarde o temprano, este tipo de acciones se sienten progresivamente regular y menos tensión incitar, hasta que, en algún momento, se termina precipitadamente haciendo ellos - el establecimiento de límites, preguntando por lo que necesita, teniendo una puñalada en algo nuevo, comunicando una suposición minoría, dándose crédito y llevar a cabo ejercicios progresivamente agradable - incluso solo. Usted descubre que tiene menos sentimientos de odio y decisiones y que las relaciones son más simples. Usted comienza a recibir y se ama y aprecia el camino hacia viviente.

Hacer una carrera hacia abajo de las cosas que preferiría hacer, y hacerlas - no esperar un tiempo para un acompañante para obligar a ti. Hacer una carrera hacia abajo de las cosas que estás reacios a hacer. Conversar con un compañero instando apoyo o soporte que ayudan a probar sus sentimientos de inquietud y tomar más peligros.

Mentalidad positiva

Estás en todos los casos o bien ponerse abajo o te alzas. Usted puede

decidir ser por sí mismo o contra uno mismo. Usted percibe cómo el Pandit, empujador,

lo que, es más, Perfeccionista se daña. En la actualidad se debe sembrar semillas de charla positiva de sí mismo. Es depende de usted para energizarse, en cualquier caso, cuando estás abajo o aprensión. Un cambio interno positivo es igualmente crítico para impulsarse a salir en una extremidad, hacer cambios, y convertirse progresivamente autónoma. Usted puede hacer lo que confía en que pueda, y no se puede hacer lo que no puede confiar en usted.

Para ello, en primer lugar, hay que reconocer su valor. Todo el mundo le gusta alabanzas, un gesto de felicitación y reconocimiento para una ocupación bien hecho. ¿Por qué estar tranquilos para la bondad de los demás? Es depende de que se den cuenta y aclaman mismo. ¿Usted ha visto cómo el brillo de los demás aclamar rápidamente borrones? En el punto en el que ofrecen a sí mismo, el resplandor espera. Conversar consigo mismo acerca de sus victorias, como quisieran que un compañero. Puede que un refrito y relajarse en ella con tanta frecuencia como desee. Hacer esto realmente cambia la forma en que usted se considera y aumenta su confianza. No es equivalente a los certificados de purga.

Se ofrecen crédito a sí mismo que está patrocinado por la comprensión - recuerdos de acciones positivas que pueda revisar. Tenga en cuenta, certificaciones positivas son de apoyo, sin embargo, debe ser acogida por acciones positivas. La certeza no es vanidad o la pomposidad. La certeza se siente seguro en sí mismo depende en información real sobre sus cualidades y limitaciones. Por otro lado, la vanidad se habla de auto dulce injustificada o una sensación exagerada de su propia importancia, y la soberbia es una sensación equivocada de prevalencia sobre otros. Tanto compensar la baja confianza.

Hacer promesas a sí mismo y cumplirlos

Los codependientes que no se considerarían romper una cita con un compañero normalmente romper responsabilidades a sí mismos: "Mañana voy a empezar un régimen de alimentación"; "Mañana voy a ir al centro de recreación". Al hacer esto, usted está perdiendo el control de sí mismo - salvo que, en ciertos casos, podría ser más ganas de descansar en lugar de hacer lo que arreglar. Hay decisiones y resultados, y usted es responsable de sus decisiones y acciones.

Intentar constantemente para recoger en su circunstancia personal más elevado - que no le puede dar pronta satisfacción todavía dará lugar a beneficios de largo recorrido y mejora de la autoestima. Esta es la manera en que usted alimenta a su jardín y mantenerlo sonido.

La otra cosa acerca de permanecer tranquilo acerca de las responsabilidades está cumpliendo con sus propios deseos. Estar seguro de sus deseos son razonables. ¿Sería razonable para hacer una limpieza de primavera en un día o en una carrera de larga distancia antes de una carrera de 5 km? Restante silencio acerca de las responsabilidades es como ensayando sus valores. En la remota posibilidad de que usted anticipa que usted mismo debe documentar sus evaluaciones en los plazos previstos sin embargo siguen dejando, en poco tiempo vas a estar cansado de sí mismo, y su criticón tendrá un día de campo.

7

Recuperación (3): De cara al Mundial

Tener curado, es necesario integrar a sí mismo de nuevo en el mundo exterior, esta vez, como una nueva personalidad. Un aspecto clave de la integración es la comunicación. La correspondencia es fundamental en un grado tal que puede representar el momento de la verdad una relación por otra parte, es básico para el progreso. Refleja su confianza a los miembros del público - para bien o de manera negativa. Los codependientes experimentan los efectos nocivos de las propensiones correspondencia rotos aprendido en sus familias crecía. En las familias más rotos, uno o los dos guardianes son distantes o contundente y rara vez se confía. Los codependientes normalmente duplican estos estilos. Algunos esquivar la lucha, además, recoger la armonía a cualquier precio. Se sienten en el borde como lo hicieron con sus padres mientras crecía. Otra culpa, bloquean, o responden cruelmente.

Entonces, ¿cómo se construye una comunicación efectiva, típico de una persona libre de la codependencia?

expresa tus sentimientos

Usted ha comenzado a reconocer sus sentimientos, necesidades y valores, y cómo no de control, tenga cuidado, o no responde. La colocación de energía lo que has dado cuenta y expresarse es donde las cosas se vuelven reales. Encontrar la manera de impartir de forma viable ensambla su confianza. Se necesita práctica y audacia.

En el momento en que sofocar sus sentimientos o pasar por alto sus necesidades, las relaciones perdura por otra parte, que la falta de respeto Cuenta usted está tratando de crear. En la remota posibilidad de que su proceso de pensamiento es el control, control o alguien solución, sus palabras son copia de estos comportamientos codependientes, en todo caso, cuando su proceso de pensamiento es expresar su Ser, sus palabras transmiten que el interés principal está en usted, no el otro individuo, cuya reacción que resulta ser menos significativa. Es normal que la gente confundir a reflexiones y sentimientos en hablar. Para el caso, supongamos que está irritada que su compañero domina su solicitud a la llamada en la remota posibilidad de que él va a llegar tarde para la cena. Es posible afirmar, "Siento que eras (desconsiderada, etc.)." Este anuncio daña el sexto C, para garantizar a sí mismo. Se juzga a su conducta, sin destapar cómo se siente o cómo influye en su conducta que. Una guía confiable es, en la remota posibilidad de que se puede sustituir "pensar" para "sensación" en ese punto que usted ha expresado sus pensamientos o sentimientos, que son regularmente las decisiones acerca de la otra persona. La aplicación de esta norma, "Creo que usted era descortés" no brisa a través de la evaluación de los sentimientos y está tomando una decisión acerca de otra persona. Más bien, se podría afirmar, "me sentí despedidos (o 'inmaterial' o 'daño') cuando no me llamaste," o "no me importa porque cuando..." "En ese momento usted ha expresado sus pensamientos o sentimientos, que son regularmente las decisiones acerca de la otra persona. La aplicación de esta norma, 'Creo que usted era descortés' no brisa a través de la evaluación de los sentimientos y está tomando una decisión acerca de otra persona. Más bien, se podría afirmar, "me sentí despedidos (o 'inmaterial' o 'daño') cuando no me llamaste," o "no me importa porque cuando. . . ". "En ese momento usted ha expresado sus pensamientos o sentimientos, que son regularmente las decisiones acerca de la otra persona. La aplicación de esta norma, 'Creo que usted era descortés' no brisa a través de la evaluación de los sentimientos y está tomando una decisión acerca de otra persona. Más bien, se podría afirmar, "me sentí despedidos (o 'inmaterial' o 'daño') cuando no me llamaste," o "no me importa porque cuando. . . ".

En el momento en que expresa sus sentimientos o tomar una posición, otros no sienten la necesidad de proteger y legitimar a sí mismos ya que apenas está discutiendo usted mismo.

Cuanto más impotentes que puede estar en la expresión de sus sentimientos, más receptiva a su público será. Su sensación subyacente podría ser ultraje o desdén sin embargo tratan de distinguir sus sentimientos más profundos y expresarlos. Esto es especialmente difícil de hacer cuando estás emocional. Es útil para hacer una pausa y considerar lo que sientes y lo que implican o transformadas de conducta que necesita. Para ser decisiva, trabajar en afirmar que antes de someterse a la discusión.

Deje que se conocen sus necesidades y deseos

La mayoría de los codependientes no transmiten sus necesidades. Que temen el despido o la mortificación ya que no se sintonizó o fueron humillados en la adolescencia. Después de haber reconocido lo que necesita y necesidad, el mejor enfoque es a petición rodeos ella. Esto puede ser aterrador cuando no está acostumbrado a ella. Los codependientes frecuentes fallos y escudriñar, que acaba de mensajes del sistema contenciones y menos probabilidad de obtener las necesidades satisfechas.

Decirle a la gente el resultado beneficioso de llenar su solicitud. Esta es la inspiración persuasiva: "En el caso de que se me reveló cada vez más acerca de lo que está pasando en el trabajo, que me hace sentir más cerca de ti." Usted puede asimismo incluir una explicación sensación sobre el resultado de la conducta inversa: "Cuando no se divulga a mí lo que pasa en el trabajo, me siento olvidé y evitó de una pieza importante de su vida."

Ser asertivo

El asertividad consiste en tomar los lugares que son inmediatas. Una posición es una declaración acerca de lo que va a hacer o no hacer, lo que le gusta o aversión, lo que necesita o no necesita, y lo que estás dispuesto a soportar o no. Los codependientes responden y se dio un revés. Se disfrazan y solicitar que las preguntas se mantengan alejado de la lucha, de despido y análisis. En el caso de que no se mantienen firmes, sin embargo, se puede afirmar que no puede organizar las necesidades o posiciones enfrentadas. Nada se instaló.

Numerosas personas creen que es inútil para expresarse si la otra persona no estaría de acuerdo o reconocer su posición. Esa no es la motivación detrás de hablar para arriba. Lo estás haciendo para que cambie su conducta compatible, no permite transformar conclusiones de otra persona. En el momento de hacer algo de ruido, se siente mejor consigo mismo y la relación sólo por haber expresado a sí mismo. A medida que se desarrolla su autoestima, que está cada vez más bien en contraste con las convicciones y conclusiones. Es posible que necesite a alguien para actuar contrastante mediante la definición de un límite, sin embargo, incluso considerando todas las cosas, el individuo no tiene por qué estar de acuerdo con usted, sólo para considerar su solicitud.

Algunas reglas útiles de comunicación para un individuo recuperarse de la codependencia:

Aquí hay algunos consejos para recordar:

- Los codependientes hacen algunos recuerdos difíciles de encontrar y mantener su situación bajo presión. En el momento en que no está seguro, dejar de lado un poco de esfuerzo para acumular sus contemplaciones y sentimientos sin que nadie más. Estado: "Déjame considero", o "Voy a golpear para arriba en eso."
- "No" es una sentencia final. No es necesario que legitimas o aclarar sus sentimientos por otra parte, las contemplaciones. Siempre que sea abordado, utilizar la estrategia de registro destrozado y mantener refrito, "No estoy contento con él."
- Es posible que debe ser laboriosa. Utilizan la estrategia de registro destrozado y tener cuidado de no hacer gofres, o socavar toda la intrepidez que se tardó en refrito mismo. Al final, el público va a cansarse de preguntar. Practicar con extraños, similares a los vendedores por teléfono.
- No es necesario responder a cada pregunta planteada en su caso. Se puede decir, "prefiero no contestar a eso", o "yo preferiría no hablar de ello." Usted puede descubrir responder a todas las preguntas es una propensión entusiasta que es difícil de romper. La mayoría de las personas se sienten como los jóvenes interrogados. Utilizar el mal estado procedimiento de registro también, un refrito de su anuncio.
- Usted reserva un privilegio para alterar su punto de vista moviéndose a lo largo sin más aclaraciones.
- No lo recomiendan lo que la otra persona debe hacer para que su no más satisfactoria.
- Aviso si sigues hablando cuando la otra persona ha sintonizado a cabo. Si es así, parar y preguntar cuándo podría ser un tiempo decente para continuar la discusión. Se puede decir lo mismo "Creo que he perdido su consideración."

- por delante plan para problemáticas discusiones. Tenga en cuenta sus sentimientos e instrucciones paso a paso para expresarlos; en ese estado de la punta lo que necesita.

8

El mantenimiento de la recuperación

Para recuperarse de la codependencia es un largo plazo, casi proyecto sin fin, y como tal el recuperador debe estar listo para guardar en él durante un período considerable de tiempo. Este capítulo trata de consejos para ayudar a mantener el proceso de recuperación, independientemente de desafíos que pueden venir a tu manera.

Obtener el control de su vida

Para enganchar algo es darle autoridad. La recuperación está vinculada con hacer usted mismo su propia posición - lo que te gusta, lo que necesita y lo que elija, en lugar de conceder o responder a otra persona. En cualquier caso, repugnante es una reacción que se debilita. Para que tenga autoridad implica convertirse en un creador alucinante. Eso puede sentirse como una obligación abrumadora. Es poner su confianza con energía.

Para ello hay que tener conocimiento de algunas cosas:

Lo que debe controlar

La mayoría de los codependientes tienen un locus de control externo de lo que implica que piensan componentes exteriores son la razón de lo que les ocurra a ellos y cómo se sienten. Los codependientes esperan y confían en que el cambio se originará a fin de cuentas o algún otro individuo. Su concentración y el poder están fuera de sí mismos. Se ven a los demás para sentirse mejor y afirmar de ellos, sobre todo en lo que respecta a las relaciones. Pero también ellos tienden a racionalizar o acusar a otros o condiciones por sus problemas y cuando las cosas no salen como estaba previsto. A medida que dejar de hacer eso y empezar a asumir la responsabilidad de su vida y sus sentimientos, acciones y omisiones que está constantemente tomando la espalda de la capacidad, y el locus de control se convierte en el interior, en sí mismo. Cada vez que no lo hace si no es mucha molestia responden, o alguien de control, y expresar sus sentimientos, conclusiones y puntos de corte, que está fabricando su confianza y un locus interno de control. A dejar de ser una víctima desafortunada. Usted deja pasar su vitalidad tratar de cambiar o controlar a otra persona. En caso de que esté abatido y tener esa sensación común desafortunada víctima, usted asume la responsabilidad de hacer cambios para convertirse en optimista, en todo caso, cuando no se puede "arreglar" el problema. Este es un procedimiento que incluye la construcción de confianza, resultando ser autoportante, definiendo límites, y la reparación de su pasado. El último avance está demostrando que recién descubierta confianza y arrojo. Expresando su voz en sus relaciones, así como sus habilidades, capacidades, y la imaginación en el planeta. En el punto cuando se descubre alguna nueva información, cuando se toma el cuidado de un problema sin que nadie más, cuando estás haciendo lo que te gusta, y cuando estás logro de sus objetivos, se siente autónomo y seguro y anticiparse a cada nuevo día. Se da cuenta de que puede cuidar de sí mismo, lo que, es más, es una sensación extraordinaria.

Las personas con un locus de control interior son cada vez más fructíferas en todos los ángulos de sus vidas. Ellos aceptan que los resultados dependen de sus acciones, lo que, es más, el esfuerzo en comparación con el karma, de condiciones de la línea, y las cosas más allá de su control. Hay pruebas en línea que puede tomar para decidir su locus de control. Afortunadamente, usted puede cambiar su locus de control. Después de entender que se puede tener ningún tipo de efecto en la vida de reclamación y sensación de bienestar, de empezar a tomar su espalda capacidad.

Ser decisiva

Una gran parte de los codependientes reconocer lo que otros deben hacer todavía tienen un tiempo de asentarse en extrema decisiones por sí mismos, incluso los más pequeños, de forma similar a lo que para arreglar fuera del menú y cómo manejar su tiempo extra. Pueden mantenerse alejado de la dirección básica en general y practicar su hábito, el sueño, el estrés sobre alguien, o pedir a los demás sus conclusiones.

En el caso de que experimentó la infancia en una familia con principios severos, o en la remota posibilidad de que uno de los padres estaba controlando, usted no tiene la oportunidad de establecerse en las decisiones importantes ni tienen la ayuda de tutores para ayudarle con encontrar la manera de para encontrar sus sentimientos acerca de algo y las opciones de manómetros y los resultados. Los niños pueden entender rápidamente cómo tener una mente independiente. Gran crianza de los niños les permite asentarse en las decisiones de ajuste de la edad. Incorpora sintonizar y de vuelta a lo que refleja un joven sus sentimientos y necesidades y conceptualización de los resultados de diversas decisiones. niño sonido crianza de los niños asiste a reconocer y confiar en sus sentimientos en la solicitud para construir un locus de control en el interior de lo que necesitan y la necesidad.

En el momento en que usted no tiene la menor idea de lo que sientes y no tienes talento en la consideración de los resultados de sus acciones y resultados plausibles, pequeñas decisiones pueden sentir monumental. Por el contrario, actúa sin pensar en el futuro, así como mantenerse alejados de ellos, lo que, es más, construir un marco independiente de la mente hacia su vida. Usted puede comenzar a buscar a otros por la dirección, y sus suposiciones puede llegar a ser más importante que la suya. En caso de que seas un deleitó, que no tendrá ningún deseo de defraudar. Tenga cuidado no sólo de los compañeros que dan a conocer a usted lo que debe hacer, sin embargo, de las cifras de potencia también. En cualquier caso, cuando estás pagando un experto de la exhortación, investigar diferentes opciones y asegurar la acción se toma está alineada con sus valores.

Más bien, busque ayuda en la consideración de los resultados de sus opciones, que le permite asentarse en sus propias decisiones y hacerse cargo de sus asuntos. En numerosas familias inútiles, los niños son rechazados para hacer fracasa honestos. De vez en cuando, la disciplina es grave, discrecional, y errática. Esos sentimientos de inquietud soportar, en cualquier caso, cuando se está nunca más vivir con sus padres. Ese padre aún vive dentro de ti como tu culpa-buscador y no le permitirá a perdonar a sí mismo para fracasa. Perfeccionismo y la quieren ser lata impecable frecuentan cada opción con el objetivo que tiene que investigar cada compra, practicar conversaciones privadas, y evadir nuevos encuentros.

Otro factor es temor a la desilusión. En las familias vejado, guardianes con poca frecuencia a un lado el esfuerzo de los niños de confort cuando están frustrados. La adaptación a la insatisfacción es un pedazo de desarrollo, se dio cuenta cuando guardianes comprenden y se identifican con los sentimientos a sus jóvenes.

Las decisiones no están bien o mal; sólo hay resultados. Por lo general, usted no sabrá hasta que se vaya por las ramas y se asientan sobre una decisión. Date permiso para explorar, alterar su punto de vista, y comprometerse errores. Este es el medio por el cual se desarrollan y se vuelven más familiarizado con uno mismo y el mundo.

Tener objetivos y trabajos hacia el cumplimiento de ellas

Un buen número de los codependientes reconocer lo que otros deben hacer todavía tienen un tiempo intenso de colocar en las decisiones por sí mismos, incluso los más pequeños, de forma similar a lo que disponer de un menú y cómo manejar su tiempo disponible. Pueden mantenerse alejado de la dirección básica fuera y hacia fuera y practicar su hábito, el sueño, el estrés sobre alguien, o pedir a los demás sus sentimientos.

En la remota posibilidad de que experimentó la infancia en una familia con normas severas, o en la remota posibilidad de que uno de los padres estaba controlando, que no tienen la oportunidad de establecerse en las decisiones importantes ni tienen la ayuda de tutores para ayudarle con averiguar cómo encontrar sus sentimientos acerca de algo y las opciones de manómetros y los resultados. jóvenes

puede averiguar rápidamente cómo tener una perspectiva independiente. Gran crianza de los niños les permite asentarse en las decisiones de ajuste de la edad. Incorpora sintonizar y de vuelta a lo que refleja un joven sus sentimientos y necesidades y conceptualización de los resultados de diversas decisiones. niño sonido crianza de los niños asiste a distinguir y confiar en sus sentimientos en la solicitud para construir un locus de control en el interior de lo que necesitan y la necesidad.

En el momento en que usted no tiene la menor idea de lo que sientes y no tienes talento en la consideración de los resultados de sus acciones y resultados plausibles, pequeñas decisiones pueden sentir monumental. Por el contrario, actúa sin pensar en el futuro y, además, mantener una distancia estratégica de ellos, además, construir una disposición inactiva hacia su vida. Usted puede comenzar a buscar a otros por la dirección, y sus evaluaciones puede llegar a ser más importante que la suya. En caso de que seas un deleitó, que no tendrá ningún deseo de defraudar.

Tenga cuidado no sólo de los compañeros que dan a conocer a usted lo que debe hacer, sin embargo, las cifras de potencia también. En cualquier caso, cuando estás pagando un experto en busca de consejo, investigar diferentes alternativas y asegurar la acción se toma está alineada con sus valores. Podría ser tentador para solicitar que un psicoterapeuta se asiente en sus decisiones. Más bien, busque ayuda en la consideración de los resultados de sus opciones, que le permite asentarse en sus propias decisiones y hacer frente a sus problemas. En numerosas familias inútiles, los jóvenes son rechazados para hacer fracasa inocentes. A veces, la disciplina es extrema, discrecional, y excéntrico. Esos temores soportar, en cualquier caso, cuando se está nunca más vivir con sus padres. Ese padre aún vive dentro de ti como tu culpa-buscador y no le permitirá a excusarse para fracasa.

Otro factor es temor a la frustración. En las familias afligido, guardianes de vez en cuando a un lado el esfuerzo conjunto de los niños de confort cuando están confundidos. La adaptación a la insatisfacción es un pedazo de desarrollo, se dio cuenta cuando guardianes comprenden y se identifican con los sentimientos de sus hijos.

Las decisiones no están bien o mal; sólo hay resultados. Por lo general no se sabe hasta que se vaya por las ramas y se asientan sobre una decisión. Date permiso para explorar, alterar su punto de vista, y comprometerse errores. Este es el camino a desarrollar y se familiaricen con uno mismo y el mundo.

Sabe lo que es bueno en

Todo el mundo tiene una capacidad para algo. Usted puede mejorar sus habilidades y bendiciones con el entrenamiento. ¿Usted ve o tiene un talento para las cosas en una región que otros no lo hacen? ¿Mostrar mejora con respecto a sus compañeros o tomar la iniciativa en circunstancias específicas? Tal vez usted sabe a partir de ahora lo que eres genial, al mismo tiempo, al igual que muchas personas, subestimar sus dones y capacidades. Ejercicios y clases a la que se superan las expectativas probables utilizan sus regalos. Puede adaptar nuevas habilidades y mejorar con la preparación y la práctica. En la remota posibilidad de que usted aprecia lo que estás haciendo, estás despertado cada vez más rápido para adaptarse.

Tal vez usted aprecia el cuidado de los niños tienen una capacidad de comprender y conversar con los jóvenes. No todas las personas lo hacen. ¿Es preciso decir que usted está emitido regularmente un comandante del grupo de votación? ¿Mantiene los planes de gasto, interceder debates acompañantes, arreglar las cosas con eficacia, tomar las mejores fotos, involucrar a la gente, o correr el más rápido? Unas pocas personas pueden cantar en cualquier nota, familiarizarse con un lenguaje, el desarrollo de las plantas, ganar contiendas, convencer a los demás, dibujan lo que ven, inventan historias, pintura, prendas de estructura, o planes de maquillaje de coordenadas. Nunca especulado que tenía una alta aptitud para las relaciones distantes hasta que se indicó a cabo mí, pero me di cuenta de cómo reunir una bolsa apretada y generalmente podía decir si las imágenes eran uniformemente suspendidas o de los muebles encajaría en un espacio.

Considere empleos y posiciones que ha celebrado, incluyendo capacidades voluntario en la iglesia, club, y de la escuela. Deteriorado las aptitudes que se requieren y los que ha aprendido. Por ejemplo, en el chance fuera que tenía una actividad secretarial, se utilizó numerosas habilidades, por ejemplo, la composición, las aptitudes de PC, clasificando, alterar, redacción de cartas, documentación, que trata de las llamadas telefónicas, reuniones reserva para su jefe. En la remota posibilidad de que usted compuso un premio, lo necesario para preguntar acerca de, diseñar estrategias, componer, investigar, organizar, alter, hacer afirmaciones influyentes, el gasto planifican, facilitan con el personal, y potencialmente organizar la proposición.

9

El Nuevo Usted: El programa de doce pasos

El programa de doce pasos es una serie de guías del núcleo esbozar una estrategia para la recuperación de la adicción y otros problemas emocionales o de comportamiento, incluyendo la codependencia; y te introducirá en una nueva atmósfera-emocional, en definitiva, si se siguen religiosamente, que dará a luz un nuevo yo. Los Doce Pasos de los programas de doce Escenario hacerle un modelo de vida que realmente funciona. Numerosos codependientes no tienen tales modelos. Ellos provienen de familias rotas y refrito que mostrar o no tienen idea de cómo amablemente vivo.

Los Doce Pasos son reglas para ayudarle con el trabajo de su Ser genuina en lugar de partir de un sentido de auto impulsado por el miedo y el control. "Trabajar los pasos" no sólo se libera de la dependencia, sin embargo, además, afecta a una de carácter y de cambio de otro mundo. Los pasos dependen de todo incluido estándar y son sustancialmente el equivalente en la totalidad de los programas, a continuación, de nuevo, en realidad la fase inicial en cada programa se ajusta para adaptarse a la esclavización específico.

La versión adoptada en este libro es el desarrollado por el Co-Dependientes Anónimos (CoDA). Debe tenerse en cuenta que estos pasos no son de ninguna manera cronológica; se puede empezar desde cualquier lugar.

Paso 1- Abrazando tu impotencia

La aceptación de la impotencia ante una dependencia - independientemente de si una sustancia, acción, o luego de nuevo otros - es un estándar de centro de los programas de doce fases, incluida la coda. Adictos y codependientes tienen una mentalidad inútil sobre el control. Tratan a cualquiera de control o cualquier cosa que impida lo que necesitan - en especial los demás que dependen para su satisfacción. Un poco de razonamiento y conducta fastidiosa codependientes gira alrededor de afectar y ser distraído con otros.

Regularmente es posible que alguien intente de control para mantener lejos de la agonía y el temor de la desgracia - la pérdida de calor, pérdida de la solidez de un amigo o miembro de la familia, o la pérdida de una relación. Los esfuerzos por controlar a los demás dependen de un sueño, una falsa creencia de que puede controlar a los demás. Te mantiene voluntariamente ignorantes y puede hacer su vida inmanejable con el argumento de que usted está tratando de controlar algo que no puedes. En la remota posibilidad de que sus reacciones y esfuerzos para el control y la corrección no han considerado cuantificable, que podría ser débil para el cambio a otra persona o circunstancia. Ya es bastante difícil cambiarse a sí mismo, incluso con impresionante esfuerzo. Cuanto más se centran alrededor de otra persona para usted, cumplir con el más infeliz y cada vez más distanciado de sí mismo que se convierte.

Mientras tanto, sus prácticas y fijación en el que torreón individual en renunciar de la miseria y la agonía de dar y de la sustancia genuina o prevé que le da miedo. Su comprensión de la primera fase se desarrolla durante la recuperación. El escenario principal es la afirmación de que hay un problema o fijación; en segundo lugar, que sus esfuerzos para controlar que está haciendo su vida ingobernable; en tercer lugar, que eres débil sobre él; y cuarto, que ayuda realmente radica en cambiar sus propios estados de ánimo y la conducta.

Paso 2- exuda Hope

Esta progresión es una actualización consoladora que la ayuda está accesible cuando se está tentado a volver a la conducta de edad. Numerosas personas aceptan que el poder es Dios y encontrar ayuda rápida en ensayar la Etapa Dos. Otros aceptan que el poder es la astucia de los Doce Pasos - "programa" o su ser superior. No obstante, para algunos, esta progresión espejos de un procedimiento continuo ("Nos llegaron a aceptar..."). Paso confirmación de dos ofertas que tiene un cómplice para ir en horas desesperado y puede ayudar con el abandono.

Paso 3- Rendirse

La tercera fase solicita que se asientan en la elección extrema de entregarse situación focal de su personalidad como jefe de su vida y de convertir su voluntad y la vida "a la consideración de Dios como llegamos a Dios." Las palabras "como comprendimos Dios" dejan el significado de Dios depende de usted.

Esta progresión es la directriz detrás del acto de "renunciar" y "darle la vuelta", lo que implica que usted no controla los resultados, comportamientos y prácticas de los demás, o de día en día decepciones que pueden desencadenar un retroceso en la conducta de edad. La idea de renunciar a puede ser especialmente sorprendente a numerosos codependientes que se han originado a partir de un hogar de la indiferencia, la coacción, abuso, o un padre opresivo. La construcción de la confianza es un procedimiento, sin embargo, como la confianza en un Poder Superior paso a paso se desarrolla, también lo hace la capacidad de dar y empuje hacia la conducta progresivamente práctica.

Independientemente de si usted tiene confianza en Dios o recuperarse de la codependencia, la realidad es frecuentemente agonizante. En cualquier caso, cuando la vida va bien, todo el mundo pierde amigos y familiares, es para el bienestar y diferente pierde, y en las patadas finales del cubo. Sea como fuere, en la decisión de la rendición propia voluntad, ya está listo para la vida reconoce con sensatez y con aplomo y es de esta manera listo para vivir con más éxito. Esto no mata a sus emociones; En realidad, se le autoriza a reconocer ellos y que puedan transmitir - sollozo en la remota posibilidad de que usted debe hacer un movimiento o que sea de su mayor ventaja. Negando la miseria cierra el corazón y la calidad dinámica y obstaculiza su risita. Porque es en la apertura a la experiencia existente, aparte de todo lo demás que su seguridad y satisfacción mentira real.

Esta progresión no implica que usted no tiene metas o se esfuerza hacia ellos. Sin importar lo que necesita hacer el trabajo de pies para lograr resultados que necesita; Sea como fuere, da instrucciones a abrazar el aquí y ahora y hacer un esfuerzo para no resultados de control y otras personas. A decir verdad, la organización y la acción podría ser en realidad lo que se requiere en el momento, en lugar de estrés o acuerdos restrictivos. Actualmente está justificada teniendo en cuenta cómo decidir cuando su propia voluntad está trabajando. Un maestro perspicaz dijo una vez, "la gente está tratando continuamente de reconocer su voluntad de la voluntad de Dios. Cuando las cosas funcionan, lo llaman la voluntad de Dios. En el punto cuando las cosas no lo hacen, lo llaman la propia voluntad."

La mayoría de los codependientes no tenían ayuda para la toma de decisiones crecimiento. Desgracia, además, la codependencia causa la duda y la ausencia de certeza. En el caso de que usted ha intentado una y otra vez a poner algo en marcha o alguien impacto y no ha logrado sus resultados ideales, tal vez usted está tratando de conducir su voluntad. En algunos casos, se puede hacer un intento decente para protegerse a sí mismo de dolor que usted se lastima en el último. O por el contrario que el estrés sobre las cosas que nunca suceden, mientras que la catástrofe golpea sorprendentemente fuera de la tierra de fantasía. El usuario no puede conocer la voluntad de Dios hasta que se intenta también, conoce a sí mismo y de la realidad mejor a través de la experimentación, el descubrimiento de lo que funciona y lo que no, y cómo se siente acerca de sus acciones y decisiones.

Paso 4- autoexamen

Los codependientes están tan centrados en torno a otros temas y de los demás que con frecuencia su propia conducta va sin examinar. La distracción con otros como la fuente de su miseria le permite escapar de las realidades difíciles sobre sí mismo. Usted puede ser ajeno en cuanto a cómo su propia conducta ha causado o añadido a su miseria. No es simplemente debido a las acciones de los demás, el destino, o la desgracia. Desarrollo está más allá del reino de la imaginación hasta que se enfrentó al hecho de la cuestión. En la actualidad, con más la atención de sí mismo, Paso Cuatro prescribe que componen una acción con miras a revelar ejemplos de las emociones y la conducta rotos.

Trate de no utilizar Cuarto paso de criticar o desgracia a sí mismo; más bien utilizarlo para la revelación de sí mismo, para revelar penetración en sus debilidades. Si lo hace, fabrica la atención de sí mismo, que es vital para la satisfacción, el desarrollo, y el desarrollo.

Un "de la ética" propone que algunas acciones son correctas y los demás están equivocados. Esto implica que se analiza a sí mismo ya sus acciones pasadas y honestamente toma un vistazo a sus emociones, inspiraciones, estados de ánimo, y "la naturaleza exacta de sus males" desde el punto de vista de la recuperación de la codependencia. En el caso de que usted hizo las prácticas de autodescubrimiento a lo largo de este libro, que acaba de iniciar una acción. Trate de no permitir que el Pandit para emitir un juicio sobre ti a medida que compone. Componer abiertamente, sin editar. Posteriormente, se le auditar sus acciones con un soporte, sea como fuere, pasar por alto que a medida que compone y enfoque en ser "valiente y buscar" según va levantando su pasado.

Paso 5- Compartir su culpa y arrastrando a otros

Paso cinco pide que usted se convierte en impotente y acogedor con su Poder Superior y descubrir la "naturaleza exacta" de sus errores. Es otro nivel de darse por vencido. La experiencia de su fragilidad y de la humanidad a través de la afirmación legítima de sus imperfecciones a sí mismo, Dios, y otra persona que se cree. La culpa, sentimientos de odio y desgracia incapacitante comienzan a disolverse con ternura y, con ellos, autoodio y el desánimo. A medida que se desarrolla su conciencia de sí mismo, también lo hace su autoestima. En el tratamiento, este procedimiento incluye la revisión de la juventud tormento y el desaliento, que construye la compasión por sí mismo, así como a otras personas.

Numerosas personas están en el borde sobre hojeando sus acciones. Es fundamental para elegir a alguien que no juzga de su confianza y sentido, que comprende el programa, que ha trabajado los pasos de antemano por su cuenta, lo que, es más, que ha sintonizado con las acciones de otra persona. Examinando su acción puede tomar más de una reunión, depende de su longitud y la minuciosidad de su apoyo. En un mundo ideal, el individuo puede ayudarle con sentimientos que distinguen, procesos, estados de ánimo, y las imperfecciones que pueda haber pensado ignorados, y criar a sus diseños y dónde ha acusado injustificadamente a sí mismo. Prepárese para tener un punto de vista receptivo, ya que esta es una gran posibilidad para averiguar acerca de sí mismo y ayudar a su peso. Se sienta las bases para cambios significativos en sus estados de ánimo y la conducta. A pesar del hecho de que el pasado no se puede cambiar, su visión de que tiende a ser. Se puede reparar, y las relaciones puede recuperarse cuando hay la capacidad de perdonar.

Regularmente las personas experimentan un peso importante levantado en la estela de compartir sus acciones.

Algunos no lo hacen, con el argumento de que se sienten culpables por sus debilidades. Agarrando la culpa ellos fortalecen y te mantiene pegado previamente. ¿Le mantener rechazando un compañero que realmente admitido? Practicar una compasión similar hacia sí mismo.

Paso 6- Abrazando los cuales son

Los pasos dan una disminución delicada y continua del ser interior y la voluntad propia como el punto focal de su vida. En primer lugar, concedes No Eres débil sobre los demás y que hay un poder más notable que tú; y después se le acerca a convertir su vida a ese poder. A continuación, está coordinado para almacenar sus defectos y más profundos, hechos deshonrosos información privilegiada y para impartir a Dios y otra persona.

Después de algún tiempo, se empieza a entender que la atención por sí sola no es suficiente. "Conseguir totalmente preparado" es el procedimiento de renunciar a "tener a Dios expulsar cada una de estas imperfecciones de carácter." Aquí Sexto paso varía desde el Paso Tres, que normalmente está conectada con ceder el control de las circunstancias o cosas fuera de sí mismo. Sexto paso subraya el procedimiento mental de cambio individual que se desarrolla a lo largo de la recuperación. Se habla de una mejora adicional de la autoaceptación y abre la puerta de entrada al cambio.

Los esfuerzos para el cambio pueden ser desconcertante. Para su consternación, usted encuentra que sus esfuerzos para cambiar y renuncian a sus desafortunadas tendencias y deficiencias que se benefician nada, independientemente de sus objetivos sinceros. Dado que usted percibe su conducta adictiva e inútil, que resulta ser perturbar progresivamente y torpe. viejas prácticas nunca más trabajan. ¡Tiende a enfurecer! Sea como fuere, sus esfuerzos no son que no tiene fin; que son cruciales, sin embargo, también lo es la súplica y la reflexión retratado en el Paso Once. A fin de cuentas, que pueden sentirse vulnerables o desanimado en evolución. Acercarse a este periodo con la autocompasión, con el argumento de que las manifestaciones de la codependencia y un gran número de sus prácticas rotos ayudaron a soportar, lo que, es más, esquivar otras cuestiones y tormento. Renunciar antes de reconocer lo' s en la tienda puede sentir la vida en peligro. Prevención refuerza su baja autoestima en el momento en que se sintió juzgado. Complacer a la gente originó a partir de la desgracia y el terror, y ha permitido a la sensación asociada y adorado. Al ser un supervisor ayudó a mantenerse alejado de la autorresponsabilidad, sin embargo, además, dio un sentimiento de valor y seguridad que usted sería necesario y no estaría lejos de todos los demás. Tal vez usted permitió el abuso sobre la base de que no se podía definir los límites o potencialmente dudaron en dejar una relación y se quedan sin ninguna otra persona. Se requiere una cierta inversión para cambiar en el que mejorada. Resultando ser segura de sí misma, autónoma, y el aumento de su autoestima requiere nuevas aptitudes. Complacer a la gente originó a partir de la desgracia y el terror, y ha permitido a la sensación asociada y adorado. Al ser un supervisor ayudó a mantenerse alejado de la autorresponsabilidad, sin embargo, además, dio un sentimiento de valor y seguridad que usted sería necesario y no estaría lejos de todos los demás. Tal vez usted permitió el abuso sobre la base de que no se podía definir los límites o potencialmente dudaron en dejar una relación y se quedan sin ninguna otra persona. Se requiere una cierta inversión para cambiar en el que mejorada. Resultando ser segura de sí misma, autónoma, y el aumento de su autoestima requiere nuevas aptitudes. Complacer a la gente originó a partir de la desgracia y el terror, y ha permitido a la sensación asociada y adorado. Al ser un supervisor ayudó a mantenerse alejado de la autorresponsabilidad, sin embargo, además, dio un sentimiento de valor y seguridad que usted sería necesario y no estaría lejos de todos los demás. Tal vez usted permitió el abuso sobre la base de que no se podía definir los límites o potencialmente dudaron en dejar una relación y se quedan sin ninguna otra persona. Se requiere una cierta inversión para cambiar en el que mejorada. Resultando ser segura de sí misma, autónoma, y el aumento de su autoestima requiere nuevas aptitudes. d ser necesario y no estaría lejos de todos los demás. Tal vez usted permitió el abuso sobre la base de que no se podía definir los límites o potencialmente dudaron en dejar una relación y se quedan sin ninguna otra persona. Se requiere una cierta inversión para cambiar en el que mejorada. Resultando ser segura de sí misma, autónoma, y el aumento de su autoestima requiere nuevas aptitudes. d ser necesario y no estaría lejos de todos los demás. Tal vez usted permitió el abuso sobre la base de que no se podía definir los límites o potencialmente dudaron en dejar una relación y se quedan sin ninguna otra persona. Se requiere una cierta inversión para cambiar en el que mejorada. Resultando ser segura de sí misma, autónoma, y el aumento de su autoestima requiere nuevas aptitudes.

Hasta que aprenda de ellos y expulsar la razón por la que las viejas tendencias sirven, continúan. Al final usted entiende que su fe en su capacidad para el control pone en una alucinación. El cambio ocurre en vosotros, pero no por sí mismo. Al borde de la miseria, el punto de inflexión final, se convierte en el momento decisivo - unos objetivos que nunca habría previstos o diseñados. Una oruga no puede imaginar se convierta en una mariposa encantadora.

Paso 7- usted mismo Humilde

Para cualquier longitud de tiempo que se intenta cambiar y acusate al mismo tiempo, no hay movimiento ocurre. Es posible llegar al punto en el que se rinde sin remedio. Por fin, se visualiza directamente la finalidad de quietud y reconocimiento y está preparado para recibir ayuda de un poder más notable que usted mismo. Paso siete recomienda que hace su consulta una fuente más allá de sí mismo. Se requiere humildad en relación a Dios. Esto no es una indicación de deficiencia, sin embargo, del desarrollo. Usted ha hecho una evaluación auténtica de sí mismo y sus impedimentos y entiende que muchas cosas están fuera de su control. Las ofertas de programas confían en que existe ayuda cuando se está preparado para beneficiarse a sí mismo de ella.

Todo el procedimiento de trabajo con su orgullo y carácter abandona progresivamente te hace impotente, de buena fe, y sin pretensiones - todos los necesarios en las relaciones sólidas. En el punto en que se sintió autosuficiente y en control, aún dependían de controlar a los demás y como expansiones de sí mismo. Con el reconocimiento de su propia fragilidad y deficiencias, se gana la simpatía y la capacidad para reconocer otros.

Paso 8 Una evaluación de los que podría tener dolor

Los primeros pasos deben moverá la compasión por otras personas. Ocho pasos y nueve fortificar que, con una fuente de inspiración. A partir de sus acciones y su auditoría con su apoyo, que causa una decadencia de las personas que han hecho daño, ¿cómo es posible que los haya hecho daño, y por qué se les debe a los cambios. Sus razones, objetivos sinceros y apoyos no son aplicables. En caso de que esté siendo cuestionable o albergar sentimientos de culpa o desdén, agregarlos a su carrera hacia abajo, ya que los pasos cuatro y nueve tienen la intención de aliviar de sus recuerdos y emociones insoportable. La parte principal de este paso, simplemente pide que haga una carrera hacia abajo. Hay algunas personas a las que se siente preparado para presentar la reparación adecuada - tal vez sus hijos.

Al principio, puede que no estar muy dispuestos a pedir perdón a las personas que, además, le han picado, por ejemplo, un compañero o padre opresivo. Eso está bien. Preparación puede venir. Aun así, ponerlos en su carrera hacia abajo. Trate de no saltar adelante y En visión presentando la reparación adecuada. Solicitud de que Dios apaciguar su corazón y le dan la fortaleza mental y la capacidad de ofrecer algún tipo de reparación. Perdón es para el bienestar de su propia y remendar. Regularmente, los codependientes indiferencia a sumarse a su decadencia. Algunos encuentran la presentación de la reparación adecuada a los demás mucho más simple que ofrecen algún tipo de reparación a sí mismos.

no debe ser algo que decir sobre toda la autoculpa, la autonegación, y el sacrificio que ha dispensado en sí mismo. ¿Tiene descuidado para mantenerse seguro con límites y mantenerse a sí mismo con apreciando la bondad?

Reparaciones Paso 9- Hacer

La gran mayoría tiene ansiedad cuando se observa con el ofrecimiento de algún tipo de reparación. Sin embargo, el Noveno Paso es una píldora dura que mantiene en la construcción de la quietud y la empatía. Usted está tomando obligaciones con respecto a sus acciones pasadas y cuidar de ellos detrás de usted tenga un nuevo comienzo - otro alquiler en la vida - en el que se practican las nuevas prácticas usted está aprendiendo en la recuperación. Numerosas personas, incluido yo mismo, han tenido encuentros optimistas que ofrecen algún tipo de reparación. Es increíblemente satisfactorio y verdaderamente apoya su autoestima.

Paso nueve prescribe hacer cambios "directos", lo que implica que los hacen en persona en cualquier punto concebible. Es, además, implica que usted se disculpa por conducta explícita, sin sumando Estoy hasta ("el corazón roto en la remota posibilidad de que te he hecho daño") o golpes alrededor de la zarza. En el caso de que el individuo está muerto o no se puede descubrir, descubrir métodos electivos para la presentación de la reparación adecuada. Por ejemplo, puede redactar una carta o visitar una tumba in situ. Es posible ofrecer su tiempo, dar a una filantropía, o ayudar a alguien en una situación como la persona a quien le debe revisa. Algunos revisan serán significativos, en el que está pagando en efectivo o devolver o suplantando cosas dañadas o tomadas. Eso' s fundamental que hable por completo cada cambio va a hacer con un soporte u otra confió en el manual para decidir si es apropiado y explícitamente lo que ha estado y de hacer. corrige vivir asimismo implica cambiar su estado de ánimo y la conducta en una relación que va por delante.

Paso 10- diario Nuevo examen

Pasos Diez al Doce son vistos como pasos de mantenimiento, a la luz del hecho de que la recuperación y el desarrollo de otra rara vez se terminaron, sin embargo, un procedimiento constante. Estos tres pasos sencillos dan dirección a continuar con una vida profunda. Se recomienda que se pueden iniciar desde el primer momento en la recuperación.

Los programas de Doce Pasos subrayan la conducta moral - tomar la mejor decisión, en oposición a la celebración hasta que sienta ganas de hacerlo. Paso Diez prescribe que se tome en curso de valores y, cuando mal, hacer breves cambia para mantener el nuevo comienzo en su asociación con uno mismo, así como a otras personas. El tiempo adicional que va después de los daños, el más problemático es elevar el dolor y perdón. Tiempo Del mismo modo se puede activar para defender su conducta y "pasar por alto" al respecto, sin embargo, recuerda el ajeno. En la remota posibilidad de que te das cuenta de que has herido a alguien, todavía hace bajar su autoestima. altera breves, además, avanzar deber auto, lo que, es más, la familiaridad con desafortunadas incorpora trozos de sí mismo. Cuando algo se siente mal, se ve que tiene algo que ver con ella y que' es tu obligación moral de actuar y cambiarse a sí mismo. La culpa se cambia más a asumir la responsabilidad por sí mismo. Esto expande la conciencia del impacto de sus palabras y acciones y avances de desarrollo, de solidaridad, de desarrollo, y la tranquilidad.

La totalidad de su trabajo difícil en los últimos pasos hace que se ve a sí mismo y su conducta aún más claramente. Se llega a apreciar su tranquilidad emocional sobre la culpabilidad por otra parte, se lamentan y entender que sus errores daño a sí mismo más que a nadie. Este paso mitiga contra pasar a la justicia propia, control, y el odio. En lugar de expresiones vacías de remordimiento, que ha recogido la libertad para legítimamente conceden cuando se está fuera de la base. Con frecuencia es a sí mismo que debe cambios. Una encuesta diaria que mantiene justo con uno mismo. Esto debería ser posible hacia el final del día. Hace que usted permanece por encima de su conducta codependiente para que no se deslicen una vez más en viejos propensiones. Control de dichos disminuye su recurrencia

hasta que se desvanecen. Recordar que sus acciones incorporaron sus beneficios.

Almacenar las cosas positivas que haces todos los días, también. Puede ser que sean menores o bondades logros, por ejemplo, la definición de un límite, lo que permite a alguien para avanzar más allá de usted en línea, llamar a un compañero de borrado, o la compra de flores por sí mismo.

Mientras que usted está moliendo, incluir cosas que estás agradecido por.

Paso 11- permanecer conectado al Poder Superior

A través de estas medidas lo ideal es que se ha llevado más cerca de cerraduras con su Poder Superior. Paso Once proporciona una guía clara sobre la mejor manera de crear, además, en vivo desde su enfoque profunda recientemente descubierta - su Ser. Sin embargo, se necesita el control de preguntar deliberadamente y pensar de forma rutinaria y el aspecto de dirección hacia el interior de Dios (a medida que Dios - su energía más alta). Esto aumenta su conciencia de sí mismo y fortalece su relación con su Ser real, no en sus falsas, auto codependiente. Avanza nueva conducta, al disminuir la reactividad Por otra parte, el temor que une el cambio y expandiendo la capacidad de recuperación de la tensión y el vacío como la conducta de edad y estructuras auto internas se apartan.

Paso tres (la entrega de su voluntad a la consideración de Dios) no es una elección de una vez y para siempre, ya que sin duda va a pasar por alto. Paso Once le recuerda que debe dar regularmente a la voluntad de Dios. Tanto la petición y la reflexión "mejorar" su asociación con Dios, cuando ensayado todos los días. Otra cosa, el nerviosismo, el control, y el retorno odio en reacción a las insatisfacciones y daños de la existencia diaria regular.

En cualquier caso, recordando a Dios por sus decisiones, se obtiene la certeza y la armonía que el nerviosismo y la ansiedad mitigar. Solicitando la dirección de su Poder Superior puede convertir en una propensión sonido. Usted encontrará que usted tiene un cómplice en la concreción de su vida y nunca más que depender exclusivamente de sí mismo. Paso Once implorantes orientaciones "sólo para información sobre la voluntad de Dios" en lugar de apelar a Dios por los resultados explícitos o dependiendo de sus antiguas propensiones a controlar a las personas y ocasiones, que conducen regularmente a la frustración. Súplica puede ser escritural o compuesta por usted u otros. Puede intercambiar con Dios en el papel o hablar con su energía más alta en su psique o por lo que cualquiera puede escuchar. Simplemente expresar las palabras, "Ayudadme" es una petición. Curiosamente, la contemplación es un acto de reflexión centrado con respecto a calmar a su psique sin ser ocupada por los problemas y las fijaciones con el fin de sintonizar para el curso de Dios. Las respuestas no pueden venir de inmediato, por lo que debe encontrar la manera de mostrar moderación.

Los codependientes experimentan dificultades con la persistencia. Ellos aceptan que tienen que hacer algo, y que compiten con energía que se mete más arriba. Paso Once recuerda a dejar de arreglos convincentes o agonizando sobre cómo una relación, el encuentro, posible empleado cumplir en marcha, acuerdo comercial, o la prueba serán los resultados. ¡Se anima a que se alinean con el arreglo de Dios - independientemente de si se caracterizas que a medida que el mundo real! A averiguar cómo rendirse a lo que es. Muy bien puede resumirse como: "Hágase tu voluntad".

Paso 12- Poner todo esto a la práctica

Esto es, con mucho, el paso más importante que todos los otros pasos no se materializarán en nada si se ponen en práctica deliberada.

Paso Doce peticiones que la práctica de estas normas en la totalidad de sus empresas, a la luz del hecho de que usted se lleva y su conciencia a cada relación, ocasión, lo que, es más, la interacción en el que se bloquean. Es insuficiente para ser sencillo con su cómplice sin embargo engañosa en sus interacciones profesionales, o estar enojado hacia su jefe aún no hacia sus compañeros. La explicación es que el alma también, la tranquilidad se ve socavada. A pesar de todo lo que está influenciado, y que es menos dispuestos a estar disponible para usted y sus conexiones más estrechas cuando la culpa o el odio merodea en las sombras de su psique.

Este paso, además, pide ser diferentes de la administración a los codependientes que están sufriendo. Paso Doce en él se reemplaza "codependientes" con "otros". Puede ser cualquier persona que está fuera de suerte y abierto a encontrar a cabo sobre el programa. Transmitir el mensaje no incluye el cuidado de los problemas de las personas o el empoderamiento de la codependencia. Tratar de no ser envuelto con temas de otra persona en el coste de cuidar de su propia. Esto es un retroceso. En la remota posibilidad de que sentirse enojado o are fijarse en la otra persona, es posible que haya descartado sus límites, Lo que, es más, probablemente sobrepasaron los de la otra persona. Transmitir el mensaje debe asimismo ser educado por los Doce programas Paso costumbre de depender de "atracción en lugar de avanzar." El enfoque más ideal para hacer esto es ser un model. Despite el hecho de que recomendar un programa de doce pasos puede ser adecuado, molestando a alguien a encontrar apoyo para su codependencia es codependiente y abusos paso uno. Por el contrario, ayudar a otras personas resuelven problemas y localizar sus propias respuestas sin la guía oferta. Mostrar empatía, establece los límites apropiados cuando importantes, y ayuda a explicar las alternativas del individuo, que pueden incorporar ir a una reunión o en busca de tratamiento.

Trabajar estos pasos requiere práctica diaria y cuidado. Numerosos recién llegados se dispusieron a trabajar los pasos en un par de meses, sin entender que están en una aventura. Usted es raramente totalmente envuelto. Eso no es debido a su deficiencia o un motivo de vergüenza, sin embargo, sólo espejos de su humanidad. La garantía de la aplicación de estas normas a su vida es el cambio. Usted sigue siendo básicamente lo que su identidad es, sea como fuere, verá su conducta y comportamientos cambio. A construir una brújula interna y no se conviertan en tanto reactiva sino más pacífico y agradecido.

EPÍLOGO

¿Es que valga la pena?

El viaje a la recuperación y la libertad de la codependencia es largo, de enormes proporciones, y requerirá tomar decisiones incómodas. Puede que tenga que poner fin a las relaciones seculares, acabar con sus "amigos", indirectamente a otros "Herido", y muchos más. También tendrá que hacer frente a la creación de una nueva marca personal, diferente a la del pasado. ¿Cómo sus amigos, la familia y la sociedad en general tomar esto?

Teniendo en cuenta la carga emocional, psicológico, mental y física, incluso esto tendrá en tú- pregunta obvia es, ¿merece la pena?

La respuesta a lo anterior la pregunta puede ser realizada por una sola persona y que eres tú. Pero ahora que lo pienso de los beneficios. Usted será libre de las ataduras emocionales; deja de vivir una vida en riesgo de depresión y / o suicidio; simplemente es dueño de su vida y tener el control de la misma. El proceso de recuperación sin duda merece todo el esfuerzo que pueda reunir.

Trastorno del apego

Superar el apego ansioso, el miedo al abandono, los celos, la ansiedad en las relaciones, el abuso narcisista. Construir una relación amorosa

Carmen Mannaia

Índice

Introducción

Las enfermedades psiquiátricas pueden surgir en niños pequeños que tienen problemas de vinculación emocional con otros. Ya en su primer cumpleaños, los padres, tutores o médicos pueden descubrir que un niño tiene problemas de apego emocional. A veces un padre lleva al hospital a un bebé o a un niño muy pequeño con cólicos graves y/o complicaciones de alimentación. Hay niños que aún luchan por engordar, muestran acciones distantes y son difíciles de tranquilizar. Los niños tienen problemas para comunicarse con la gente o tienen miedo de acercarse a extraños.

Y en sus primeras relaciones, la mayoría de los niños con problemas de apego han tenido complicaciones o retos significativos. Pueden haber sido heridos o ignorados física o emocionalmente. En un ambiente institucional u otro tipo de colocación fuera del hogar, algunos se han encontrado con un tratamiento deficiente. Los servicios residenciales, los hogares de guarda o los orfanatos son ejemplos de colocaciones fuera del hogar. En su principal cuidador, algunos han tenido varios reveses o cambios dolorosos. La causa precisa de los problemas de apego no está clara, aunque las pruebas demuestran que una posible causa es la insuficiente prestación de cuidados. A medida que el niño crece, los problemas físicos, emocionales y sociales asociados con los trastornos de apego pueden continuar. Los niños con problemas de apego pueden desarrollar dos formas potenciales de afecciones: El Trastorno de Apego Reactivo y el Trastorno de Interacción Social Desinhibida.

Debido a las interacciones desagradables con los adultos en sus primeros años, los niños con RAD son menos propensos a comunicarse con otros individuos. Cuando están ansiosos, tienen problemas para establecerse y no buscan apoyo de sus cuidadores cuando están angustiados. Cuando se comunican con las personas, estos niños pueden parecer tener pocos o ningún sentimiento. Cuando tienen actividades regulares con su cuidador, pueden parecer infelices, irritables, tristes o asustados. Cuando los síntomas se vuelven persistentes, se hace el diagnóstico de RAD.

Al ver a alguien por primera vez, los niños con DSED no se asustan.

Pueden ser demasiado educados, caminar para conversar con la gente, o incluso abrazarlos. Los niños más pequeños pueden animar a los extraños a que los recojan, los alimenten o jueguen con juguetes para ellos. No consultan con sus padres o tutores cuando estos niños se encuentran en una situación extraña, y siempre irán con alguien que no conocen.

A una edad temprana, la mayoría de los niños crean lazos relacionales estables con sus cuidadores. Cuando su cuidador falta, muestran una ansiedad saludable, y cuando se reúnen, muestran alivio. Sin embargo, ciertos niños experimentan problemas de dependencia porque sus padres no satisfacen sus necesidades. Estos bebés no se comunican con sus cuidadores y no desarrollan ningún tipo de vínculo emocional. Los problemas de apego son tratables, pero es necesario actuar a tiempo. Los niños con problemas de apego pueden tener complicaciones persistentes a lo largo de su vida sin medicación. Las interacciones de apoyo repetidas con un cuidador ayudan a crear un vínculo saludable para los niños. Cuando un adulto responde con comida, mejora o estímulo a los llantos de un bebé, éste descubre que puede confiar en el adulto para que lo mantenga seguro y atienda sus necesidades.

Los niños que están firmemente conectados se esfuerzan por desarrollar relaciones más fuertes con los demás y pueden resolver problemas fácilmente. Son capaces de hacer nuevas experiencias y experimentar independientemente, y tienen menos respuestas intensas al estrés.

Un estilo de relación inestable puede estar formado por niños que reciben reacciones desagradables o inesperadas de un cuidador. Pueden considerar a los adultos como poco fiables y es posible que no confíen fácilmente en ellos. Los niños con apegos inseguros pueden evitar a los individuos y exagerar la ansiedad. Reflejan molestia, terror y ansiedad. No participarán con los demás.

Un diagnóstico clínico completo y un plan de recuperación individualizado es importante para los niños que muestran síntomas de RAD o DSED. El tratamiento incluye tanto al bebé como a la familia. Los terapeutas trabajan para reconocer el vínculo entre el bebé y sus proveedores de atención primaria y para fortalecerlos. Sin cuidados, estos trastornos pueden perjudicar el crecimiento social y emocional del bebé. Los tratamientos como

Los métodos de "renacimiento" son potencialmente arriesgados y deben ser desalentados. Los trastornos psiquiátricos graves incluyen la disfunción de dependencia reactiva y la disfunción de interacción social desinhibida. Sin embargo, el compromiso estrecho y continuo entre las familias del bebé y el personal de atención puede aumentar las posibilidades de obtener un buen resultado.

Para afrontar mejor esta enfermedad psiquiátrica, este libro incluye valiosas estadísticas e información sobre la disfunción del apego, sus síntomas, causas, riesgos y tratamientos médicos.

Capítulo 1: Trastorno de Apego: Tipos, síntomas y causas

La enfermedad del apego es una enfermedad neurológica y emocional que se identifica a menudo a la edad de cinco años en los niños pequeños y también en los escolares.

Si bien el apego íntimo y la relación permanente entre un bebé y sus padres o cuidadores se forma típicamente durante los primeros seis a nueve meses después del nacimiento, la negligencia, la violencia o el abandono pueden contribuir a que estas fuertes relaciones no sean creadas por los niños pequeños Si un niño no obtiene el afecto y el cuidado anticipados que serían normales en un entorno familiar tradicional, entonces las dificultades persistentes de comportamiento, cognitivas y de confianza contribuirán a la creación de una disfunción de apego que influirá negativamente en su adolescencia y también en su vida posterior. Nadie entiende precisamente por qué ciertos niños tienen problemas de apego, mientras que otros no residen en el mismo ambiente. Sin embargo, los expertos concluyen que existe un vínculo entre los problemas de apego y el abandono o la privación sustancial, los frecuentes turnos de los cuidadores primarios o la crianza en entornos residenciales.

En el público en general, los problemas de compromiso son bastante poco comunes. El mayor peligro lo corren los niños en hogares de guarda o los que han sido institucionalizados.

Los grupos de mayor riesgo incluyen:

- Los niños que han experimentado varios proveedores de cuidado de crianza por separado
- Los niños que pasan tiempo en un orfanato
- Los niños que han sido testigos de numerosas experiencias estresantes
- Los niños que han sido arrancados de un cuidador primario mientras construyen una relación estable

1.1 Tipos de trastornos del apego
En el Manual de Diagnóstico y Predicción de los Trastornos Psiquiátricos se reconocen dos condiciones de apego distintas: interacción relacional desinhibida reactiva y trastorno de apego a los trastornos. Alrededor del primer cumpleaños de un bebé, estos síntomas también se reconocen. La falta de prosperidad o el desinterés en la comunicación son también las primeras señales de advertencia.

Trastorno de compromiso social desinhibido

El exceso de amabilidad hacia los forasteros es un síntoma clásico de la condición de interacción social desinhibida (DSED). Cuando un cuidador no está presente, un niño puede obtener consuelo de un desconocido, sentarse en el regazo de un extraño y no mostrar ninguna angustia.

Los niños con DEA a menudo no tienen la voluntad o la capacidad de registrarse con adultos de confianza hasta que salen de un entorno seguro y entran en un escenario extraño o peligroso. Los niños con este trastorno no tienen preferencia sobre los adultos de confianza y pueden buscar la atención de personas que no reconocen.

Disfunción del acoplamiento reactivo

La disfunción de apego reactivo es una disfunción de la infancia que requiere un fracaso en la búsqueda del calor de un cuidador. Un niño con apego reactivo puede resistir el confort físico de un cuidador, evitar el contacto con el ojo y ser hipervigilante.

La mayoría de los adolescentes que padecen el trastorno de apego reactivo muestran una serie de conductas.2 Estas conductas pueden implicar retraimiento, irritabilidad, falta de búsqueda de comodidad, no involucrarse con otros adolescentes y resistirse al contacto físico.

1.2 Síntomas del trastorno de apego

Se pueden reconocer los signos y síntomas de la disfunción del apego, en particular si el niño ya es un bebé. La disfunción del apego, por ejemplo, puede estar presente si el niño llora con una frecuencia inconsolable, o si el cuidador principal no reacciona adecuadamente a las necesidades del niño. Entre los indicios de que puede haber un problema de apego en un lactante figuran los siguientes:

Dificultad para expresar la ira

La disfunción del apego puede malinterpretar las señales sociales aceptables, con los niños

incapaz de contener o transmitir sentimientos de frustración. Esto puede incluir que el niño tenga rabietas o que "actúe" de otra manera.

Falta de contacto visual

Si un bebé es incapaz de mirarle a los ojos, podría sugerir dificultades de apego, pero

debes equilibrar esto con cualquier signo de disfunción de apego para descartar todas las demás causas potenciales.

Busca el afecto de los extraños

El deseo de perseguir cantidades a menudo excesivas de intimidad de extraños fuera de la unidad familiar es uno de los indicadores más significativos de que un niño experimenta una disfunción de apego, lo que sugiere que no tiene el amor necesario para desarrollar la lealtad hacia sus cuidadores.

Problemas para controlar su comportamiento

Esto puede ser un síntoma de disfunción del apego cuando un niño tiene problemas para controlar sus propias acciones, como por ejemplo no cambiar su comportamiento según se le instruye, porque no controla sus sentimientos de manera normal.

Falta de amor hacia los padres o cuidadores

El hecho de no mostrar amor a sus padres o tutores es otro indicio significativo de que un niño puede tener una disfunción de apego, lo que pone de relieve que la relación puede ser inestable o no estar presente en absoluto. Algunos síntomas de la disfunción del apego incluyen:

- Intimidar a las personas o hacerles daño
- No sonreír
- Los episodios intensos de irritación
- Comportamiento de oposición
- Mala regulación de los impulsos
- Actos autodestructivos
- Ver a la gente trabajar pero no poder participar
- Mal humor
- Aferramiento medio Aferramiento medio

Condiciones relacionadas

Académica, psicológica, física y conductualmente, se espera que los adolescentes con problemas de apego sufran. Durante la pubertad, también corren un mayor riesgo de tener problemas legales. Los niños con problemas de apego parecen tener un coeficiente intelectual más bajo, y corren un mayor riesgo de desarrollar dificultades con las palabras.

Es mucho más probable que tuvieran problemas mentales. Un informe clínico de 2013 que investigaba a niños con problemas de apego demostró que:

- El 29% tenía un trastorno de oposición desafiante
- El 52% tenía TDAH
- El 19% tenía TEPT
- El 29% tenía un trastorno de conducta
- El 14% tenía una fobia
- El 14% tenía un trastorno del espectro autista
- El 1% tenía un trastorno de tic

En general, además de desarrollar un problema de apego, el 85 por ciento de los niños tienen otra enfermedad médica.

1.3 Causas del trastorno de apego

El trastorno de apego suele ocurrir antes de los cinco años de edad en la mayoría de los casos, y suele desencadenarse por una especie de negligencia o violencia por parte de un cuidador primario. Toda circunstancia en la que un niño no haya podido desarrollar una relación o haya sido separado de sus padres puede contribuir a las dificultades de apego. Los niños que corren un mayor riesgo de sufrir una disfunción del apego son los que más casos presentan:

- Los niños que han sido ignorados o explotados
- Los niños que han sido criados en instalaciones de tratamiento
- Los niños que han pasado entre una variedad de múltiples proveedores de tratamiento o padres adoptivos
- Los niños que han sido segregados de sus padres
- Los niños cuyos tutores son adictos a los opiáceos o al alcohol
- Los cuidadores tienen pocas credenciales parentales
- La frustración materna se refiere a
- Incompetencia materna
- Los padres con discapacidades mentales
- Susceptibilidad materna a la cocaína o al alcohol

Un niño quiere amor y aceptación de forma natural, así como ser capaz de desarrollar el respeto y la confianza en sus padres para proporcionarles sus necesidades esenciales. Los efectos perjudiciales de ignorar o descuidar los gritos de hambre o los cambios de pañales de un bebé o infante los dejará sintiéndose perdidos. Si no adquieren el sentido de apego que necesitan para forjar fuertes conexiones en el futuro, esto contribuirá a la preocupación de que el mundo sea un lugar peligroso para ellos.

1.4 Relación con los trastornos de la personalidad en la edad adulta

Por sí solos, los bebés no pueden desarrollarse a partir de problemas de relación. A medida que crecen, sus signos pueden mejorar, pero si no se tratan, es probable que tengan preocupaciones crónicas hasta la edad adulta, incluyendo problemas para controlar sus emociones.

También es posible atribuir los problemas de compromiso a características psicopáticas. Una investigación de 2018 mostró que los adolescentes con problemas de apego eran más propensos a mostrar características insensibles y no emocionales. Si bien hay pruebas de que ambos están relacionados, no hay indicios de que los problemas de apego lleven a una entidad a adquirir un trastorno de personalidad antisocial.

Capítulo 2: Cómo superar el apego ansioso

En ambos, hay un elemento que anhela pertenecer. Es nuestra seguridad, nuestra seguridad. Nos asegura que debemos descansar, que los demás están ahí para abrazarnos, para apreciarnos, para felicitarnos, y, cuando no podemos, para protegernos. Implica que somos importantes.

Normalmente nos curamos después de una única desconexión relacional. Al convertirse en una rutina, la curación se siente intangible e inalcanzable, ya que alguien más está "destinado a estar ahí" y encuentra oportunidades para que nos desconectemos o desaparezcamos de forma regular. Hacemos elecciones autodeterminadas, reclamando, "No soy deseado". Tengo que ser defectuoso.

2.1 Las personas con trastorno de apego se quejan de la falta de afecto y amor

Muchos de los que aterrizan en el lado nervioso de la conexión también son conscientes de que están buscando a alguien como medio para contener su violencia. Pueden sonar "pegajosos". Muchos sonidos se descartan rápidamente o se descartan mientras se vive en este estado, enfadándose mientras los cónyuges luchan por estar a la altura de los estándares esperados. Rápidamente caen en pánico interno en guardia, sintonizados con las señales de los que abandonan, expresando acciones de protesta en esfuerzos a veces vanos para evocar respuestas amorosas. Pueden excusar o excusar a los compañeros por la sumisión, prefiriendo discutir (y seguir discutiendo) porque se siente mejor que no tener ninguna relación, porque no hay otra opción posible por la consideración.

Al tratar de lograr la aceptación de su pareja, los que están en este modo renuncian a sus propios intereses, poniendo las necesidades de supervivencia por encima de la honestidad. La "verdadera" identificación de su cónyuge es a veces menos crítica que la realidad de que el cónyuge se presenta como accesible sólo el tiempo suficiente para mantener una apariencia de afecto para el individuo en cuestión. Esto puede hacer que sus compañeros se sientan como cuidadores intercambiables, mientras que la autojustificación proporciona un caso paradójico para la persona ansiosa: "No invertiría demasiado tiempo en alguien que no es" el elegido. Enamorados del concepto de persona, otros se han referido a esto como "vinculación de fantasía", a veces faltando elementos incómodos.

Muchas personas ansiosamente conectadas se dan cuenta de que se han preocupado demasiado por

su propia incomodidad y desregulación en tiempos más tranquilos, después de la realidad, que han dejado de captar señales relacionales no habladas de los cónyuges que pueden haber contribuido a los sentimientos de apego e intimidad compartidos.

2.2 Relación ansiosa con el yo

El miedo en sí mismo a menudo se convierte en el adversario, y la personalidad angustiada crea tácticas para ocultarlo o contenerlo, pensando, "Si la gente ve este miedo, puede que me abandonen". Este mensaje en sí mismo perpetúa la tensión interpersonal, amplificando el dolor a medida que las piezas interpersonales se polarizan.

Aunque muchos, atrapados por el miedo, trabajan intensamente en compañía de otros (lo que puede ser considerado como un reto por otros), pueden encontrar actividades difíciles de realizar cuando están solos. A menudo, encuentran que su motivación se disuelve en la falta de una tranquilidad continua. Cuando no están en compañía de alguien, pueden reconocer la ausencia de la percepción de su propia identidad.

Por muy cómoda que se vuelva la desesperación emocional, pueden darse cuenta de que no saben cómo estar al respecto cuando se les ofrece verdadero afecto. Tal vez se caiga de golpe. Tal vez se convenzan a sí mismos de que simplemente están solos. Puede que se desvíen o se saboteen a sí mismos. Invoca tanta culpa, tomando porciones del yo que no saben cómo llegar a la conciencia.

2.3 Orígenes del apego ansioso

El desarrollo del apego ansioso, que reclama tanto la naturaleza como la crianza, está definido por varias teorías. Una de las más influyentes enmarca al cuidador como alguien que se siente abrumado por la emoción de su hijo. Puede ser un padre que disfruta o respeta al bebé pero que aún se siente perdido, fuera de sincronía, como si no hubiera manera de consolar al bebé. Esto es una desgracia o una empatía inexacta. Por supuesto, al gritar, el niño obtiene más afecto, enseñándole así a usar las rabietas como principal medio para obtener afecto y satisfacer sus necesidades de protección.

Otra hipótesis, que puede funcionar de acuerdo con lo anterior: el cuidador

induce deliberadamente (incluso subconscientemente) a la dependencia de su bebé que lleva heridas de abandono, lo que significa que el niño las quiere y se queda con ellas. Por lo tanto, para satisfacer las necesidades, el infante de este enfoque de crianza está condicionado a seguir siendo un infante, a tomar una posición de dependencia en las relaciones interpersonales.

2.4 Estilos de apego ansioso e intimidad

Hay tres formas distintas de estilos de apego: protegido, nervioso y resistente.

Los individuos conectados de forma segura suelen tener una educación segura, y son más fuertes al moverse acostumbrados a las conexiones interpersonales. La gente que es nerviosa y evasiva considera el amor más como una batalla. Esto se atribuye principalmente a los abusos de la primera infancia, como el abandono, la mala disciplina o una relación abusiva.

Y el más solitario de los seres humanos requiere el contacto humano. Así que el confinamiento solitario es un método de tortura tan efectivo. Desde el día en que nacimos, estamos claramente conectados y comenzamos a llorar por nuestras madres.

Cuando crecemos, sabemos cómo establecer conexiones con otros individuos y nuestros primeros encuentros con las relaciones románticas tienen una gran influencia en cómo tratamos la conexión potencial.

Comienza con la forma en que nuestros padres nos responden, luego nos influyen más ciertos encuentros con compañeros, maestros y nuestras primeras relaciones íntimas. Nos regimos por los cuentos. Esto puede ser educación, puede ser un encuentro traumático, o una conexión, puede contribuir a historias sobre nosotros, como "No soy lo suficientemente bueno", "No soy merecedor", "No soy digno de ser amado". Nuestras historias pueden posicionarnos en algún lugar de un amplio continuo sobre cómo manejamos las relaciones. Aun así, los individuos pueden ser categorizados en tres grupos sobre cómo se vinculan con los demás: resistentes, nerviosos y seguros.

Fijación segura

Alrededor de la mitad de la población tiene un tipo de conexión segura y estable. Esto indica que están relajados con el afecto, por lo que sus relaciones parecen ser más satisfactorias.

Típicamente, la protección surge de mantener una asociación estable con los padres, donde pudieron salir y descubrir el mundo cuando eran niños, pero aun así se sienten seguros y protegidos. Esto se expresa por no asfixiar a su compañero en la madurez, y permitirles vivir una vida independiente - al mismo tiempo que reconocen cuando ser sinceros, amigables y acogedores.

Los individuos seguros son mejores en reconocer las deficiencias de su compañero, y están abiertos a lo que necesitan. No engañan ni juegan porque tienen una autoestima bastante alta. Incluso en la confrontación, están mejor equipados para hacer sus argumentos sin ponerse demasiado a la defensiva cuando responden a las quejas de su compañero, así no se ven arrastrados a un ciclo perpetuo de culpa y batalla.

Los que tienen un buen estilo de relación estable suelen exhibir al menos un par de los siguientes rasgos:

- Una mayor madurez emocional.
- Capaz de expresar los sentimientos de manera apropiada y constructiva.
- Capaz de dar y obtener mensajes de afecto positivos.
- Capacidad de trazar límites seguros, correctos y justos siempre que sea posible.
- Sentirse seguro, así como estar a solas con un amigo.
- Tienden a adoptar una visión constructiva de las relaciones e interacciones con las personas.
- Es más probable que se ocupe de los problemas interpersonales en la fase

- Abordar las cuestiones relativas a la solución de problemas, en lugar de atacar a una persona.
- Resistencia en la ruptura de la conexión facial. Capaz de afligirse, de aprender y de seguir adelante.

La gente con la forma estable de compromiso no es impecable. Como todo el mundo, tienen altibajos, y se enfadarán si se irritan. Eso significa que su enfoque maduro general de las asociaciones permite que esta sea la más saludable de las cuatro formas de conexión adulta.

Apego ansioso

Las personas que están ansiosamente apegadas son extremadamente infelices y nerviosas por ser demasiado o demasiado poco para la persona con la que están saliendo, y lo encuentran todo extremadamente personal. A lo largo del momento, no existen realmente, sino que ponen muchas expectativas altas en su relación y se vuelven adictos a su futuro.

Esto se debe principalmente a que quieren describir, rescatar o completar su asociación. Se aferran a su pareja, ya que tienen miedo de estar aislados.

Las personas que están angustiadas acaban realizando actos que alejan a su compañero, porque se convierten en una profecía que se cumple. En otros términos, lo están perdiendo al ser incapaces de mantener su vínculo.

También se vuelven pegajosos, controladores o posesivos con su pareja, ya que se sienten inseguros de las intenciones de su pareja e inseguros en su relación de pareja. También pueden ver el comportamiento individual de su pareja como una afirmación de sus ansiedades. Para empezar, si su pareja comienza a socializar más con sus amigos, pueden decir: "¿Ves? Realmente no me respeta". Esto indica que me está dejando. Tenía razón al no creerle.

Aquellos con un estilo de apego pesado y preocupado parecen exhibir al menos varios de los siguientes rasgos de manera consistente:

Propenso a sentirse más inseguro y menos confiado con respecto a las relaciones en general, particularmente las relaciones románticas.

Inclinado a tener muchos estresantes dependientes de los acontecimientos reales e imaginarios en las relaciones. Tales estresantes pueden manifestarse a través de una variedad de posibles problemas como la necesidad, la posesividad, la envidia, el poder, los cambios de humor, la hipersensibilidad, las obsesiones, etc. Reacio a ofrecer a la gente el beneficio de la duda, una propensión a contradecir inmediatamente el razonamiento cuando se analizan los pensamientos, palabras y acciones de los demás.

Para sentirse seguro y bienvenido necesita ser acariciado continuamente con afecto y afirmación. Responde negativamente si no se le da la retroalimentación constructiva diaria. Trabajó activamente en (a veces inventando) problemas de asociación para obtener afirmación, tranquilidad y aprobación. Otros están más relajados con las asociaciones tormentosas que con las tranquilas y agradables.

No me gusta estar solo. Intenta estar solo.

Registro de tumultuosas aventuras románticas.

En un esfuerzo por aliviar su inseguridad con respecto a los matrimonios, a menudo juegan juegos para ganar interés a lo largo de su relación. Puede ser actuando de forma egoísta, intentando dar envidia a su pareja, o retirándose y no escuchando las llamadas o mensajes. Nunca resulta satisfactorio, porque terminan tentando a otros en el tercer tipo de compromiso: resistir.

Evitar el apego

Los individuos con un estilo de comunicación evasiva ignoran totalmente las asociaciones, o el hecho de tener a alguien nuevo, con el que se encuentran, a distancia. Pueden arruinar sus romances florecientes de la nada, porque están aterrorizados de que su nueva pareja los abandone, así que entran primero.

Esto es importante para dividir a los individuos que se resisten a comprometerse en dos categorías: negativos y temerosos.

Estilo de apego despectivo-evitante

Los evasores despectivos parecen aislarse físicamente de su pareja y, por lo tanto, parecen estar excesivamente concentrados en sí mismos. Aquellos con un estilo de relación displicente-evadente parecen exhibir consistentemente al menos un par de los siguientes rasgos:

- Fuertemente autodirigido y autosuficiente.
- Compórtese con seguridad mental y social.
- Quitar el verdadero afecto que deja a uno inseguro, lo que puede poner responsabilidades morales en el Despreciador-Evitador.

Física y emocionalmente deseo de liberación ("Nadie me pone una correa"). Asusta a los que se acercan demasiado ("Necesito espacio para respirar.") Ciertos intereses de la vida también superan a una asociación íntima, como el trabajo, la vida social, las aventuras y ambiciones personales, los viajes, el disfrute, etc. La pareja a veces se omite en estos casos, o tiene una posición mínima.

A algunos les preocupa la dedicación. Algunos tienden a ser solteros en lugar de establecerse. Priorizan la soberanía sobre todo lo demás, incluso en las relaciones de dedicación.

Puede tener varios amigos pero pocas conexiones muy cercanas.

Muchos pueden ser arrogantes y/o pasivo-agresivos.

Estilo de apego temeroso y evasivo

Los que tienen un claro estilo de apego temeroso y evasivo parecen manifestar consistentemente al menos varias de las siguientes características:

Frecuentemente se correlacionan con experiencias de vida intensamente estresantes como la tristeza, la alienación y la violencia.

Desea pero evita el afecto simultáneamente. Mucha disputa social.

Luchar con tener fe en los demás y depender de ellos.

Aniquilación de la ansiedad, en el amor, en situaciones íntimas, física y/o emocionalmente.

Al igual que el Modelo Ansioso-Preocupado, desconfía de los pensamientos, expresiones y comportamiento de los demás.

Comparado con el estilo de evasión despectiva, separan a los individuos y tienen lazos muy íntimos.

Los evasores temerosos odian acercarse o alejarse demasiado de sus amigos, lo que significa que no podrán mantener sus sentimientos bajo control, se molestarán rápidamente y experimentarán cambios extremos de humor.

Desde el modelo de trabajo, ven sus asociaciones que necesitan ir hacia otros para satisfacer sus necesidades, pero si se acercan a otros, los perjudicarán. Esto es para añadir, que el que eligen para correr en busca de ayuda es el mismo al que tienen miedo de acercarse. Como consecuencia, puede que no tengan un plan coordinado para llevar a la gente a satisfacer sus necesidades.

Los seres humanos son organismos patrones, que a menudo replican hábitos para explicar el declive de los anteriores. Se llama adicción repetida en psicología porque simplemente implica que se busca reparar el pasado intentando circunstancias específicas o individuos que alguna vez lo perturbaron.

Relaciones y desafíos ansiosos-evitantes

A las personas evasivas y nerviosas siempre les atrae crear parejas (es un elemento de su patología) en las que las distintas características mentales conducen a una pareja muy tensa.

Dentro de una sociedad, un individuo ansiosamente conectado puede tener la sensación estereotipada de no ser suficientemente respetado y valorado. Les gustará - se dicen a sí mismos - demasiada cercanía, ternura, contacto e intimidad y están persuadidos de que tal matrimonio podría ser factible. Sin embargo, la persona con la que están les parece dolorosa y humillantemente distante. Parece que desean algo tanto como lo que les están dando. Se angustian profundamente por su fría actitud y aislamiento y lentamente caen en un estado de auto-odio y alienación, sintiéndose no amados y confundidos, así como vengativos y resentidos. Podrían permanecer callados sobre sus quejas durante mucho tiempo, antes de que el pánico irrumpa inevitablemente. Y si es un momento realmente incómodo (tal vez su pareja esté cansada porque ya pasó la medianoche), no estarán dispuestos a concentrarse en abordar los problemas de inmediato. Este tipo de batallas inevitablemente van muy mal. El amante agitado pierde la calma, exageran y con un empuje tan vicioso de su objetivo a casa que dejan a su compañero pensando que están locos y son crueles.

Un compañero que esté firmemente conectado sabrá cómo calmar el problema, pero uno evasivo puede no hacerlo. Trágicamente, esta parte ignorante despierta el miedo en su nervioso compañero. El compañero evasivo se retira inconscientemente bajo presión para estar más fresco y más apegado y se siente estresado y acosado. Se enfría y se retira del escenario aumentando aún más la incomodidad del cónyuge. Bajo su silencio, como ellos dicen, el evasor odia sentirse "controlado"; tiene la sensación de que está en, innecesariamente oprimido y distraído por la "necesidad" del otro. Pueden fantasear en secreto con irse absolutamente a tener sexo con alguien más, con suerte con un completo extraño o ir al otro apartamento y estudiar un libro, pero ciertamente no uno sobre psicología.

Como a menudo, la respuesta es simplemente información. Hay una gran brecha entre actuar sobre los impulsos evasivos o nerviosos de uno y saber, lo que podría ser mejor, por qué los tiene, darse cuenta de dónde vienen y justificar a los demás y a nosotros mismos por qué nos dejan hacer lo que hacemos. No podemos estar absolutamente enamorados - la mayoría de nosotros - pero podemos ser casi tan positivos: podemos criar en personas que se dediquen a aclarar nuestro comportamiento malsano y lleno de sufrimiento en el mejor momento, antes de que nos lastimemos y molestemos tanto a los demás - y disculparnos por nuestras acciones después de seguir su curso.

Rompiendo el ciclo

Los que manifiestan un apego estable, siguen siendo buenos compañeros, los que son principalmente los otros tres tipos pueden seguir teniendo relaciones productivas. Cualquiera de los factores clave para el crecimiento de una relación exitosa son la conciencia de sí mismo, el interés mutuo, el deseo compartido de aprender y la confianza para buscar asistencia médica cuando sea necesario. Sin embargo, la ausencia de esos elementos puede crear problemas de incompatibilidad entre las relaciones.

La mayoría de la gente no cambia su estilo de apego. Pero hay varios métodos que pueden cambiar el suyo, incluyendo el asesoramiento, e incluso el mantenimiento de las asociaciones con otros que están firmemente vinculados.

Más notablemente, la mitad de la lucha se trata de entender el tema. Cuando eres consciente de cómo te atas a alguien, serías más capaz de entender si respondes de una manera que está específicamente ligada a tus ansiedades. Al ser conscientes de su tipo de relación, tanto usted como su pareja podrán cuestionar las inseguridades y preocupaciones reforzadas por sus antiguos modelos de trabajo y crear nuevas formas de conexión para mantener una relación íntima y gratificante.

Si bien los síntomas mencionados anteriormente sugieren que usted podría tener un tipo de relación ansiosa, tampoco son simples marcadores. Alguien puede estar celoso y no estar ansioso, por supuesto, pero si muchos de esos indicadores se alinean con usted, definitivamente es alguien con un tipo de relación nerviosa. No te preocupes si ese es el caso.

La razón para describir tu tipo de apego es conocerte más a ti mismo. Puedes ayudar a trabajar hacia una mejor asociación entendiendo los hábitos que desencadenan tu incomodidad de pareja. A continuación, se presentan formas de mejorar su comportamiento o, si descubre que tiene un apego ansioso, trabaje con su pareja:

Empieza a ser más consciente de ti mismo

Cuando los hábitos nerviosos surgen, es crucial darse cuenta. Tal vez usted se desencadene por esas circunstancias o por algo que haga su cónyuge.

Pregúntese qué cree que provocó las acciones y por qué respondió de la manera en que lo hizo. El espacio para mejorar puede generarse a través del mero hecho de ser más consciente de sus acciones.

Sea abierto con su pareja acerca de su estilo de vinculación

Con suerte, tu compañero entiende; si continúas moviéndote con hábitos disfuncionales, vas a necesitar a alguien así.

Hazle saber a tu esposa tus preocupaciones por conseguir un estilo de apego ansioso cuando estés relajado y no en una discusión. No es nada de lo que avergonzarse; escuchar este aspecto de usted de su pareja le ayudará a apreciar mejor sus hábitos y a ofrecer ayuda cuando sea necesario.

Lleva un diario

No me refiero a "Querido Diario" cuando digo "libro", como podría hacer una niña de 12 años. Hablo más bien de un diario de pensamientos o sentimientos. Escribir las actividades o actos de otras personas que te hacen sentir nervioso o asustado. Muchas veces, para ser un poco más objetivo, lo que se necesita es tenerlo escrito en un papel. Para que le resulte más fácil expresar sus necesidades, también puede compartir este diario con sus seres queridos.

Centrarse más en el presente que en el futuro

Un patrón de funcionamiento de los hábitos de los que tienen un tipo de apego inseguro es un miedo por el futuro.

Si te preocupas constantemente de lo que puede pasar, entonces no estás concentrado en lo que está pasando. Puede que te falten signos de que tu asociación es mucho más fuerte de lo que crees. Podrías ver que las pequeñas cosas también desaparecen; las que podrían ofrecerte el mayor placer.

Encuentra un terapeuta que te ayude a trabajar en tu pasado

Si encuentras que tus antecedentes juegan un papel importante en tus acciones, busca un terapeuta que te ayude a desentrañar los problemas y a darles sentido.

Para lograr exactamente esto, los terapeutas están equipados con equipos. No rehúyas comprometerte con un profesional competente de tu pasado; yo lo hice, y aprendí mucho sobre mí mismo que me ayudó a construir mejores asociaciones. No quiero que suene sombrío tener un apego ansioso; siempre hay mucho espacio para tener asociaciones satisfactorias.

Aunque me concentro a través de algunos de mis hábitos ansiosos, no intento revisar totalmente mis hábitos. Tanto para mí como para mi pareja, he llegado a un encantador punto medio que me ayuda a sentirme segura. Todo comenzó con la revelación, sin embargo, de que tengo una forma de relación ansiosa. Eso, junto con el tiempo, la madurez y la consideración hacia mí mismo, me ha llevado a donde estoy ahora.

Terapia para los ansiosos: Vinculación con el yo

Todos nos dirigimos a estados más jóvenes en momentos de tensión interna. Nos alejamos del capital actual, apelando a los padres más que a las parejas. Volvemos a las percepciones, aspiraciones y tácticas adquiridas a una edad temprana, a menudo con cónyuges adultos. En el espacio vacío, nos convertimos en el niño, sintiéndonos vacíos antes de que se llene de nuevo. También nos convertimos en un niño que juega en nuestro lugar, protegido, lejos de las necesidades o ataques de la casa, esperando que nadie venga a la puerta.

Invariablemente, los que se encuentran en el extremo nervioso del continuo se encontrarán encontrando estrategias para construir un sistema de apoyo interno con el fin de recuperar y minimizar la dependencia de los demás, algún aspecto del yo que sigue siendo poderoso, fiable, sin ser amenazado por la emoción extrema. Esto puede describirse como "autovalidación" o como un "padre interno".

Sin embargo, al principio, instintivamente se esfuerzan por ofrecer esta ayuda, afirmación y testimonio a otros, familias, cónyuges y terapeutas. Pueden afirmar, "Esta no es la forma en que la vida se supone que debe ser". "Se pretende que estemos dispuestos a depender de los demás".

Algunos podrían reconocer, tal vez una desgracia en ello, una aversión a la tarea de asesoramiento. La autosuficiencia o la autocomplacencia pueden ser consideradas como una solución secundaria, sólo utilizada mientras se lucha por pertenecer al planeta. "Internamente y a través de su psiquiatra, ellos experimentan tensión, sintiéndose humillados mientras aún se sienten víctimas en las relaciones:" Yo soy el que se siente tan devastado cuando la gente me abandona. Sin embargo, sugieres que estoy jugando un papel en eso.

Capítulo 3: Miedo al abandono

La ansiedad primordial de que los que están cerca de ti lo dejen es el miedo al abandono. El miedo al abandono puede ser establecido por alguien. Puede estar profundamente arraigado en un encuentro doloroso que tuvo en la edad adulta cuando era niño o en una asociación perturbadora. Puede ser casi difícil mantener una relación estable si tienes miedo al abandono. Para dejar de estar herido, esta ansiedad paralizante hará que te desprendas de ti mismo. O puede que estés saboteando asociaciones sin querer.

Reconocer que te sientes así es el primer paso para conquistar tu ansiedad. Por su propia cuenta o a través de asesoramiento, estará dispuesto a enfrentar sus miedos. Sin embargo, la aprehensión del abandono también puede ser parte de una condición de personalidad que requiere tratamiento. Para discutir los orígenes y las implicaciones a largo plazo de una preocupación de abandono y dónde puede buscar ayuda, continúe leyendo.

3.1 Tipos de miedo al abandono
Tendrás miedo de que alguien a quien respetes se vaya físicamente y no regrese. Te preocupará que tus necesidades emocionales puedan ser descuidadas por otros. En las relaciones con un padre, una novia o una pareja, cualquiera te mantendrá alejado.

Miedo al abandono emocional

Puede ser menos notorio que estar literalmente desierto, pero no es menos doloroso. Sólo tenemos requisitos personales. Puede que te sientas poco querido, poco apreciado y aislado cuando esas necesidades no se satisfacen. Y cuando estás en una amistad con alguien que está físicamente allí, puedes sentirte muy solo. Si, particularmente cuando era un bebé, ha sufrido abandono emocional en su pasado, vivirá con el temor constante de que pueda ocurrir de nuevo.

Miedo al abandono en los niños

Para los niños pequeños y los bebés, pasar por un período de ansiedad de divorcio es completamente natural. Cuando un padre o un cuidador necesita dejar de fumar, pueden gritar, enojarse o negarse a dejarlo ir. En este punto, los niños tienen dificultades para saber cuándo o si

el individuo regresaría. Superan su ansiedad cuando continúan dándose cuenta de que los seres queridos han vuelto. Con la mayoría de los niños, esto ocurre durante su tercer cumpleaños.

Preocupación por el abandono en las relaciones

En una relación, puede que tengas miedo de dejarte impotente. Puedes tener problemas de fe y estrés sobre tu pareja innecesariamente. Eso puede hacer que su pareja sospeche de usted.

Sus ansiedades pueden afectar al otro individuo para retroceder en el tiempo, prolongando el ciclo.

3.2 Síntomas del miedo al abandono

Puede que conozca alguno de estos síntomas e indicaciones si teme el abandono:

- Extremadamente vulnerable a las críticas
- Luchando por confiar en alguien
- Dificultad para hacer amigos hasta que puedas estar seguro de que te quieren
- Tomar medidas drásticas para desalentar la separación
- Patrón de asociación poco saludable
- Estar tan fácilmente unido a los demás, y luego seguir adelante casi tan fácilmente
- Es difícil comprometerse con una sociedad
- Trabajando demasiado para que el otro tipo lo satisfaga
- Culparse a sí mismo si las cosas no funcionan
- Elegir permanecer en una relación aunque no creas que sea seguro...

3.3 Causas del miedo al abandono

En su relación actual, ya sea que tema el rechazo, podría estar relacionado con haber sido abandonado física o mentalmente en el pasado. Por ejemplo:

Puede que hayas presenciado la muerte o el abandono de un padre o cuidador cuando eras niño.

Puede que hayas sido testigo de la negligencia de los padres.

Tus colegas podrían haberte despedido.

Has pasado por la enfermedad prolongada de un ser querido.

Una pareja romántica puede haberte abandonado inesperadamente o haber actuado de forma poco fiable.

Estas actividades darán lugar a un temor de abandono.

3.4 Trastornos y miedo al abandono

El miedo al abandono puede dar lugar a algunas condiciones mentales que con el tiempo se transforman en trastornos mentales.

Trastorno del comportamiento evasivo

El trastorno de la personalidad es lo que puede causar el miedo al abandono, culminando en que la persona se sienta inferior o socialmente inhibida. Cualquiera de estas indicaciones y signos son:

- Nerviosismo
- Débil autoestima
- Intensa aprensión de ser rechazado o juzgado negativamente
- Molestia en circunstancias sociales
- Evadir las operaciones de la compañía y la alienación social autoimpuesta

Trastorno de personalidad límite

Otra condición de la personalidad en la que el miedo extremo al abandono puede jugar un papel importante es el trastorno límite de la personalidad. Otras indicaciones y signos adicionales pueden incluir:

- Matrimonios disfuncionales
- La imagen de sí mismo deformada
- Seria impulsividad
- Cambios de actitud y frustración inapropiada
- Dificultades para vivir aislado

Algunas personas con trastorno límite de la personalidad afirman haber sido explotadas emocional o físicamente cuando eran adultos. Otros terminaron en constantes conflictos o vieron a miembros de sus hogares con la misma enfermedad.

Trastorno de ansiedad por divorcio

Pueden padecer el trastorno de ansiedad por separación si el bebé no puede superar la ansiedad por divorcio y ésta afecta a las actividades cotidianas. Otros síntomas e indicadores del trastorno de ansiedad por separación pueden implicar:

- Ataques de pánico
- El dolor de la perspectiva de ser dividido de los seres queridos
- Rechazo a salir de casa o a quedarse solo en casa sin un ser querido.
- Las pesadillas que incluyen la alienación de los seres queridos
- Cuando no se trata de los seres queridos, los síntomas de salud, como el dolor de estómago o el dolor de cabeza,
- Los adultos y los adolescentes también pueden sufrir el trastorno de ansiedad por divorcio.

3.5 Efectos a largo plazo del miedo al abandono
Los efectos a largo plazo del miedo al abandono pueden implicar:

Interacciones difíciles entre amigos y cónyuges íntimos

- Problemas de confianza
- Baja autoestima
- Problemas de ira
- Codependencia
- Cambios de humor
- Miedo a la intimidad
- Trastornos de pánico
- Trastornos de ansiedad
- Depresión

3.6 Ejemplos de miedo al abandono
Aquí hay algunas ilustraciones de lo que puede ser el miedo al abandono:

- Su ansiedad es tan crítica que no debe animarse a acercarse lo suficiente a alguien para permitir que eso suceda. Tal vez dirías, "Sin conexión, no hay abandono".
- Obsesivamente, te preocupas por tus supuestos defectos y por lo que la gente pueda pensar de ti.
- Usted es el más grande complaciente de los extraños. No quieres correr ningún riesgo si no vas a apreciar a nadie lo suficiente como para andar por ahí.
- Cuando alguien da un toque de crítica o se enfada contigo de alguna manera, estás totalmente devastado.
- Cuando te sientes desanimado, reaccionas de forma exagerada.
- Te sientes insuficiente y poco atractivo.
- Te separaste de una pareja para evitar que ellos rompieran contigo.
- Incluso cuando el otro individuo está pidiendo espacio, eres pegajoso.
- También estás celoso, desconfía de tu compañero, o lo desprecias.

3.7 Efectos sobre las relaciones

Hay una aprehensión profundamente personalizada de abandono. Cualquier persona está puramente aterrorizada de perder a su cónyuge. En otros matrimonios, algunos corren el riesgo de ser abandonados.

Para ayudar a entender cómo puede navegar por una relación de pareja alguien con miedo al abandono, aquí hay una visión general de cómo una relación normal puede empezar y crecer. Este ejemplo es extremadamente válido para las asociaciones íntimas, pero en las amistades cercanas como

bueno, hay varios paralelos.

Conociendo a otro

Te sientes muy seguro en esta etapa. Aún no estás involucrado emocionalmente con la otra persona. Así que, a pesar de pasar tiempo con tu persona favorita, empiezas a vivir tu vida.

Fase de luna de miel

Cuando tomas la decisión de comprometerte, este proceso ocurre. Como ambos se llevan demasiado bien, pueden ignorar posibles banderas rojas o amarillas. Empiezas a pasar mucho tiempo con otra persona, y realmente te diviertes. Empiezas a sentirte seguro.

Relación real

La fase de la luna de miel no durará mucho tiempo. La verdadera vida sigue interviniendo sin importar lo bien que se lleven dos individuos. La gente se enferma, tiene problemas con su familia, empieza a trabajar muchas horas, se estresa por las finanzas y necesita tiempo para hacer las cosas.

Aunque esta es una fase muy natural y optimista en una asociación, para alguien con miedo al rechazo que pueda interpretarlo como una indicación de que el otro se está alejando, puede ser aterrador. Si tienes esta ansiedad, sigues luchando contra ti mismo e intentas con todas tus fuerzas no expresar tus pensamientos por la ansiedad de ser pegajoso.

Punto de vista de la pareja

Desde el punto de vista de tu novia, el abrupto cambio de actitud parece venir de la izquierda. Ciertamente no tienen la menor idea de por qué su compañera, antes optimista y relajada, se comporta inesperadamente pegajosa y exigente, asfixiándola con afecto, o separándose por completo si la compañera no sufre de miedo al rechazo.

En relación con las fobias, por miedo al abandono, es difícil hablar o razonar con los demás. No sería suficiente, no importa cuántas veces tu cónyuge intente convencerte. En última instancia, sus hábitos de acciones y respuestas inconsolables

puede separar a su cónyuge, contribuyendo a la conclusión de que usted es el que más teme.

3.8 Diagnóstico del miedo al abandono t

El miedo al abandono no es una condición de salud mental que pueda ser diagnosticada, aunque seguramente puede ser reconocida y tratada. El temor al abandono también puede ser parte de una condición diagnosticable de la persona u otra condición tratable.

3.9 Tratamiento de las cuestiones de abandono

Hay varios pasos que debes dar para empezar a sanar hasta que entiendas el miedo al abandono. Aflojar un poco la cuerda para evitar el auto-juicio negativo. Recuerda todas las características ventajosas que te hacen un compañero y una compañera fuerte.

Habla del miedo al abandono y de cómo llegó a ser para el otro individuo. Pero ten cuidado con lo que esperas de los demás. Diga de dónde viene, pero no les cree nada para remediar el miedo al abandono. No les exija más de lo que es justo. Actúa para preservar las amistades y desarrollar tu red de apoyo. Tu autoestima y sentimiento de identidad pueden mejorar con buenas amistades. Considere la posibilidad de ir a un psiquiatra capacitado si considera que algo es inmanejable. La terapia de persona puede ayudarle.

Cómo ayudar a alguien con problemas de abandono

Si alguien que conoces está luchando con el miedo al abandono, aquí tienes algunos métodos para

Inténtalo:

- Lanza el diálogo. Anímalos, pero no los presiones para que hablen de ello.
- Tenga o no sentido para ti, date cuenta de que para ellos la ansiedad es genuina.
- Garantizarles que no los vas a dejar.

- Diga lo que va a hacer para ayudar.
- Ofrezca asesoramiento, pero no lo fuerce. Ayude a buscar un psiquiatra competente
- cuando muestran la necesidad de pisar.

Estrategias de afrontamiento

Si su ansiedad es moderada y bien controlada, simplemente conociendo sus tendencias y aprendiendo diferentes técnicas de comportamiento, puede manejarla. Sin embargo, para la mayoría de los individuos, la aprehensión del abandono permanece incrustada en desafíos profundamente arraigados que son difíciles de desentrañar solos.

Si bien es esencial para hacer frente al miedo en sí, también es vital para crear un sentido de pertenencia. Concéntrese en crear un grupo, en lugar de desperdiciar toda su atención y dedicación en un solo compañero. Ninguna persona puede arreglar todos nuestros problemas o satisfacer todas nuestras necesidades. Pero en nuestras vidas, una comunidad sólida de muchos buenos amigos jugará cada uno una parte esencial. Algunos individuos con miedo a la pérdida afirman que mientras crecían, nunca se sintieron como si tuvieran una "tribu" o una "manada". Todavía se sentían "otros" o aislados de los demás a su alrededor por alguna causa. Lo positivo, sin embargo, es que nunca es demasiado tarde.

Es importante asociarse con otras personas de ideas afines, cualquiera que sea el estado actual de la existencia. Crea una compilación de tus hobbies, pasiones y sueños que sean reales. Encuentra también aquellos que tengan tus valores. Aunque está claro que no todos los que expresan una pasión pueden convertirse en amigos íntimos, los hobbies y las aspiraciones son un paso sobresaliente para crear una profunda red de ayuda. Trabajar en tus intereses realmente tiende a desarrollar la confianza en ti mismo y en que estás lo suficientemente sano como para enfrentarte a cualquier cosa que la vida te proponga.

Cuándo ver a un médico

Si has intentado pero no puedes controlar tu miedo al abandono por ti mismo, puedes

comenzar un chequeo completo con su médico de cabecera. Para diagnosticar y manejar la enfermedad, pueden remitirlo a un psicólogo. Los trastornos de personalidad pueden contribuir a la depresión, al consumo de drogas y a la segregación social sin tratamiento.

Para llevar

Sus relaciones pueden verse afectadas negativamente por el miedo al abandono. Pero para

aliviar tales preocupaciones, hay cosas que deberías probar. Se puede manejar eficazmente con narcóticos y psicoterapia, ya que la ansiedad de abandono es parte de una condición de personalidad más amplia.

Capítulo 4: Celos y apego

Es un mito muy extendido que el símbolo del amor es la envidia. En Twitter, recientemente vi la siguiente cita de una fuente cuyo nombre de usuario al menos indicaba que el orador estaba afiliado a la psicología: "La gente que está realmente enamorada se pone celosa de las cosas tontas". Me sorprendió encontrar este mito tan profundamente arraigado que incluso la gente psicológicamente sofisticada tiende a creerlo.

Los celos pueden ser una gran preocupación de la sociedad. Para un tercio de sus clientes, un estudio de terapeutas matrimoniales indicó que los celos sexuales eran un problema significativo. Espero que se disipe la idea de que la envidia es un símbolo de pasión. Pero si no es así, ¿qué es lo que realmente motiva las respuestas de los celos? Los estudios han relacionado muchas características con los grandes celos:

- Poca autoestima.
- Una propensión general a ser malhumorado, inquieto y errático mentalmente.
- Sentimientos de posesividad e inseguridad.
- Dependencia de su pareja: Decirle a la gente que se imagine que no tiene cónyuges alternativos con éxito da como resultado respuestas más negativas a situaciones imaginarias que causan envidia.
- Sentimientos de insuficiencia en su relación: normalmente teme que su cónyuge no sea lo suficientemente bueno.

Un tipo de apego nervioso: una orientación persistente hacia las parejas íntimas que requiere que su cónyuge le abandone o no le respete lo suficiente. Las investigaciones han demostrado que al permitir que las personas se sientan más firmemente conectadas, al pedirles que piensen en obtener ayuda de un ser querido, les ayuda a responder con menos severidad a una circunstancia que desencadena una hipotética envidia.

Las inseguridades de los celosos son todas estas razones que llevan a la envidia, no el afecto que tienen por su pareja.

Los celos pueden erosionar las relaciones de confianza y herir. Cuando se está inseguro, la baja autoestima y la aprehensión del abandono están siempre presentes. Puedes arriesgarte a perder poder subconscientemente, por lo que la envidia es una emoción que se produce. Y la envidia puede inducir actitudes extremas dentro de nosotros. Implicará buscar las posesiones de un compañero. O buscar en tu teléfono y asegurarte de que no te están engañando. En los matrimonios disfuncionales, esto es lo que necesitas para hablar de la envidia.

4.1 Apego inseguro y celos
Los celos, si usted y su pareja están firmemente conectados, no suele ser una preocupación. Usted cree que su pareja es digna de confianza y leal mientras usted está seguro. Pero la falta de confianza puede ser una

preocupación si tienes un estilo de apego inestable. Más precisamente, puede sentir lo siguiente mientras está ansiosamente apegado:

Buscando la validación

Es posible que necesite que su pareja le tranquilice o intimide si tiene un estilo de relación ansioso. Para sentirse protegido y apreciado, necesitaría un compromiso continuo por parte de ellos.

Miedo al abandono

Desencadenará el miedo al rechazo si empieza a sentir que su cónyuge está distante. El riesgo de abandono lo corren sobre todo las personas que se sienten ansiosamente unidas. Puede sentir que su esposa (aunque no sea así) lo abandonaría por otra persona.

Baja autoestima

Puede ser un síntoma de baja autoestima cuando tienes miedo de que tu pareja te deje. La baja autoestima te hará sentir como si no merecieras afecto.

Miedo a perder el control

Se puede desencadenar si ves que tu pareja pierde interés. Al intentar volver a concentrarse, puede llevarte a intentar recuperar el control de la situación.

4.2 Comportamientos celosos

Es más probable que usted monitoree el comportamiento de su pareja que los individuos seguros cuando está ansioso. Incluso puedes recurrir a acciones como:

- Observando desde las posesiones de nuestro compañero
- Tratando a cambio de mantener a nuestros socios celosos
- Espiar a nuestro compañero
- Leyendo los mensajes de texto en el teléfono de nuestro socio
- Intentando conseguir el afecto de nuestra pareja por sexo u otras formas.
- Si no confías en tu compañero, si no trabajas en ello, se erosionará tu amistad.

4.3 ¿Qué le hacen los celos a su relación?

Las acciones de celos pueden ser muy perjudiciales para una sociedad. En el mejor de los casos, el cónyuge celoso está necesitado y necesita continuamente que se le asegure que es el único que le sucede y que nadie es un peligro. En una conducta manipuladora y desconfiada, e incluso en la violencia física o emocional, los celos pueden manifestarse en su peor momento. Un cónyuge celoso puede intentar vigilar los actos de su pareja, comprobar su ubicación o rastrear sus llamadas, mensajes de texto o correos electrónicos. Este comportamiento crea una tendencia de desconfianza que es tóxica y que en última instancia puede contribuir a la ruptura de una sociedad. La estima y el aprecio son la piedra angular de toda relación segura y exitosa. Una persona que trata con la envidia no está dispuesta a confiar o expresar afecto por el individuo con el que está como individuo o sus límites. Esta conducta interrumpiría las emociones de pasión e intimidad que alguna vez existieron a lo largo del tiempo. Esto también podría desencadenar repetidas disputas y el deseo de justificarse a sí mismos y su compromiso con una pareja una y otra vez. Esto puede ser agotador e impedir el crecimiento y la creación de una base estable en una relación.

4.4 ¿Cómo tratar con un compañero celoso?
Debes saber que la envidia de tu compañero no se trata de ti, sino de ellos.

Asegurando a su cónyuge su afecto, reaccione a las expresiones de envidia. Las investigaciones han demostrado que quienes reaccionan a la envidia de sus parejas tranquilizándolas en cuanto a su deseo y atracción parecen tener relaciones más seguras.

4.5 ¿Qué debes hacer si estás celoso?
Cuando eres el que husmea en el correo electrónico de tu pareja, ¿cómo te enfrentas a los celos? Muchos actos te ayudarán a sobrellevarlos:

Detener las condiciones que puedan suscitar sospechas infundadas. Los investigadores notaron en un estudio que los celosos parecían rastrear el comportamiento en Facebook de sus parejas. Cuanto más husmeen en Facebook, más se preocuparán por descubrir hechos, contribuyendo a más espionaje, y generando un círculo giratorio de vigilancia intensificada y envidia.

Trabaja para ti mismo. Actúa para desarrollar tu fe en ti mismo y en tu sociedad.

Comuníquese con su compañero. Habla de ello con tu compañero si sientes celos, pero la forma en que hablas es clave: si muestras frustración o sarcasmo o lanzas amenazas a tu cónyuge, no mejorará. Tendrás que ser directo, pero no agresivo. Explique los pensamientos con suavidad y explore las formas de buscar un remedio. Esto le facilitará sentirse más satisfecho y sin confundir a su esposa con su conducta celosa. Es más probable que estas técnicas de vinculación sacaran respuestas constructivas de su pareja. Los celos se justifican a menudo: Por ejemplo, si su esposa ha tenido una aventura y ha violado su confianza, es una preocupación importante. Si está celoso porque, aunque lo haga, está comprometido con alguien que puede no querer la monogamia, entonces sus sentimientos de celos pueden ser una excusa válida para salir de la sociedad y buscar a alguien cuyas prioridades en la sociedad estén más alineadas con las suyas. Pero cuando te pones celoso de "cosas estúpidas", no muestras amor; expones tus propias inseguridades.

4.6 Manejo de los celos
Aferrarse a alguien más no disuadirá nuestra envidia. A largo plazo, evitar que la gente

hacer lo que quieren, o comunicarse con quien quieran, no nos tranquilizará. Es un tipo de influencia, y para usted o su pareja, no es seguro.

Las investigaciones sugieren que una comunicación saludable ayudará a minimizar la envidia. El contacto seguro mejorará la sensación de protección de las personas nerviosas. La interacción segura puede disminuir la tensión y la liberación de oxitocina en el cerebro. La oxitocina anima a comunicarse entre sí. Después del sexo, es la sustancia química que produce nuestro cerebro. En nuestros matrimonios, la comunicación afectuosa incluso nos hará sentir seguros de los ataques. Es un recordatorio para los individuos nerviosos de que somos cuidados, protegidos y bienvenidos. La terapia nos ayudará a trabajar en nuestros problemas de envidia por:

- Aprender las técnicas de gestión interpersonal para manejar la envidia a medida que surge
- Cambio de los supuestos restrictivos sobre nosotros mismos
- Construir nuestras habilidades para la comunicación
- Cambiar nuestros sentimientos de envidia
- Buscar la fuente de nuestra envidia puede haber causado un miedo al abandono o una baja autoestima en nuestra juventud.

Un factor que me hizo empezar a cambiar mi estilo de apego a la protección fue el asesoramiento. Tiene un buen impacto en tus relaciones y en tu salud cuando empiezas a ajustar tu estilo de conexión a estable.

4.7 Cómo evitar los celos en una relación
¿Cómo afectaría la envidia a las relaciones íntimas? Va en contra de las 5 Disciplinas del Amor, normas básicas para crear una unión segura y digna de confianza. Se hace difícil mantener la regla del amor y la bondad ilimitada, porque la envidia perjudica la capacidad de amar sin obstáculos. Cuando la envidia es una preocupación, a menudo es difícil ser completamente inseguro, porque la envidia causa fricción en la relación. La envidia nubla la discriminación y, a través de simples sospechas, se hace imposible decir los hechos. Cuando estás inseguro, no puedes permitir que tu compañero tenga la libertad de vivir una vida, ni tampoco puedes ser capaz de vivir una vida propia cuando te enfrentas a un compañero inseguro. Los celos pueden colarse en todas las facetas de tu vida, encontrando imposible apreciar algo. Cuando los celos en una relación se conceden completamente, ningún grupo prospera.

Sé honesto con respecto a la influencia de los celos.

Si no lo aceptas, es difícil abordar un dilema. Sé sincero en lugar de decir que no estás celoso o que tu envidia no es una preocupación. ¿Cómo te están haciendo sentir tus inseguridades y cómo están afectando tu relación? Puede ser un desafío darse cuenta de las dificultades que están creando sus celos, pero consuélate sabiendo que estás dando el primer paso hacia una mejor relación.

Cuestiona lo que te dicen tus celos

La psicología actual ofrece el punto de vista de un médico de familia sobre cómo evitar los celos en una relación: ver el resentimiento como una cura en lugar de ver el resentimiento como un obstáculo. Los celos (o cualquier otro problema de la relación) es una puerta de oportunidad para lograr una comprensión que podemos observar. Trata de comprender el comportamiento primero, a pesar de abstenerte de las acciones de celos directamente. ¿Cuál es el dilema que la envidia busca resolver? Si sientes celos de que tu pareja haya roto tu confianza, el problema principal es el abuso de confianza. Son las inseguridades que requieren enfoque si estás transfiriendo las inseguridades a tu pareja. Si estás celoso de los logros de tu pareja, tal vez hay un aspecto malsano de la rivalidad que debe ser extraído. Cualquiera que sea la fuente, puede llevarte a la base de cómo evitar sentirte inseguro en una relación mirando a la envidia como una "cura" y retrocediendo desde ahí. Vas a arreglarlo para lograr una relajación permanente moviéndote a la verdadera pregunta.

Enumera tus inseguridades

Mirarse a sí mismo continúa entendiendo cómo evitar ser un compañero o cónyuge competitivo. ¿Cuáles son las inseguridades que empujan a la envidia? Debido al perfeccionismo, ¿tienes miedo de ti mismo? ¿Estás comparando a los demás contigo mismo? No haces esta lista para sentirte avergonzado de ti mismo, eres dueño de tu lugar en la sociedad.

Desarrollar la confianza en sí mismo

Cuando hayas preparado una lista de las inseguridades que provocan tu envidia, escribe cada una de ellas con un antídoto. Cuando existas a la sombra del ex de tu pareja, prepara una lista de todas las cualidades que le gustan a tu esposa. Despliéguelas en Instagram durante un mes si continuamente se equipara a las celebridades. Serás capaz de construir la confianza en ti mismo que necesitas para conquistar la envidia, dejándote espacio para los sentimientos de inferioridad.

Evalúa la raíz de la inseguridad que tienes

En una amistad, entender cómo evitar los celos es también una cuestión de reparar las heridas del pasado. Si lidias con la envidia debido a una condición subyacente como la depresión o la adicción en la adolescencia, consigue la ayuda que necesitas para conquistarla. Convertirás los desafíos en recursos de poder con el apoyo adecuado.

Sé sincero con la pareja que tienes

Su esposa presumiblemente ya se ha dado cuenta de que está luchando contra la envidia. Lo más probable es que su cónyuge también esté contribuyendo al problema. Usted reconoce su compromiso practicando un buen contacto pero simultáneamente manteniendo a su cónyuge responsable y permitiéndole la oportunidad de ayudarle mientras busca una solución.

Establecer una capacidad de afrontamiento saludable

A menudo, cuando no tienes opciones más saludables para conectarte, puede ser difícil ignorar los celos en una relación. Depende de ti domesticar la raíz de tus celos, siempre y cuando tu pareja no te dé una justificación para estar paranoico o inseguro (es decir, engañando o mintiendo). Sólo estás acostumbrado a ello. Sepa que no necesita la envidia. Aprende y desarrolla tu bienestar emocional, físico y mental a través del autocuidado. Se convierten en el estándar a medida que enfatizas las estrategias positivas de afrontamiento, y finalmente reemplazan a la envidia.

4.8 Cuando estás seguro de ti mismo, eres inquebrantable.

El apego seguro permite que sea más conveniente confiar en la pareja. Usted controla su

se siente saludablemente. Debes expresar libremente tus deseos y emociones. Cuando usted y su esposa están todavía firmemente unidos, la envidia no es una preocupación.

Capítulo 5: Ansiedad en las relaciones

Estás en una relación con una persona maravillosa que amas. Han creado confianza, establecido límites y adquirido estilos interactivos del otro. Puede que se encuentre continuamente debatiendo sobre sí mismo, su cónyuge y su pareja al mismo tiempo.

¿Cómo sabes si realmente es el tipo adecuado para ti? ¿Y si ocultan algún secreto misterioso? ¿Y si realmente no puedes mantener una relación feliz y comprometida?

Esta preocupación persistente tiene un nombre por sí misma: el miedo a las relaciones. La ansiedad con respecto a las relaciones se aplica a ciertos sentimientos de ansiedad, miedo e incertidumbre que se producen en una relación de pareja, particularmente aunque todo va bastante bien.

5.1 ¿Qué es la ansiedad en las relaciones?

Las relaciones pueden estar entre las cosas más placenteras del planeta. Sin embargo, también proporcionarán un terreno fértil para los pensamientos y sentimientos nerviosos. La ansiedad con respecto a las relaciones puede ocurrir virtualmente en cada punto del cortejo. Incluso soñar con estar en una relación puede generar tensión en muchas personas solteras. Las primeras etapas nos proporcionarán preocupaciones constantes cuando la gente empiece a salir: "¿Le gustaré de verdad? "¿Funcionará todo? "¿Qué tan serio es?" Lamentablemente, en las últimas etapas de una relación matrimonial ciertos temores no parecen disminuir. A medida que las cosas se fortalecen entre una pareja, la ansiedad puede potencialmente volverse mucho más seria. Los pensamientos se precipitan de esta manera: ¿Durará esto? ¿Me gusta él/ella de verdad? ¿Tenemos que ir más despacio? "¿Estoy muy preparado para tal empresa? "¿Le faltará interés?" Todo lo que se preocupa por nuestras relaciones nos hará sentir muy solos. Esto puede darnos una razón para separarnos de nuestra pareja. Nuestro miedo en el peor de los casos también puede llevarnos a renunciar al amor por completo. Aprender más sobre los desencadenantes y las consecuencias de la inseguridad en las relaciones nos ayudará a reconocer los pensamientos y comportamientos destructivos que pueden dañar nuestras vidas románticas. ¿Cómo podemos manejar nuestra inseguridad, controlarla y abrirnos a alguien que amamos?

5.2 ¿Qué es lo que desencadena la ansiedad en una relación?

Simplemente, enamorarse nos asusta de maneras que no prevemos. Cuanto más confiamos en otro, más dispuestos estamos a fracasar. Nos asusta que nos hagan daño en varias ocasiones, tanto consciente como inconscientemente. En gran medida, todos tenemos miedo de estar cerca. Irónicamente, esta ansiedad siempre aparece cuando conseguimos justo lo que esperamos, cuando sentimos algo que nunca tenemos o que se maneja de diferentes maneras.

Cuando nos asociamos, no son sólo las cosas que suceden entre nosotros y nuestro cónyuge las que nos ponen ansiosos; son las cosas sobre lo que sucede las que nos tranquilizan. La "poderosa voz interior" es un término que se utiliza para describir al mentor negativo que todos tenemos en la cabeza y que nos critica, nos impone malos consejos y refuerza nuestro miedo a la intimidad. Es el que nos pregunta: "Eres demasiado odioso u obeso o soso para tener interés en ello". "Nunca vas a conocer a nadie, así que ¿por qué intentarlo?" No puedo tener fe en él. Él está buscando a alguien más." Realmente no te respeta. Vete antes de que te hieran. "Esta voz crítica que nos ayuda a volvernos hacia nosotros mismos y hacia los que son importantes para nosotros. Puede fomentar un comportamiento agresivo, pesimista y cínico que reduce nuestra autoestima e induce niveles insalubres de desconfianza, defensividad, envidia y ansiedad. De hecho, produce un flujo constante de pensamientos que arruina nuestra satisfacción y nos permite pensar en nuestra amistad, en lugar de sólo apreciarla.

5.3 La ansiedad en las relaciones es normal
Astrid Robertson, una psiquiatra que ayuda a las personas con problemas en las relaciones, cree que la ansiedad es una ocurrencia natural en las relaciones.

Antes de darse cuenta de que su pareja tiene un interés igualitario en ellos, ciertas personas sienten inseguridad en la relación al iniciarse la misma. O pueden estar inseguros de si realmente quieren una sociedad.

Sin embargo, esos pensamientos también surgirán en asociaciones dedicadas a largo plazo.

Con el tiempo, la preocupación por las relaciones puede contribuir a..:
- La angustia emocional
- Pérdida de energía
- Fatiga emocional
- Problemas estomacales y otros síntomas físicos

Esa inseguridad puede no provenir de nada en la relación misma. Sin embargo, finalmente, contribuirá a los hábitos que desencadenan en usted y su compañero dificultades y ansiedad.

La ansiedad con respecto a las asociaciones es más común de lo que usted cree. Todo el mundo ha tenido alguna comprensión con eso, pero el miedo era leve.

Es aquí donde el problema termina, ya que es debilitante. Si la incertidumbre en cuanto a las relaciones impide que consigas las relaciones que deseas, entonces tienes que hacer algo al respecto.

5.4 Ansiedad de la amistad
Necesitamos sentirnos valiosos para todos. Otra razón por la que nos pasa es en comparación con otras personas. ¿Alguna vez has sido parte de una

comunidad de personas, tuviste la necesidad de abandonar la fiesta por un propósito u otro ... y cuando abandonaste la comunidad ... las personas que creías que eran tus amigos ya no querían tener nada que ver contigo?

Esto puede ser una fuente de inseguridad en las relaciones cuando se trata de tener nuevos amigos. La ansiedad en cuanto a la intimidad se desencadena por un Trastorno de Ansiedad Social.

Trastorno de Ansiedad Social - Fobia Social (SP)

El trastorno de ansiedad social (fobia social) no es sólo el miedo a conocer o comunicarse con los amigos existentes. Se caracteriza en realidad por un miedo extremo a las circunstancias sociales en las que otros podrían evaluar o escudriñar a una persona. Todavía me preocupa que pueda hacer algo humillante, o pronunciar algo humillante. Podemos parecer nerviosos o extraños. No nos gusta ser objeto de publicidad. No quieren que nadie los reconozca.

Causas del trastorno de ansiedad social

Al igual que otros trastornos del bienestar mental, el trastorno de ansiedad social está posiblemente relacionado con una combinación dinámica entre causas biológicas y ambientales. Entre los posibles factores desencadenantes se incluyen

Rasgos heredados

Los trastornos del miedo siguen produciéndose en los hogares. Sin embargo, no es del todo obvio cuánto de esto podría atribuirse a la evolución y cuánto se relaciona con acciones adquiridas.

Medio Ambiente

El trastorno de ansiedad social puede atribuirse como un comportamiento aprendido, debido a una situación social desagradable o vergonzosa, y algunas personas pueden desarrollar esta condición. También puede existir una asociación entre el trastorno de ansiedad social y los padres que modelan el comportamiento ansioso en situaciones sociales o que son más controlados o sobreprotectores por los niños.

Historia familiar

Si sus padres biológicos o hermanos tienen la enfermedad, un niño tiene más probabilidades de desarrollar un trastorno de ansiedad social.

Experiencias negativas

Los niños que sufren acoso, abuso, despido, burla o vergüenza pueden ser más vulnerables a un diagnóstico de ansiedad social.

Demandas sociales

Los signos del trastorno de ansiedad social suelen aparecer en la adolescencia, aunque los primeros signos pueden deberse a que se conoce a nuevas personas, se da un discurso en público o se hace una presentación importante en el trabajo.

Apariencia que llama la atención

La desfiguración facial, el tartamudeo o los temblores relacionados con la enfermedad de Parkinson pueden aumentar la autoconciencia en ciertas personas, lo que puede causar el trastorno de ansiedad social.

Síntomas

La característica distintiva del trastorno de ansiedad social consiste en un temor o ansiedad pronunciados con respecto a una o más circunstancias sociales en las que otros pueden exponer al individuo a un posible escrutinio. Los ejemplos incluyen el contacto social, el reconocimiento de los demás y la competencia ante los demás.

Efectos de la ansiedad en las amistades

La ansiedad en todas sus formas - no restringida a la ansiedad social - puede tener muchos impactos en las amistades. Las personas no entienden realmente por lo que estamos pasando, especialmente cuando tratamos de expresar cómo nos afecta la ansiedad, y eso puede provocar que se formen brechas y fisuras. A continuación, enumeramos algunos de los efectos de la ansiedad social:

Retraso en la respuesta a los mensajes

Responder a un mensaje básico te llevará mucho tiempo, porque no querrás cruzar por la dirección equivocada. No quieres que la respuesta sea demasiado breve y estropear la discusión hasta que realmente empiece.

Disposición al silencio

Si tu amigo te invita a cenar con un individuo extra que no sabías que iba a venir, podrías callarte. Tal vez te sientas incómodo. No podrías añadir ni una sola palabra a la discusión, así que aunque en realidad sólo estás nervioso, acabarás sonando nervioso.

La sensación de no tener amigos de verdad

Y si hay gente en tu vida que realmente se preocupa por ti, que te busca los fines de semana y te tranquiliza cuando estás enfadado, siempre hay un pedazo de tu subconsciente que te dice que no son tus verdaderos compañeros.

Recurriendo al distanciamiento

Tienes miedo de parecer grosero, y también de salir herido, así que alejas a la gente.

Tienden a dejar las fiestas antes de tiempo

A menudo es muy difícil para ti socializar, así que tienes que irte antes de que termine la noche. Realmente no puedes detenerlo.

La preocupación por las futuras reuniones...

Si sabe con precisión cuándo se reunirán y dónde se presentarán, y quién más debería estar presente, no es probable que se comprometa a hacer arreglos. No te van a dar choques.

Dificultad para entablar una conversación

Si no te sientes relajado con los demás, te es difícil buscar algo de lo que hablarles.

Evitar las fiestas y reuniones

No es típico de ti ir a reuniones salvajes y clubes llenos. Sólo pasas el tiempo con un grupo mucho más pequeño de personas en la casa de alguien.

Tender la mano se convierte en un desafío

Nunca contactes con nadie. Si lo haces, te asustas y molestas a la gente. Y has perdido muchos amigos, así que has tenido demasiado miedo de pasar la noche en tu propia casa.

Empieza a evitar a los amigos

Prefieres separarte bastante. No pasas mucho tiempo con la gente porque nunca te acercas a ellos y ellos rara vez se acercan a ti.

Diagnóstico y tratamiento sintomático

Muchas personas restan importancia a sus síntomas o incluso se niegan a reconocerlos en un intento de escapar a un escrutinio innecesario; en consecuencia, el médico clínico debe interrogar regularmente a todas las personas asociadas para comprender plenamente los síntomas.

El tratamiento reacciona bien al trastorno de ansiedad social. El propósito de la recuperación es el cambio de comportamiento y típicamente los niños que entran en un régimen combinado de intervención ocupacional y drogas no necesitarán medicamentos por mucho tiempo.

Comportamiento

Es probable que un clínico inicie un asesoramiento cognitivo-conductual para trabajar en el desarrollo de las habilidades emocionales y de comunicación del paciente durante circunstancias de naturaleza que provoquen ansiedad. La TCC ayuda a los pacientes a hacerse cargo de sus miedos y hábitos indeseables.

Farmacológico

Los medicamentos pueden aliviar los efectos de la depresión y pueden hacer que el asesoramiento conductual de ciertas personas sea más exitoso. Los ISRS, o inhibidores activos de la captación de serotonina, han demostrado eficacia en el tratamiento de los efectos de un trastorno de ansiedad social. Los medicamentos llamados betabloqueantes también pueden utilizarse para suprimir la reacción al terror y reducir los signos de malestar físico, como las palpitaciones y la sudoración.

Estrategias de relajación

Cuando se sienten ansiosos y distraídos, las personas necesitan conocer un número de herramientas para usar. Si se enfrentan a señales físicas extremas de miedo, es casi difícil utilizar los mecanismos conductuales de afrontamiento y el primer paso es centrarse en cómo relajar la reacción nerviosa.

La respiración rápida es una forma perfecta de disminuir el pulso rápido, la respiración rápida y sentirse mareado.

Enseñe al niño a imaginar una burbuja que explota al involucrar al diafragma en una respiración intensa.

En su opinión, los individuos se encontrarán con un viaje calmante cuando respiren profundamente.

Los individuos, cuando están bajo tensión, parecen contraer sus músculos.

Enséñales a relajar sus músculos y a continuar con sus manos y brazos para aliviar el estrés.

Construya un puño y manténgalo rápido durante 5 segundos, luego suéltelo gradualmente.

Empieza a levantar la cabeza, el cuello y la espalda, los pies y las piernas.

5.5 Ansiedad en las relaciones familiares
Una familia es una comunidad de individuos con los que podemos estar más seguros. A menudo, sin embargo, nuestros más duros observadores y oponentes pueden ser parientes. Imaginen un escenario social en el que se descanse y en el que todos estén sentados alrededor de la mesa. Es un momento de paz y afecto, y de cooperación para ciertas familias. Y cuando te preocupa ir a reuniones familiares, puedes experimentar ansiedad.

Trastornos de ansiedad y relaciones entre padres e hijos

Muchas líneas de estudios han investigado el posible vínculo entre las experiencias de la infancia y la posterior aparición de trastornos de ansiedad. Las posibles causas incluyen los hábitos de crianza de los padres y la historia temprana del trastorno de separación.

El temor de un niño puede llevar a los padres a sobreprotegerlo, lo que en efecto puede reducir la probabilidad de que el niño resuelva el temor. El crecimiento psicológico es un mecanismo dinámico en el que el niño y el entorno son influenciados conjuntamente. Los relatos retrospectivos de la infancia pueden simplificar en exceso las experiencias que han llevado a la actual condición nerviosa del sujeto. En los círculos psicológicos se suele suponer que el temor a la separación en la infancia predispone a un individuo a experimentar agorafobia en la edad adulta, pero esa hipótesis no está validada por las pruebas científicas actuales.

Trastornos de ansiedad y relaciones conyugales

Hasta la fecha, la mayor parte de la literatura psicológica y psiquiátrica sobre los trastornos de ansiedad y el funcionamiento marital consiste en investigaciones del contexto interpersonal de la agorafobia. Las observaciones clínicas y los informes de casos sugieren que la angustia marital es relativamente común entre los pacientes agorafóbicos, especialmente las mujeres agorafóbicas. Además, se ha sugerido en muchas ocasiones que las dificultades matrimoniales preceden a la aparición de los síntomas agorafóbicos y contribuyen al desarrollo de la agorafobia. Pero las investigaciones empíricas no han dado un apoyo inequívoco a esas especulaciones.

Trastornos de ansiedad que interfieren con las relaciones familiares

El trastorno de pánico, el trastorno obsesivo compulsivo, el trastorno de ansiedad social, el trastorno de ansiedad generalizada, el trastorno de pánico, la fobia y el trastorno de estrés postraumático son los trastornos de ansiedad que interfieren en la vida cotidiana. Todo el mundo puede verse influenciado por los problemas de ansiedad. Los estudios sugieren que en cualquier etapa de la vida hasta el 25% de todos los adultos de los Estados Unidos sufren tasas extremas de ansiedad. Aproximadamente el 18% de los estadounidenses informan de un trastorno de ansiedad. Los individuos con un tipo de trastorno de ansiedad presentan un mayor riesgo de sufrir otros tipos de trastornos de ansiedad y problemas relacionados.

Trastorno de ansiedad generalizada y relaciones familiares

Un estudio indica que en una relación "segura y alentadora", las personas que sufren de TAG son dramáticamente menos propensas a creer en sí mismas. con su pareja o cónyuge que las personas sin TAG. Las personas con TAG tienen el doble de probabilidades de encontrar al menos un problema en la relación (es decir, meterse en peleas a diario, evitar la participación en actividades sociales). Además, son tres veces más vulnerables a evitar la intimidad con su pareja.

Las personas con un trastorno de ansiedad generalizada (TAG) probablemente sufran dificultades en diversos aspectos de sus vidas, incluidas las interacciones con la familia, los parientes y los amigos.

Puede ser vulnerable a la depresión marital si permanece con el trastorno de ansiedad generalizada, y puede tener un mayor riesgo de divorcio.

Efectos de la ansiedad en las relaciones familiares

La ansiedad puede desencadenar episodios de angustia, ansiedad o emociones incómodas, y una sensación general de malestar y estrés. Esto se apoderará de su mente y hará que otras partes de su vida sangren. He aquí cómo y cuándo los matrimonios se arruinan por el miedo.

Perjudicial para la confianza

La ansiedad induce a la aprehensión o la preocupación y en un momento dado te hará menos consciente de tus verdaderas necesidades. Incluso puede hacerte menos consciente de las necesidades de tu pareja. Cuando estás preocupado por lo que podría pasar, es difícil prestar atención a lo que está pasando. El compañero puede sentir que usted no está ahí cuando se siente sobrecargado.

Estás indeciso

Cualquiera que parezca ser emocional puede encontrar difícil transmitir sus verdaderos sentimientos. También puede ser difícil mantener límites justos cuando se pide el apoyo.

Debido a que sufrir ansiedad es estresante, puede intentar retrasar su experiencia de forma subconsciente. Si no expresas lo que realmente quieres o necesitas, entonces la ansiedad aumenta.

Se vuelven egoístas

Dado que la ansiedad es una respuesta hiperactiva al miedo, a menudo cualquiera que la sienta puede concentrarse muy a menudo en sus propias preocupaciones o problemas. Sus preocupaciones y miedos pueden ejercer una presión excesiva en su relación. Le gustará preocuparse para protegerse en su relación, pero tal vez le impida ser cuidadoso y susceptible con su compañero.

Empiezas a rechazar

La ansiedad te lleva a ignorar asuntos no dañinos y a desalentar situaciones que podrían ayudarte. Esto puede incluso desalentarlo a dar pasos positivos para mejorar las cosas que le duelen en su vida, ya que lo hace sentir indefenso o atrapado.

La vida se convierte en algo sin alegría

Para experimentar la alegría se requiere una sensación de seguridad o libertad. La ansiedad nos hace sentir o bien aterrorizados, o bien constreñidos. Un cerebro y un cuerpo entrenado para el estrés también pueden tener más dificultades para disfrutar de la intimidad y el sexo. Los sentimientos negativos y las preocupaciones tienen un efecto en la voluntad de un individuo de involucrarse en una amistad y en última instancia, agotar la felicidad de un momento.

Finanzas y trabajo

Muchos de los síntomas del trastorno de ansiedad hacen que sea difícil asegurar o retener una carrera y pueden tener consecuencias financieras importantes. Muchas veces, el cónyuge o la esposa pueden convertirse en el principal sostén de la familia, siempre en un puesto exigente y que no le gusta a la esposa.

Bienestar emocional

Los cónyuges pueden sentirse infelices, angustiados o aterrorizados (por ellos mismos o por su cónyuge), o furiosos, resentidos y negativos por su ser querido. También se sienten mal por pensar de esa manera.

Diagnóstico y tratamiento del TAG para la ansiedad en las relaciones familiares

Antes de que se haga una referencia a la salud mental, el proveedor de atención médica querrá descartar cualquier otro problema de salud. Una vez que esto termine, el TAG puede ser tratado por un psiquiatra u otro especialista en salud mental. Él o ella hará una evaluación de la salud mental del niño. Puede incluir un historial emocional y social completo, entrevistas con los padres y otros miembros de la familia y pruebas estandarizadas. El tratamiento para el TAG implica:

Tratamiento cognitivo-conductual

Esto ayuda a un individuo a entender cómo manejar la ansiedad de una mejor manera. El objetivo también es apoyar al individuo a dominar las situaciones que pueden conducir a la ansiedad.

Medicamentos

Los medicamentos ansiolíticos o antidepresivos pueden ayudar a algunos adolescentes a sentirse tranquilos.

Consejos y sugerencias para lidiar con la ansiedad en las relaciones familiares

Cuando alguien que te importa trata con algún tipo de ansiedad, asegúrate de escuchar y afirmar sus sentimientos. Las personas que sufren de ansiedad pueden tener a menudo pánico o trastornos de ansiedad desencadenados por circunstancias y estímulos estresantes. La mayoría de los individuos que tratan la ansiedad de manera regular se benefician de la medicina, pero también es necesario el asesoramiento y la terapia cognitiva. El uso de estrategias de afrontamiento será fructífero. La ansiedad también puede aparecer entre ciertos trastornos, más comúnmente la depresión. La ansiedad de cualquier tipo, si no se trata, puede debilitarse con el tiempo.

Ambas formas de miedo y ansiedad desalientan a las personas a hacer algo que les gusta, y también les impiden realizar las tareas que necesitan.

Todas las formas de miedo y angustia impiden que la gente haga las actividades que le gustan. Incluso la ansiedad les impide hacer lo que deben hacer. Contrariamente a lo que se puede esperar, a menudo los individuos con ansiedad social tienden a ser sociables y a menudo sienten una considerable vergüenza por su propio aislamiento e incapacidad de participar debido a su lucha. Es tan necesario buscar ayuda. La ansiedad no es algo que se pueda apagar rápidamente, ni tampoco es algo que "pasará".

Aquí hay consejos sobre cómo enfrentar la ansiedad en las relaciones.

Deshazte de tu propia culpa

Es crucial que los socios se den cuenta primero de que no tienen poder sobre los sentimientos, luchas o problemas de otro individuo. No dejes que los pensamientos depresivos o los sentimientos de remordimiento decidan cómo vas a reaccionar ante sus casos. Por lo tanto, es crucial que los individuos ansiosos no influyan su ansiedad y sus preocupaciones en los demás, por lo que también es esencial que el elemento de la vergüenza no afecte a sus situaciones de vida, a sus parejas o a sus familias.

Ser proactivos...

Como en toda sociedad, entender las fortalezas y defectos de cada uno se vuelve crucial para enfocar el tratamiento. Los individuos con ansiedad a menudo dudan en mencionarlo, ya que puede resultar doloroso. Sin embargo, abordarla de manera proactiva saca el problema, lo que hace que sea mejor para todos, aunque al principio sea una lucha.

Deja de asumir

Desafortunadamente, la ansiedad es tan compleja como las personas que viven con ella. Algunos son introvertidos, otros son extrovertidos, algunos son personas del tipo trabajador A, y otros son todo lo contrario. No podemos medir el miedo que se centra en el temperamento de un individuo.

Añade a tu conocimiento del problema

Al obtener el mayor conocimiento posible sobre ello, puedes apoyar a los que te importan y que luchan contra la ansiedad. Saber que te preocupaste lo suficiente como para leer y aprender más de lo que están lidiando crea una gran diferencia en otro individuo.

Encuentra técnicas para aliviar el estrés

Encuentra formas de aliviar el dolor o el miedo. Entonces prepárate para seguirlas. Por ejemplo, si su pareja o miembro de la familia considera que la meditación, las caminatas u otros ejercicios son calmantes o beneficiosos para afrontar el estrés, intente involucrarlos en eso.

Deja de ser asertivo

El tiempo es algo que importa mucho. Si tu pareja toma medicamentos como una herramienta para lidiar con la angustia que preguntar y responder preguntas es bueno.

Autogestión de la ansiedad en las relaciones familiares

Para las parejas de las personas que padecen un trastorno de ansiedad es extremadamente importante (y no egoísta) cuidarse a sí mismos. Tales consejos le permitirán lidiar con ello:

Mantente conectado a tu vida e intereses

Participe en sus pasiones y actividades externas para un descanso de las presiones cotidianas. Estarás lleno de energía, feliz, más seguro y más equipado para las tareas. No se sienta abrumado por la enfermedad de su pareja.

Establecer un sistema de apoyo

Tener amigos y familiares en quienes confiar y que le ayuden emocional y financieramente y de otras maneras cuando su cónyuge o pareja es vital.

Establecer los límites

Decida dónde están los límites y hágaselo saber al cónyuge. Pueden ser físicos, mentales o económicos.

Busca ayuda profesional

La fase de curación puede ser traumática para las parejas de las personas con ansiedad. Su salud es tan importante para usted como la de su familia. Cuando necesite hablar con alguien, o si sospecha que puede tener síntomas de ansiedad o estrés, llame al médico o sugiera que consulte a un proveedor de salud mental.

5.6 Relación romántica y ansiedad

Si quieres saber si estás en una relación romántica o no, entonces depende de lo que quieras decir con "romántico". Técnicamente, el verdadero amor se compone de tres partes:

Intimidad

Es el componente emocional de su relación.

Pasión

Es el componente físico de su relación. Es el deseo de tocar, besar, abrazar, hacer el amor, etc.

Compromiso

Es el componente intelectual de la relación. Cuando surgen problemas, los resuelves, y permanecen juntos, sin importar lo que pase.

Trastorno de ansiedad social y relación romántica

El trastorno de ansiedad social es uno de los trastornos psiquiátricos más frecuentes en los Estados Unidos.

La forma en que la ansiedad social influye en las relaciones románticas puede evaluarse examinando cuidadosamente los diferentes elementos de esa relación y la forma en que causa la ansiedad social.

Satisfacción en la relación

Los científicos que trabajan en relaciones utilizan la palabra "satisfacción con los matrimonios" para evaluar la coherencia general de las parejas íntimas. Reflexiona sobre cuánto se ajusta su pareja a sus expectativas, cuánto disfruta de su pareja y cuántos retos tiene que afrontar la sociedad.

Las investigaciones recientes que explican la conexión entre la ansiedad social y la satisfacción con las relaciones sugieren que las tasas más altas de ansiedad social pueden dar lugar a tasas más bajas de satisfacción con las relaciones. Las personas socialmente inseguras siguen teniendo dificultades para confiar en sus parejas y ver a sus parejas como algo positivo. Además de ser factores importantes para evaluar la felicidad marital, la confianza y el estímulo se correlacionan con un mejor bienestar mental.

Falta de confianza

No todos los individuos emocionalmente inseguros tienen problemas con sus relaciones románticas. Una parte significativa de la forma en que la ansiedad social afecta el contenido de las relaciones tiende a estar relacionada con la confianza y la ayuda. Eso nos da un fuerte punto de partida cuando tratamos de fortalecer nuestras relaciones. La disminución de los índices de confianza en las personas socialmente nerviosas está relacionada con los signos del trastorno y las consecuencias cognitivas en sí mismas.

Causas de la ansiedad en una relación romántica

A continuación se dan las causas de la ansiedad en una relación romántica:

Críticas

Es un tipo de crítica hacia un amigo, a veces con animosidad, en lugar de resolver una pregunta o expresar una queja.

Desprecio

La maldad dirigida contra un amigo, perder de vista una pregunta debido a la frustración, y posteriormente arremeter contra él.

Defensa

Si nos sentimos amenazados, nuestras defensas están acabadas, una reacción normal a la confrontación, pero una para evitar abordar los problemas de una manera real.

Retirada

Es probablemente la más importante de las angustias sociales, la retirada física o emocional del contacto.

Desafíos de la búsqueda de relaciones románticas

Hay momentos en los que mantener una asociación seria suena como un juego arriesgado. Las citas necesitan un cierto nivel de flexibilidad, por lo que la posibilidad de ser lesionado o molestado va con eso. Los individuos pueden sentir una cantidad razonable de incertidumbre sobre su actual pareja romántica o los retos de buscar una nueva debido al impredecible resultado.

La mayoría de los individuos sienten que la enfermedad de ansiedad no tratada puede tener un efecto en su vida personal. Las personas con trastorno de ansiedad social pueden pensar continuamente en cómo las personas los ven, y debido al temor a la humillación, pueden evitar las parejas íntimas o las citas en general. Las personas con trastorno de ansiedad generalizada pueden tener dificultades para salir o mantener relaciones de pareja porque siguen pensando en perder a su cónyuge. Sin embargo, es fundamental tener en cuenta que no es necesario tener una enfermedad de ansiedad clínica para arruinar la relación íntima. Todo el mundo es vulnerable al estrés cotidiano que se manifiesta en la incertidumbre con respecto a una amistad, la aprehensión del ciclo de citas o la dificultad para interactuar con un cónyuge.

Comprueba si tienes ansiedad en las relaciones románticas

Si no está seguro de que su relación de pareja implique miedo, encuentre momentos o problemas que le hagan parecer nervioso. Si no está seguro de por qué el miedo crea problemas en su vida amorosa, pregúntese lo siguiente.

- ¿Tiene preocupaciones que le disuadan de salir con alguien o de mantener una relación de pareja?
- ¿Tiene una mayor incomodidad sobre su intimidad física?
- ¿Dependes mucho de tu compañero para consolarte o para aliviar tus pensamientos nerviosos?
- ¿Impide las discusiones importantes porque tiene miedo de la confrontación con su pareja?
- ¿Siempre tienes miedo de que tu compañero te abandone?
- ¿Se sentirá nervioso mientras su pareja esté fuera?
- ¿Cree que su pareja es infiel sin ninguna prueba?

Comprender los efectos de la ansiedad en su pareja

Aprender una simple información sobre la ansiedad puede ayudarle a apreciar más a su pareja y a animarla. Y se aconseja que los tenga en cuenta:

- La ansiedad es un problema real, no un fenómeno falso. Es para el bienestar mental.
- Esta es una ansiedad común. Es lo que todo el mundo tiene. Sólo se convierte en un problema o enfermedad cuando es extrema.
- La ansiedad puede ser un trastorno paralizante que impide a las personas trabajar y llevar una vida normal.
- La ansiedad nos permite tener respuestas de lucha o huida y preocupación por problemas que no amenazan la vida, como preguntarse si un amigo mentiría o renunciaría.
- La ansiedad no puede ser "reparada" o "curada".

Efectos en la vida social

Cuando tienes un trastorno de citas sociales, el miedo definitivamente afectaría tu vida social. Cada vez más no estarás dispuesto a enviar a tu compañero a todas las actividades sociales o reuniones en las que planees viajar. Esto, al igual que otros tipos de ansiedad, puede contribuir a los desacuerdos o provocar que los dos se distancien.

Restringe tu ansiedad de dañar una relación romántica

La verdadera intimidad es permitir a los demás entrar y darles exposición a aspectos de ti mismo que estás ocultando al resto del planeta.

La ansiedad es la tercera rueda principal cuando tienes citas: analizas demasiado lo que haces en las citas, a las que realmente vas porque no cancelas en el último minuto.

Cuando has pasado por el proceso de salir con alguien y estás listo para ponerte serio, no se hace automáticamente más fácil: quieres comprometerte, pero temes que tu inseguridad pueda arruinar una relación igual de buena.

Cuando tienes un problema de ansiedad, te das cuenta de que lo complicará más de lo necesario. Esto definitivamente influye en la forma en que ves el trabajo cuando sales con tus amigos, y también puede mantenerte despierto durante toda la noche. Sin embargo, la ansiedad también puede afectar a la relación de pareja al añadir tensión, incertidumbre, miedo y los consiguientes errores y disputas.

Si miras el mundo desde un prisma lleno de ansiedad, entender qué es lo que vale la pena cuidar y qué no, puede ser difícil. Puede hacer que se sienta incómodo con su pareja, que se cierre durante los desacuerdos o que interactúe con su pareja de forma pasivo-agresiva. Aunque obviamente no es tu culpa, también es importante tener en cuenta cómo el miedo afectará la forma en que ves las cosas, y puedes tratar de tomar un mejor camino.

Cuando parece que el miedo siempre te retiene, también puedes querer manejarlo por tu bien y por el de tu amistad.

Cuando tienes preocupaciones en una relación, visitar a un psicólogo es una de las mejores cosas que puedes hacer. Ver a un psiquiatra te permitirá desarrollar estrategias saludables para enfrentarte a la situación y hacer frente de manera constructiva a tu miedo. Y esto puede implicar una mejor asociación al prevenir cualquier error relacionado con la ansiedad, como los que se mencionan a continuación.

Empieza a practicar la Vulnerabilidad

La verdadera intimidad es dejar entrar a alguien y permitirle el acceso a partes de ti mismo que estás escondiendo del resto del mundo. Sin embargo, cuando tienes ansiedad, puedes preocuparte de que revelarte al lado desordenado, verdadero y complicado haga que tu pareja romántica se parezca menos a ti.

No caigas víctima de este tipo de pensamiento: si eres amado por este tipo, te amarán a todos.

Además, no debes expresar ninguno de tus pensamientos más profundos y oscuros a la vez. Experimente con pequeñas "exposiciones", actividades en las que busque ser abierto con su pareja, y avance hacia una mayor vulnerabilidad con el tiempo a medida que su confianza crezca. Las preocupaciones relacionadas con la vulnerabilidad deben disminuir con el aumento de la exposición.

5.7 Sea franco en la comunicación de sus expectativas
No quieres pedir constantemente el consuelo de tu pareja, pero cuando estás continuamente perturbado por algo habla de ello.

Cualquiera que tenga ansiedad ha quedado atrapado en bucles de pensamiento: esos pensamientos repetitivos e inoportunos de los que no parece que pueda escapar aunque sepa que son tontos. Ese tipo de pensamiento en las relaciones es particularmente dañino. Por ejemplo, tal vez tu novia no te llama como lo hace normalmente después de trabajar unas cuantas noches seguidas. Atrapado en un bucle de pensamiento, crees que está molesta contigo cuando la realidad es que está en una fecha límite para el proyecto.

No quieres pedirle constantemente a tu amigo que te tranquilice, pero cuando estás continuamente perturbado por algo habla de ello. Di: "Sé que estás ocupado, pero espero tus llamadas nocturnas. Mi mente se queda atrapada en una historia cuando no escucho de ti que estás harto de mí.

La persona de mente nerviosa rumia. Muchas personas ansiosas rumiarán y se imaginarán lo peor que podría pasar. En lugar de condenar su relación, explique y exprese cuáles son sus objetivos desde el principio para que su mente no tenga que rumiar hasta las peores posiciones posibles.

5.8 Conclusión

Para tratar y controlar mejor la angustia de la pareja, algunos investigadores recomiendan el asesoramiento de parejas, como los cursos psicopedagógicos para parejas. Los investigadores evaluaron la eficacia de una sola sesión psico-educativa en un informe realizado en la revista Family Method. El objetivo de la sesión era discutir las tendencias de comportamiento correlacionadas con la angustia de la relación, incluyendo el auto-silencio, la adaptación de la pareja y la búsqueda constante de tranquilidad.

Los científicos observaron que los cónyuges con problemas de intimidad habían reducido la cantidad de búsqueda de tranquilidad y de autosilencio después de una sesión. Para el cónyuge con miedo, el cónyuge no ansioso ha mostrado grados reducidos de alojamiento.

Varios tipos de tratamiento para la pareja incluyen:

- La terapia y el comportamiento de los socios
- Asesoramiento cognitivo-conductual conjunto
- Terapia de pares existenciales cognitivos
- Tratamiento psicodinámico

Dado que la asociación de la ansiedad comparte signos comunes con otras condiciones de ansiedad, ciertos clínicos pueden recomendar comunicarse únicamente con el cónyuge de la ansiedad.

Otros pueden prescribir útiles terapias para el trastorno de ansiedad, incluyendo la terapia cognitiva-conductual (CBT), la terapia de reconocimiento y compromiso, y la atención plena. En varias investigaciones se ha observado una amplia variedad de hallazgos que siguen a la TCC en persona. Los investigadores creen que este espectro de reacciones podría ser consistente con el grado de agresión y desaprobación observado antes de la atención durante ciertos encuentros de pareja.

Los médicos deben seguir recomendando que el acompañante no ansioso sea incluido en el plan de recuperación. La posición del compañero suele ser la de un co-terapeuta. Cualquier persona necesitará tratamiento. Los medicamentos para la ansiedad incluyen inhibidores selectivos de la recaptación de serotonina e inhibidores selectivos de la recaptación de noradrenalina. Para el manejo del miedo a la intimidad, los médicos pueden no dar recomendaciones todavía.

Capítulo 6: Abuso narcisista

Los narcisistas no se aman a sí mismos con seguridad. En realidad están motivados por la culpa. Es la versión idealizada de ellos mismos que aman, que se persuaden a sí mismos que representan. Sin embargo, en el fondo, la diferencia entre la máscara que ofrecen al mundo, y su yo basado en la vergüenza es sentida por los narcisistas. Para dejar de experimentar la culpa, se esfuerzan mucho. Para llenar este vacío, los narcisistas usan métodos de protección dañinos que arruinan las relaciones y afectan la angustia y el daño de sus seres queridos. "Algunos de los métodos de afrontamiento de los narcisistas son violentos, de ahí la palabra" violencia narcisista. "Cualquiera, sin embargo, puede ser violento, pero no un narcisista. Tal trastorno de personalidad antisocial puede ser a menudo abusivo para los abusadores y para aquellos con varios trastornos psiquiátricos. La violencia sigue siendo violencia, sin importar la condición del atacante. Los principales obstáculos para usted si es un sobreviviente de la violencia son:

- Reconociéndolo claramente
- Hacer un sistema de apoyo
- Aprende a mejorar y a defenderte

6.1 ¿Qué es el abuso narcisista?

Se puede presenciar violencia emocional, física, económica, moral o sexual. Aquí hay algunos ejemplos de violencia que puede que no haya encontrado:

El acoso verbal incluye menospreciar, insultar, cuestionar, culpar, humillar, preguntar, ordenar, intimidar, condenar, enfurecer, sarcasmo, oponerse, interrumpir, socavar, bloquear y llamar por su nombre. Note que ciertos individuos hacen demandas a veces, usan el sarcasmo, interrumpen, condenan, denuncian, acusan u obstruyen. Antes de llamarlo mal uso narcisista, analice el significado, la malicia y la regularidad de la conducta.

La manipulación es un efecto indirecto sobre otros para que se comporten de manera que se fomenten los objetivos del manipulador. A veces, se muestra una hostilidad encubierta. Piensa en un "perro con ropa de oveja". Los términos suenan inocuos en la parte superior, incluso elogiosos; sin embargo, se siente degradado o se siente una intención violenta en la parte inferior. Puede que no lo conozcas como tal si has visto crecer la manipulación. Mira mi blog sobre el engaño por detección.

Las amenazas, la rabia, las advertencias, la coacción o las represalias pueden implicar una extorsión emocional. Es un método de engaño que te hace dudar. A menudo llamado "FOG", experimentas ansiedad, responsabilidad y/o arrepentimiento.

La iluminación de gas te permite a propósito dudar de tus opiniones de la verdad o de que eres psicológicamente inepto.

Contrastando innecesariamente al narcisista o a cualquier entidad como tú en una comparación despectiva.

Por la intención de venganza o ganancia personal, conflicto destructivo con sus esfuerzos o relaciones.

Sin respeto a tus emociones o deseos, beneficiándote para tus propios fines.

Engaño persistente para escapar de la culpa o para cumplir con los propios objetivos del narcisista.

Retención: la retención de artículos como ingresos, sexo, contacto o amor.

Ignorar los intereses de un niño del que el delincuente es responsable. Esto implica un daño al niño, es decir, poner o dejar a un niño en una posición peligrosa.

Ignorar tus límites yendo a tus cosas, ordenador, correo; negarte o seguirte o acechar tu protección física; ignorar la protección que has buscado.

Difundiendo falsos rumores o información errónea a otras personas sobre usted.

La violencia significa restringir tus movimientos, tirar del pelo, lanzar objetos o dañar tu casa.

La explotación financiera puede implicar la manipulación o el agotamiento de sus finanzas mediante la dominación económica a través de la extorsión, el robo, el uso indebido o el juego, o la acumulación de deudas en su nombre o la venta de sus propias cosas.

Aislarte a través de órdenes, manipulación, violencia oral, asesinato de la personalidad u otras formas de abuso de tus compañeros, familiares o acceso a recursos y ayuda externos.

En una escala, el narcisismo y el extremo de la violencia ocurren. Puede variar desde la supresión de las emociones hasta el abuso físico. Por lo general, los narcisistas no aceptan la responsabilidad de sus actos y le pasan la carga a usted o a otros; sin embargo, algunos confían en sí mismos y están dispuestos a sentir remordimiento.

6.2 Narcisismo maligno y sociopatía
Se sabe que quien actúa de manera cruel, violenta y con rasgos más egoístas tiene un narcisismo maligno. A los narcisistas malignos no les preocupa el remordimiento. Pueden ser despiadados y amar causando incomodidad. Pueden ser tan agresivos y corruptos que se involucra un comportamiento antisocial. La paranoia como forma de autoprotección los coloca en un estado de ataque protector.

El narcisismo maligno puede ser similar a la sociopatía. Los sociópatas tienen cerebros que están malformados o dañados. Muestran signos de narcisismo, aunque no todos los narcisistas son sociópatas. Sus motivos varían. Mientras que los narcisistas apuntalan a un individuo perfecto para ser respetado, los sociópatas alteran lo que son. A toda costa, deberían tener éxito y pensar poco en violar las reglas y regulaciones de la sociedad. Como lo hacen los narcisistas, no se vinculan a las personas. No quieren ser descuidados por los narcisistas. Dependen de la aceptación de los demás, pero los sociópatas se alejarán rápidamente de las sociedades que no les benefician. Aunque ciertos narcisistas suelen hacer planes para lograr sus objetivos, suelen ser más emocionales que los psicópatas, que miden fríamente sus planes.

6.3 Signos de abuso narcisista
Los siguientes signos indican que ha experimentado un abuso narcisista:

Te sientes aislado

Probablemente suene muy solitario mientras sus seres queridos no le escuchan. Te hace propenso a más explotación. A través de la empatía, incluso las condolencias, o afirmando que el abuso nunca existió, el individuo que te asalta puede arrastrarte de nuevo. Cuando necesitas estímulo, esta técnica, conocida como "hoovering", también funciona bien. Cuando no puedes comunicarte con alguien al respecto, te sientes más inclinado a cuestionar tus experiencias de violencia.

Si los seres queridos se acercan y le sugieren que ha cometido un error y le instan a dar otra oportunidad al cónyuge violento, puede terminar haciéndolo sólo para restaurar ese vínculo con ellos.

Te congelas

La gente reacciona de diversas maneras a la violencia y otros traumas. Puede intentar desafiar al individuo violento (lucha) o huir de la circunstancia (huida). Si estas estrategias no funcionan o te sientes impotente para usarlas, puedes reaccionar congelándote.

Normalmente, la reacción de congelación ocurre cuando te sientes impotente. También incluye la disociación, ya que también mitigará su gravedad al distanciarse físicamente del trauma, esencialmente adormeciendo cualquiera de las molestias y la ansiedad que se sienten.

Aunque la congelación puede tener alguna ventaja en algunas circunstancias, cuando se puede evitar el riesgo, no ayuda mucho.

Si crees que no hay forma de salir de la sociedad, en lugar de encontrar recursos para ayudarte a dejarlo cómodamente, podrías quedarte en ella, más sobre esto en un momento.

Tienes problemas para tomar decisiones

Con tan poca autoestima y confianza, un ciclo de devaluación y crítica te dejará. La violencia narcisista también conlleva efectos repetidos de tomar decisiones equivocadas y hacer poco bien. Un cónyuge opresivo también puede llamarte completamente tonto o ingenuo, también si puede burlarse de ti con un falso tono de amor. Las estrategias de la iluminación de gas incluso le harán cuestionar su capacidad de tomar decisiones.

Siempre sientes que has hecho algo malo

La dificultad para asumir la responsabilidad de algunos actos o conductas perjudiciales es una característica central del narcisismo.

Por lo general, los cónyuges violentos encuentran la manera de hacerte responsable. Mediante el engaño, pueden hacer esto, a veces:

Insistiendo en que han dicho algo que no puedes recordar

Moléstese por haber terminado de consolarlos disculpándose y aceptando que se equivocó.

Y después de renunciar a la sociedad, la ilusión de que no podrías hacerlo mejor puede ser asumida. En otros aspectos de la vida, cuando las cosas van mal, puedes no creer que no creaste esas cosas.

Tiene síntomas físicos inexplicables

La violencia puede inducir sentimientos de miedo y nerviosismo que a menudo se suman a los síntomas físicos.

- Perturbación del estómago o náuseas
- Cambios en el apetito
- Dolor de estómago y otros problemas digestivos
- Insomnio
- Dolores musculares
- Agotamiento

e inquieto

La violencia narcisista puede ser errática a veces. No sabrás si te condenarán o si te impresionarán con un regalo. Si en un momento dado no sabes lo que alguien puede hacer o sugerir, crearás mucha ansiedad por tener que prepararte constantemente para enfrentarte a la confrontación.

No te reconoces a ti mismo

Muchas personas cambian gradualmente su propia identidad para entablar una relación íntima mientras experimentan la violencia. Puede ser un reto para ti apreciar la vida y perder los sentidos.

Tienes problemas para establecer límites

Alguien que participa en la brutalidad narcisista también muestra cero respeto por las restricciones. Podrían desafiarlas cuando intentas establecer o imponer límites, ignorarlas totalmente o darte un tratamiento silencioso antes de hacer lo que les gusta. En última instancia, puede que renuncies a tus límites por completo.

Tiene síntomas de ansiedad y depresión

Como consecuencia de la intimidación narcisista, suelen surgir la ansiedad y la depresión. Sentimientos constantes de preocupación, ansiedad y miedo pueden ser causados por la tremenda tensión que se experimenta, especialmente porque nunca se sabe qué asumir de sus acciones. Puede sentirse impotente o inútil; puede perder la confianza en las actividades que antes le ofrecían placer, y puede no ver un rendimiento potencial más optimista. Puede que asumas la responsabilidad de la violencia, tal vez aceptes sus afirmaciones de que no debes preocuparte lo suficiente por ellos o te responsabilices en primer lugar por caer en su engaño. Cualquiera de los dos conducirá a sentimientos de poca importancia y disminuirá la autoestima mucho más.

6.4 Consejos para recuperarse del abuso narcisista

Si recientemente has terminado una relación disfuncional con alguien con tendencias narcisistas, actualmente estás lidiando con mucha frustración y dolor. Y aunque te das cuenta, en el fondo, de que no has tenido la culpa, sabiendo que esto es a veces una historia totalmente diferente. Contribuirá a la angustia interna preguntarse si debería haber hecho mejor para disuadir la violencia o apoyar al ser querido a resolver sus problemas. Los consejos para contrarrestar la agresión narcisista se enumeran a continuación.

Reconocer y aceptar el abuso

Es un primer paso significativo hacia la curación el darse cuenta de que ha sufrido violencia, ya sea por una relación sexual, un miembro de la familia o un conocido. Puede que le resulte difícil dejar de lado las racionalizaciones y las posibles explicaciones de las acciones del otro individuo al principio de la fase de recuperación.

En realidad, siempre y cuando te asegure que no tienes que aceptar que alguien a quien respetas te ha hecho daño deliberadamente, puedes sentirte completamente capaz de asumir la responsabilidad por ti mismo. En cierto sentido, la ignorancia te protegerá. Para muchos individuos, el profundo amor romántico o maternal eclipsa el hecho.

También es difícil de entender que cuando lastiman a alguien, esas personas realmente parecen no darse cuenta.

Pero ignorar lo que pasó hace que te cueste arreglarlo y recuperarte de ello. Incluso puede hacer que en el futuro sientas más sufrimiento.

Si se da cuenta de que su ser querido ha soportado su propio dolor emocional, puede que sienta empatía por estos retos y quiera darle una segunda oportunidad.

La compasión nunca es falsa, pero la preocupación por el bienestar mental no debe justificar el acoso. Aunque les da suficiente espacio para mantenerse a salvo, les permitirá buscar ayuda. Tal vez sea mejor enfrentarse a la realidad tratando de reconocer las estrategias empleadas a menudo por los narcisistas.

Establece tus límites y decláralos claramente

Los terapeutas y expertos en tratamiento de la violencia también abogan, si es factible, por cortar cualquier interacción con la ex pareja después de romper la relación. No es sólo un tope para que se queden sin tocar. También es un límite para ti, uno que al principio puede ser increíblemente desafiante. Te ayudará a no ceder a esta tentación bloqueando tu teléfono, tu correo electrónico y tus cuentas de medios sociales.

Ten en cuenta que también querrán llegar a ti desde otras rutas, pero te ayudará a planear cómo vas a hacer frente a esto.

Para establecer el espacio y la distancia necesarios para usted, acepte también los límites personales, tales como:

No intercambiar datos personales (una fase crucial en el proceso de balanceo gris)

Limita el contacto a un sitio, como una dirección de correo electrónico que no estés usando para otra cosa.

Prepárese para las emociones complejas

La mayoría de las rupturas implican emociones traumáticas, incluyendo:

- El luto y la muerte
- Shock
- Rage
- Dolor o sentimientos de depresión

Podrías sentir esto junto con otras formas de angustia emocional después de dejar una relación marcada por la violencia narcisista, describe Biros.

Se trata de..:

- Ansiedad
- Miedo
- Paranoia
- Lástima

Es posible que a menudo te quedes con signos de trastorno de estrés postraumático (TEPT) por el trauma de una relación disfuncional. Una tonelada de incomodidad puede ser inducida por humanos venenosos. Pero también tienen un don para hacerte creer en su verdad. Por lo tanto, aunque hayas sufrido algunas profundas heridas emocionales, puedes dudar de tu propio comportamiento.

Para empezar, tu afecto por ellos podría persuadirte de que fue tu culpa que abusaran de ti y te maltrataran. Romper una amistad disfuncional con la familia puede desencadenar sentimientos de remordimiento o deslealtad también.

Hay sentimientos emocionales que son naturales. Sin embargo, no siempre es fácil superarlos solo, especialmente cuando te sientes abrumado por las técnicas de engaño.

Cuando continúen navegando por estas emociones difíciles, un psiquiatra les proporcionará ayuda.

Reclame su identidad

Los individuos con tendencias narcisistas frecuentemente requieren que las personas respondan en tales aspectos. Desprecian o ridiculizan duramente a las personas por no seguir ciertas normas. Esto es lo que podrían parecer:

Tu ex dijo que tu pelo parecía "tonto y asqueroso", así que lo arreglaste.

Tus padres te informan frecuentemente de lo "tonto" que fuiste en la música por "perder el tiempo", así que dejas de tocar el piano.

Pueden intentar controlar su tiempo y desalentarlo de ver a sus amigos o de participar en sus propias actividades.

Si, como resultado de esta manipulación, has alterado tu apariencia y personalidad o has perdido cosas que solías disfrutar, puedes sentirte como si ya no te conocieras tan bien.

Parte de la curación significa volver a conocerse a sí mismo, o averiguar qué es lo que quiere, cómo quiere invertir su tiempo, y con quién quiere invertirlo.

Practica la autocompasión

Puede tener muchas críticas para usted mismo una vez que acepte que su asociación fue, sí, violenta. Pero tenga en cuenta que nadie justifica la violencia, y que su culpa no es de sus acciones. Ofrécete el arrepentimiento en lugar de castigarte por caer en su abuso o criticarte por animarles a maltratarte durante demasiado tiempo.

No puedes deshacer el pasado, y no puedes alterar sus actitudes o comportamiento. Sólo tienes control sobre ti mismo. Pero puedes tomar la decisión de honrar tus deseos, como el respeto, la satisfacción y el amor sano, usando esta fuerza. Elógiese por la decisión de terminar la sociedad y motívese para adherirse a ella.

Comprende que tus sentimientos pueden persistir

El amor puede ser duro, en parte porque no siempre puede ser manejado por ti. No es fácil evitar amar a alguien, incluso a alguien que te hace daño. Siempre puedes aferrarte a los buenos recuerdos después de romper la relación y desear que puedas sentir esos días de nuevo de alguna manera.

Pero saber que no es necesario dejar de amar a los demás para empezar a curarse es crucial. Esperar a que suceda detendrá la fase de curación. Debes fingir que valoras a alguien aunque saber su comportamiento te dificulta mantener una amistad con ellos cómodamente. Aceptar esta comprensión también hará que comience un distanciamiento relacional que te hará más capaz de romper la relación.

Cuídate.

Un gran cambio en tu recuperación se dará con hábitos exitosos de autocuidado. El autocuidado permite que se cumplan los requisitos mentales y físicos. Eso puede implicar cosas como:

- Obtener suficiente sueño reparador
- Relajarse cuando se está cansado o abrumado
- Dando tiempo para que disfrutes de tus hobbies y otras cosas
- La creación de redes para los seres queridos...
- Usar las habilidades de afrontamiento para suprimir los sentimientos de angustia
- Tener comidas saludables
- Permaneciendo físicamente involucrado

Su mente y su cuerpo se ayudan a sostenerse mutuamente, pero le ayudará a estar mejor y más preparado para trabajar con el dolor mental al atender las necesidades físicas.

Habla con los demás

Hablar con amigos y familiares que son compasivos hará que te sientas menos solo mientras te recuperas. La gente que piensa por ti estará dispuesta a hacerlo:

- Presente sus condolencias
- Validar el sufrimiento que estás sintiendo
- Apoyo para ocuparse o para tener negocios en los días difíciles
- Recuerde que la violencia no fue suya.

Pero tal vez ciertos individuos en su vida no dan mucha (o ninguna) ayuda. Cualquier miembro de la familia puede ponerse del lado de la persona abusiva. Un ex abusivo puede ser ayudado por compañeros mutuos.

Esto creará frustración y dolerá mucho. Establecer límites sobre el tiempo que pasas con estos individuos cuando continúas sanando también es beneficioso. Por ejemplo, puedes pedirles que no hablen del individuo que te rodea, o que dejen de expresar sus pensamientos sobre la circunstancia. Considere la posibilidad de restringir el tiempo que pasa con ellos si no siguen ciertos límites. Las redes de ayuda a menudo dan la oportunidad de romper el silencio sobre la brutalidad que has presenciado. Expresarás tu experiencia en un grupo de ayuda para personas que aún están luchando por recuperarse.

Obtener apoyo profesional

Hablar con un profesional de uno a uno le ayudará a dar un paso importante para mejorar su bienestar mental. Un psiquiatra le ayudará a comprender las causas de estas emociones y a desarrollar una hoja de ruta para evitar decisiones inútiles en el futuro, ya sea que le resulte imposible dejar al individuo que le está manipulando o que ya tenga pensamientos de ofrecerle otra oportunidad.

Un psicólogo también debería tener ayuda con:

- Creación de nuevas habilidades de afrontamiento
- Preguntar a las personas de acoso

- Luchar contra las demandas de interacción con una persona abusiva
- Abordar el estrés, el miedo u otros signos de bienestar mental
- Superar las propuestas suicidas o de autolesión

La terapia también le ayudará a entender las variables fundamentales que podrían hacerle más susceptible a los comportamientos de acoso. En resumen, el asesoramiento es un lugar de apoyo donde puede ser ayudado por un terapeuta calificado y cuidadoso para discutir y apreciar el lío de sentimientos que lucha por desempacar. Te regenerarás, pero no sucede al instante. Cuando comiences el proceso, una terapia te hará sentir más apoyado.

6.5 Efecto del abuso narcisista en las víctimas

En el caso de las personas que pasan demasiado tiempo disfrutando o preocupándose por sí mismas, también se utiliza el término narcisista. En su núcleo, sin embargo, el narcisismo es algo más que una fijación de sí mismo o de un espejo. Los expertos describen a los narcisistas como personas motivadas por la culpa o el remordimiento, que tienen una falsa imagen de sí mismos que admiran. Para proteger esa imagen, se rebajan en cualquier medida, a veces terminando por agredir a sus seres queridos emocional e incluso físicamente. Alrededor de 450 millones de personas tienen un Trastorno de Personalidad Narcisista (NPD), según la página del Día Mundial de Concienciación sobre la Violencia Narcisista (WNAAD).

La gente está continuamente oprimida por los narcisistas, cuando se les miente y se les engaña constantemente, parecen aceptar una visión retorcida de la verdad. Parecen ser cínicos en todo y les resulta imposible creer a los demás, cuando su agresor los ha entrenado para hacerlo. Científicamente se ha demostrado que un trauma persistente y a largo plazo puede afectar no sólo a la memoria, sino también a la capacidad de pensar y comprender.

¿Qué daño causa al cerebro?

La violencia narcisista, que puede contribuir al trastorno de estrés postraumático (TEPT), se comporta como un estrés traumático. Los estudios indican que tres grandes áreas del cerebro -el hipocampo, la corteza prefrontal y la amígdala- están dañadas por el estrés traumático a largo plazo. Antes de que se transformen en memoria a largo plazo, el hipocampo retiene las experiencias a corto plazo en todo el cerebro. Por lo tanto, define cómo y cuándo se conocen los nuevos conceptos. Las células cerebrales del hipocampo pueden debilitarse por el estrés constante debido a un trauma, lo que hace que su tamaño se reduzca constantemente. Como consecuencia, la persona pronto tiende a descuidar los detalles y le resulta difícil aprender cosas nuevas. La parte del cerebro que está justo entre los ojos es la corteza prefrontal. La atención, la memoria, la toma de decisiones y la preparación se rigen por esta área. Se observa que esta área se encoge por el estrés emocional, como el hipocampo. Es un reto para las personas que se recuperan de la violencia narcisista tomar decisiones y parecen tener un período de atención reducido. Todavía parecen estar estresados y hay una falta de autocuidado.

Finalmente, cada vez que se siente nervioso o asustado, la amígdala, el órgano de la ansiedad del cerebro, se activa. Cada vez que alguien piensa en ello, guarda todos los recuerdos del trauma y se desencadena. La escala de la amígdala se eleva por el estrés emocional. Esto se presenta como un desorden intensificado de la ansiedad y el estado de ánimo.

6.6 ¿Los narcisistas saben lo que hacen?

Aunque el superviviente puede no ser consciente de la violencia a sabiendas, la mayoría de los narcisistas saben lo que hacen. En su artículo, publicado en el Journal of Personality and Social Problems, Erika Carlson, profesora adjunta de la Universidad de Washington en St. Louis, aclaró la mentalidad de un individuo narcisista. Los narcisistas son conscientes de sus atributos dañinos, según ella, así que no se dan cuenta o creen que la gente a su alrededor no ve lo "asombrosos" que son. Simplemente disfrutan de lo que son, y no tienen intención de mejorar.

6.7 ¿Qué se puede hacer para detenerlo?

Romper la relación con el atacante o simplemente alejarse de él es el enfoque más seguro para evitar la violencia manipuladora. Los siguientes enfoques para tratar las secuelas del trauma narcisista son descritos por Elinor Greenberg, una consejera e investigadora y profesora de condiciones limítrofes, narcisistas y esquizoides:

Fíjate en los valores personales que te impiden seguir adelante y que te impiden hacer frente a las cosas.

Descubre lo que te causó ayudar al atacante y discúlpate.

Escriba lo que significa la condición en su cabeza. Así que, aunque tu corazón pueda decir que te preocupas por ese tipo, todavía hay algo malo en tu mente.

Capítulo 7: Construir una relación amorosa

Todas las relaciones románticas se enfrentan a altibajos, y con tu pareja todas requieren trabajo, dedicación y compromiso para adaptarse. Pero hay pocas acciones que puedes tomar para construir una relación saludable, ya sea que tu relación esté en una etapa inicial o que hayan estado juntos por años. Puedes aprender a conectarte, encontrar satisfacción y disfrutar de la felicidad, incluso si has tenido muchas malas relaciones en el pasado o has intentado antes refrescar los fuegos del amor en tu relación actual.

¿Qué hace que una relación sea saludable?

Cada asociación es especial, y la gente se acerca para varios propósitos diferentes. El papel de lo que determina una buena asociación es tener una visión compartida de lo que necesita la relación. Y eso es algo que realmente descubrirás al comunicarte sincera y francamente con tu pareja. Mientras que también hay algunas características que las relaciones fuertes tienen en general. Conocer estas reglas fundamentales puede ayudar a mantener su relación satisfactoria, significativa y emocionante, independientemente de los objetivos que estén trabajando o las dificultades que enfrenten juntos.

Mantienes un vínculo emocional significativo con tu pareja

Cada uno de ustedes hace que el otro se sienta afectado y emocionalmente satisfecho. Hay una diferencia entre sentirse amado y ser amado. Te hace sentir valorado y aceptado por tu pareja cuando te sientes adorado, como si alguien realmente te comprendiera. Algunos matrimonios quedan atrapados en una coexistencia feliz, pero sin que las parejas se conecten entre sí psicológicamente. Mientras que la unidad puede parecer constante en la superficie, la falta de participación continua y el vínculo emocional sólo sirve para crear una brecha entre dos personas.

No te preocupa el desacuerdo (respetuoso)

Algunos socios lo resuelven con calma, mientras que otros pueden levantar la voz y discutir apasionadamente. En una relación poderosa, la clave, sin embargo, es no tener miedo a la disputa. Sin temor a las represalias, es necesario sentirse bien para expresar las cosas que le molestan y poder resolver las disputas sin degradación, humillación o pretensión de tener la razón.

Mantienes vivas las relaciones y preocupaciones externas

A pesar de las afirmaciones de las novelas o películas románticas, nadie puede satisfacer todas sus necesidades. Esperar demasiado de su cónyuge puede poner una relación bajo una presión insana. Para regular y mejorar su relación romántica, es importante mantener su propia individualidad fuera de la relación, tener vínculos con amigos y familiares, y participar en sus pasiones y pasatiempos.

Te comunicas honesta y abiertamente

La buena interacción juega un papel importante en cualquier relación. Puede ganar confianza y fortalecer el vínculo entre ustedes si ambas personas saben lo que quieren de la relación y se sienten cómodas expresando sus miedos, necesidades y deseos.

Enamorarse vs. estar enamorado

Para ciertas personas, parece que el enamoramiento es algo que suele ocurrir. Es permanecer enamorado, o conservar la experiencia de "enamorarse", lo que requiere dedicación y esfuerzo. Sin embargo, vale la pena el esfuerzo, con sus beneficios. Una relación íntima segura y estable actuará como un pilar continuo de estímulo y satisfacción en su vida durante los buenos y los malos momentos, reforzando todas las facetas de su bienestar. Creará una asociación duradera que perdurará, tal vez de por vida, tomando las medidas necesarias ahora para mantener o reavivar el sentimiento de enamoramiento.

La mayoría de las parejas se concentran en su relación sólo cuando hay asuntos inevitables que superar. También vuelven a centrarse en sus trabajos, hijos u otras prioridades después de que las preocupaciones se han resuelto. Mientras que las relaciones románticas necesitan atención continua y promesa para que el amor aumente. Se necesitará su compromiso y esfuerzo, siempre y cuando el bienestar de una relación romántica siga siendo valioso para usted. Y a menudo puede ayudar a evitar que se convierta en una mucho más grande en el futuro, identificando y arreglando un pequeño problema en su relación ahora. Las siguientes instrucciones pueden ayudarle a mantener esa experiencia de enamoramiento y a mantener su relación saludable.

Pasar un buen rato cara a cara

Se enamoraron mirándose y hablándose. Mantendrán el sentimiento de enamoramiento a largo plazo si logran mirar y escuchar con la misma diligencia. Tal vez tengan buenos recuerdos de la primera vez que salieron con su amado. Todo parecía nuevo y emocionante, y probablemente pasaron horas charlando juntos o probando cosas nuevas y emocionantes. Sin embargo, con el paso del tiempo, las presiones del trabajo, la familia, otras responsabilidades, y el deseo de tiempo que todos tenemos para nosotros mismos harán más difícil encontrar tiempo para estar juntos. Muchas parejas notan que las llamadas, cartas y mensajes instantáneos apresurados son eventualmente sustituidos por la comunicación cara a cara de sus primeros días de citas. Aunque el contacto a distancia es perfecto por ciertas razones, de la misma manera que el contacto cara a cara, puede que no tenga una buena influencia en su sistema nervioso y en su cerebro. Enviar un mensaje o una nota de voz a tu pareja diciendo "Te extraño" es bueno, pero si los miras raramente o tienes tiempo de sentarte con ellos, seguirán sintiendo que no los aprecias ni los entiendes. Y como pareja, se volverán más distantes o desconectados. Las señales emocionales que ambos necesitan para sentirse apreciados sólo pueden ser expresadas en persona, por lo que es difícil sacar tiempo para pasar juntos por muy ocupada que sea la vida.

Promete que pasaremos un buen rato juntos a diario

Tómese unas cuantas horas cada día para dejar de lado sus aparatos electrónicos, no piense en otras cosas, y sólo concéntrese y conéctese con su pareja, sin importar lo ocupado que esté.

Encuentra cualquier cosa que te guste hacer juntos

Encuentren **cualquier cosa que les guste hacer juntos, ya sea** un hobby común, una caminata diaria, una clase de baile o sentarse con una taza de café cada mañana.

Experimentar algo nuevo juntos

Experimentar nuevas cosas juntos puede ser la mejor manera de unir y tener cosas emocionantes. Puede ser visitando un nuevo bar o dirigiéndose a un lugar donde nunca has estado antes en un viaje de un día.

El énfasis en el placer de estar juntos

Las parejas, en las fases iniciales de una relación, son siempre más agradables y juguetonas. Sin embargo, esta naturaleza juguetona puede perderse a menudo cuando los problemas de la vida empiezan a interponerse o las viejas ofensas comienzan a acumularse. De hecho, mantener el sentido del humor puede ayudar a superar los momentos difíciles, disminuir el estrés y trabajar más fácilmente para superar los problemas. Debes soñar con formas juguetonas de impresionar a tu pareja, como llevar rosas a casa o programar una mesa en su restaurante favorito de forma espontánea. También puedes ayudar a reconectar con tu lado humorístico jugando con mascotas o niños pequeños.

Hacer cosas juntos que beneficien a los demás

Una de las maneras más fuertes de mantenerse cerca y conectado es concentrarse en algo fuera de la relación que usted y su pareja valoran. Ser voluntario en una misión, iniciativa o servicio comunitario que tenga valor para cada uno de ustedes mantendrá una amistad nueva y emocionante. También puede presentarles nuevos individuos y conceptos, proporcionarles la capacidad de resolver nuevos problemas juntos y tener nuevas oportunidades de comunicarse entre sí.

Además de ayudar a aliviar la tensión, la ansiedad y la tristeza, trae gran alegría hacer cosas para apoyar a los demás. Para apoyar a la gente, los seres humanos están conectados. Como individuos y como equipo, cuanto más apoyes, mejor serás.

Mantente unido a través de la comunicación

Un aspecto esencial de una amistad estable es el contacto fuerte. Te sientes cómodo y satisfecho al experimentar un saludable vínculo interpersonal con tu cónyuge. Cuando las personas evitan hablar bien, evitan conectarse bien, y los períodos de transición o tensión también pueden resultar en una desconexión. Puede parecer simplista, pero típicamente puedes navegar a través de cualquier desafío que tengas mientras estés hablando.

Diga lo que necesita, no los deje adivinar.

Hablar de lo que necesitas no siempre es fácil. Por un lado, muchos de nosotros no invertimos mucho tiempo en una sociedad preocupándonos por lo que es realmente relevante para nosotros. Y aunque realmente sepas lo que necesitas, puede hacerte creer que estás indefenso, humillado o incluso avergonzado de hablar de ello. Sin embargo, mira las cosas desde la perspectiva de tu pareja. Proporcionar a los que valoras calor y empatía es una alegría, no una dificultad.

Puede suponer que su cónyuge tiene una clara comprensión de lo que usted piensa y de lo que necesita si se conocen desde hace tiempo. Sin embargo, su compañero no es un lector de mentes. Aunque su cónyuge puede tener un entendimiento, para evitar más malentendidos, es mucho más fácil comunicar sus deseos explícitamente. Puede que haya algo que su esposa sienta, pero puede que no sea lo que usted requiere. Es más, la gente está evolucionando, y, por ejemplo, lo que usted requería y deseaba hace cinco años podría ser algo diferente hoy. Por lo tanto, acostúmbrese a decirles exactamente lo que necesita en lugar de permitir que los malentendidos, el resentimiento o la ira crezcan cuando su cónyuge se equivoca continuamente.

Fíjese en las pistas no verbales de su pareja

La mayor parte de nuestra comunicación se transmite a través de lo que no decimos. Los gestos no verbales, que implican tono de voz, contacto visual, postura y gestos como cruzar los brazos, inclinarse hacia adelante o tocar la mano de alguien, transmiten mucho más que palabras. Si puedes captar los signos no verbales o el "lenguaje corporal" de tu pareja, podrás ver cómo se sienten y serás capaz de reaccionar adecuadamente. Para que una relación funcione correctamente, cada individuo tiene que reconocer las señales no verbales propias y de su pareja. Las respuestas de su pareja pueden ser diferentes a las suyas. Por ejemplo, después de un día duro, una persona puede considerar que un abrazo es un medio de comunicación afectuoso, mientras que otra puede querer sólo dar un paseo juntos o sentarse a hablar. También es necesario asegurarse de que su lenguaje corporal está equilibrado con lo que quiere decir. Si dices, "Estoy bien", pero aprietas los dientes y apartas la mirada, entonces tu cuerpo indica claramente que estás todo menos "bien".

Usted se siente apreciado y satisfecho cuando se encuentra con señales positivas de su cónyuge, y su cónyuge se siente igual cuando usted da señales emocionales positivas. Si evita interesarse por los sentimientos propios o de su cónyuge, el vínculo entre ustedes se debilitará y la capacidad de interactuar se verá afectada, especialmente durante los períodos difíciles.

Sé un gran oyente

Aunque en nuestra cultura se da mucha importancia a la comunicación, se creará un vínculo más profundo y más grande entre ustedes si pueden aprender a escuchar de una manera que ayude a otra persona a sentirse respetada y comprendida. Hay una gran brecha entre escuchar y simplemente oír de esta manera. Cuando escuchas de verdad, oirás las leves entonaciones en el habla de tu compañero que te informan de cómo suenan realmente y los sentimientos que intentan expresar cuando te preocupa lo que se dice. Ser un oyente decente no implica que tengas que comprometerte o cambiar de opinión con tu compañero. Sin embargo, puede permitirte encontrar puntos de vista compartidos que te ayudarán en la resolución de disputas.

Manejar el estrés

Usted es más propenso a juzgar mal a su pareja cuando está ansioso o mentalmente abrumado, da mensajes no verbales confusos o desagradables, o se desliza hacia patrones de comportamiento inapropiados. ¿Cuánto te has estresado y te has despojado de tu preciado ser y has dicho o hecho algo de lo que te has arrepentido después? Si aprende a manejar la tensión con facilidad y vuelve a un estado relajado, no sólo podrá detener esos arrepentimientos, sino que también podrá ayudar a reducir las disputas y los malentendidos, e incluso ayudar a relajar a su cónyuge mientras se calienta.

Mantener viva la relación física

El tacto es un aspecto integral de la vida humana. El valor del tacto frecuente y afectuoso para el crecimiento del cerebro ha sido demostrado a través de la investigación de los bebés. Y las ventajas no se detienen en la infancia. La interacción afectiva aumenta los niveles de oxitocina en el cuerpo, una sustancia que afecta la comunicación y la conexión. Aunque el sexo es siempre un pilar de una pareja comprometida, el contacto sexual no debe ser el único proceso. El contacto frecuente y afectuoso es igualmente importante: tomarse de la mano, abrazarse, besarse. Por supuesto, es importante ser sensible a lo que le gusta a tu cónyuge. La otra parte se estresará y se retirará con contactos no deseados o propuestas sexuales, sólo lo que no le guste. Esto se reducirá a cuán abiertamente expresas tus deseos y objetivos con tu pareja, junto con muchas otras facetas de una relación estable. Incluso si tienes presiones de trabajo o niños pequeños que cuidar, recortando un par de horas diarias, puede ser en forma de una cita nocturna o unos pocos minutos al final del día donde puedes sentarte y charlar o tomarte de la mano, puedes ayudar a mantener el contacto físico intacto.

Aprende a dar y tomar

Estás condenado al fracaso si planeas conseguir lo que quieres el 100 por ciento del tiempo en una sociedad. Por consenso, se establecen asociaciones estables. Sin embargo, se requiere un esfuerzo por parte de cada uno para asegurar que haya un intercambio justo.

Comprender lo que es esencial para su pareja

Se trata de crear confianza y un clima de consenso para reconocer lo que es importante para su cónyuge. También es necesario que su cónyuge considere sus deseos por otro lado y que usted los exprese explícitamente. Contribuir constantemente con los demás sólo puede crear frustración y rabia a costa de sus propias demandas.

No hagas del "ganar" tu objetivo

Sería difícil llegar a un acuerdo si te enfrentas a tu pareja con la mentalidad de que las cosas deben ser a tu manera o de otra manera. A veces, esta actitud proviene de no satisfacer tus necesidades mientras eres más joven, o pueden ser años de malentendidos acumulados en la relación que llegan a un punto de ebullición. Tener fuertes creencias sobre algo está bien, pero tu pareja también merece ser escuchada. Sea respetuoso con la otra persona y su punto de vista.

Aprende a resolver humildemente los conflictos

El conflicto en cualquier asociación es posible, por lo que ambas partes necesitan saber que han sido respetadas para mantener una relación fuerte. El propósito no es tener éxito, sino preservar la asociación y mejorarla.

Asegúrate de que estás luchando de forma justa

Concéntrese en el tema y valore a la otra persona. No lances debates sobre algo que no puedes alterar.

No golpees a alguien directamente

Para expresar cómo suenas, usa las declaraciones de la "I". Por ejemplo, en lugar de decir, "Me haces sentir terrible" intenta "Me siento terrible cuando haces eso".

No saques viejos argumentos

Confíe en lo que pueda hacer aquí y ahora para arreglar el problema, en lugar de señalar las disputas o rencores previos y asumir la culpa.

Estar dispuesto a perdonar

Si eres reacio o incapaz de perdonar a nadie, terminar una pelea es difícil.

Tomar un descanso si los ánimos se caldean

Antes de que digas o hagas algo que te aflija, tómate un tiempo para aliviar la tensión y calmarte. A menudo note que con la persona que ama, está discutiendo.

Saber cuándo dejar ir algo

Acepta diferir si no puedes llegar a un acuerdo. Para mantener un debate en marcha, se necesitan dos entidades. Pueden optar por desentenderse y seguir adelante si la confrontación no va a ninguna parte.

Prepárate para los altibajos

Es esencial recordar que hay altibajos en cualquier sociedad. No estarás en la misma página todo el tiempo. Uno de los cónyuges a menudo puede enfrentarse a un dilema que le agobia, como la pérdida de un miembro cercano de la familia. Otros incidentes pueden afectar a todos los cónyuges y hacer imposible la conexión entre ellos, como la pérdida de trabajo o graves problemas de salud. Es posible que tenga varias ideas para manejar los presupuestos o criar a los hijos. Diferentes individuos manejan la tensión de manera diferente, y los malentendidos pueden transformarse rápidamente en resentimiento y rabia.

No saques las frustraciones de tu pareja

El estrés de la vida puede hacernos hiperactivos. Puede parecer mejor quejarse con su compañero si está lidiando con mucha tensión, y también se siente mejor gritándole. Al principio, luchar así puede parecer un alivio, pero poco a poco arruina tu compañerismo. Aprende otras estrategias para manejar la tensión, la rabia y las molestias que son más saludables.

Tratar de imponer una solución puede crear más problemas

Cada persona opera a su manera a través de cuestiones y problemas. Son un equipo, recuerden. Os llevará a los puntos difíciles tratando de avanzar juntos.

Mira atrás a las fases iniciales de tu relación

Compartan las experiencias que los llevaron a estar juntos, analicen la etapa en la que comenzaron a separarse y decidan si pueden trabajar juntos para revivir el sentimiento de estar enamorados.

Estar abierto a la transformación

En la vida, la transición es inevitable, y si vas por ella o luchas contra ella, sucederá. Para ajustarse a la transición que constantemente tiene lugar en cada sociedad, la resistencia es importante, y te ayuda a desarrollar juntos tanto los buenos como los malos tiempos.

Si quieren apoyo externo para su relación, alcancenlo juntos

Los problemas en una sociedad también pueden ser demasiado complicados o desalentadores para trabajar como socio. La terapia para parejas o la comunicación con un conocido cercano o una figura religiosa puede resultar beneficiosa.

7.1 Factores importantes para la construcción de una relación duradera

A continuación se enumeran los factores esenciales:

Pasión armoniosa

Las buenas relaciones de pareja requieren una interdependencia a través de la cual podamos estar seguros, maduros y completos a través de nosotros mismos y al mismo tiempo permanecer abiertos y vulnerables a nuestro cónyuge y apreciar sus fortalezas y habilidades especiales. Debemos estar comprometidos con nuestros intereses individuales para poder tener este tipo de relación, y al mismo tiempo emprender diferentes e interesantes actividades juntos como pareja para ayudar a fomentar una materia saludable que nos pueda sostener a lo largo del tiempo.

En contraste con la pasión armoniosa está la pasión obsesiva, bajo la cual podemos pasar un mal rato evolucionando como seres humanos plenos mientras nos apoyamos en nuestro cónyuge para satisfacernos o completarnos. Este tipo de entusiasmo tiene un lado oscuro que es tan perjudicial para una amistad como conseguir poco entusiasmo en absoluto, como afirma el investigador Robert Vallerand. La pasión obsesiva contribuirá a relaciones no saludables y a un sexo menos gratificante, él y sus colegas han notado.

En el otro lado, la pasión armoniosa contribuye a los beneficios cognitivos y emocionales, como la mejora de la atención, una disposición más optimista y un mayor flujo. El análisis ha demostrado que también se correlaciona con acciones menos perturbadoras durante las disputas interpersonales.

¿Cómo se puede crear una pasión más armoniosa? Es necesario crear confianza primero. El investigador de la asociación John Gottman indica que estamos en sintonía con el otro, sugiriendo que nos prestemos atención, nos volvamos hacia el otro, ejercitemos la compasión, demostremos comprensión, no nos pongamos a la defensiva en nuestras reacciones y demostremos empatía. Puede que no lo entiendas bien cada vez, pero la práctica continua aumenta tus posibilidades de éxito y da resultados a largo plazo.

Cultivando emociones positivas

Los buenos pensamientos son vitales para nuestro bienestar, ayudándonos a desarrollar capacidades físicas, psicológicas y sociales específicas y permanentes que nos preparen para tiempos más difíciles. Entonces, ¿qué son precisamente las emociones optimistas? ¿Se refiere a que sentimos el placer de comer un buen trozo de chocolate?

Por supuesto, no hay nada malo con el placer; necesitamos que esté contento con nuestras vidas. Pero cuando Fredrickson habla de sentimientos optimistas, se aplica, además de la alegría o el placer, a un repertorio más amplio de sentimientos, como la curiosidad, la esperanza, el aprecio y el asombro. No son un sustituto de los sentimientos "malos" como la rabia, la depresión o la ansiedad, y no deben considerarse "malos" en absoluto, ya que pueden tener consecuencias beneficiosas en nuestras acciones, haciéndonos enfrentarnos a la desigualdad, consiguiendo apoyo para nosotros mismos o escapando de circunstancias inseguras.

Sin embargo, no todas las emociones negativas son beneficiosas, en particular el exceso de negatividad en las interacciones.

Aunque debemos ser receptivos al aprendizaje de los sentimientos dañinos cuando surgen, queremos desarrollar conscientemente emociones positivas. Los análisis también han demostrado que hay una mejora en los perfiles cardiovasculares y una mejor recuperación de las apoplejías en los individuos con sentimientos más optimistas. Los buenos sentimientos le amortiguarán a uno hacia un período emocionalmente estresante. Y en ciertos aspectos de la vida, incluyendo las relaciones, los sentimientos optimistas tienden a contribuir a los resultados.

Para las relaciones, los sentimientos optimistas son esenciales, permitiéndonos mantenernos animados mientras nos movemos a través de los inevitables altibajos de la vida. Incluso pueden llegar a ser infecciosos para nuestro compañero (y viceversa), por lo que debemos esforzarnos en desarrollar sentimientos más optimistas en nosotros mismos para que nuestro compañero pueda "ver" nuestra positividad.

¿Por qué se cultivarán sentimientos más optimistas? Recordarse a sí mismo que hay que ser feliz no funciona. En realidad, la investigación ha demostrado que puede resultar contraproducente y hacernos menos satisfechos de disfrutar tanto del placer y de fijarnos en él.

En cambio, al tomar decisiones y planificar tu vida de manera que pueda promover sentimientos saludables, puedes "priorizar la positividad". Observa qué cosas te ofrecen buenas emociones a lo largo de tu vida y recuerda preparar más de ellas para tu vida. Así que, quieres añadirlo a tu repertorio de cosas que haces con tu pareja si encuentras que bailar es divertido. O, si te motiva una figura heroica, asegúrate de que la próxima vez que esté en la ciudad, vayas a escucharla hablar. Incluso pueden dar largos paseos juntos, hacer la cena juntos, o ver las fotos de la boda juntos.

No se trata de empujar los sentimientos optimistas, sino de situarse en ciertas situaciones en las que usted y su cónyuge se esfuerzan instintivamente por cultivar la positividad.

Saboreando los buenos tiempos

Saborear está conectado con los buenos sentimientos, pero se trata de mejorar su efecto. En lugar de resolver problemas o tratarse por sentado, permite respetar a nuestro compañero a lo largo del tiempo si recordamos sus atributos positivos y los buenos momentos que compartimos juntos.

Saborear implica algo que va más allá de una experiencia inicial que es similar a la consciencia o meta-conciencia. Apreciar lo que está sucediendo en el momento, así como recordar el pasado o soñar con un agradable recuerdo potencial, tendrá un efecto positivo en nuestra satisfacción. Si se logra con una novia, recomendamos que incluso tenga ventajas de asociación.

Algo que Bryant y Veroff llaman "refuerzo afectivo" se ha relacionado con la realización del matrimonio y la gestión eficaz de los cambios difíciles, como la crianza de un niño, la expresión de las buenas características que vemos en nuestros seres queridos. Además, el respeto por los atributos más finos de nuestro cónyuge profundizará nuestro vínculo en este momento y creará herramientas para expandir nuestra asociación en el futuro, así como para aumentar la satisfacción individual.

Siempre que su cónyuge sea un apoyo ardiente y no amenace con disminuir su placer, preguntarle a su cónyuge sobre acontecimientos significativos de su vida a menudo mejora el bienestar emocional. En realidad, las parejas que expresan su buena fortuna con el otro de manera constructiva parecen informar más felicidad en sus matrimonios, lo que puede jugar un papel en su larga estancia juntos.

Conociendo y construyendo sobre las fortalezas de tu carácter

Aunque decir a otra persona, "Me completas" o "No puedo vivir sin ti" puede sonar romántico, estos no son sentimientos que eventualmente contribuyan a un amor duradero. En cambio, si reconoces el valor de construir y apoyar las fortalezas únicas de carácter en ti y en tu esposa, estarás satisfecho con un amor más duradero.

Los atributos de carácter son todos sinónimos de inteligencia, templanza, valentía, compasión, justicia y trascendencia, las claves de una existencia positiva y satisfactoria, de diferentes grados. Para reconocer mejor las cualidades de tu carácter y para discutirlas con tu novia, Martin Seligman y Christopher Peterson crearon un inventario que puedes hacer. Hacerlo puede hacerte más consciente de tus similitudes y tu singularidad, lo que te ayudará a apoyarte mejor en tu desarrollo como individuo. La investigación ha demostrado que construir sobre las cualidades del carácter, particularmente si encuentras diferentes maneras de usarlas, te hará más feliz. Y entender y apreciar las cualidades de carácter de su pareja mejorará su felicidad con su asociación. ¿Cómo complementan los talentos del otro? Un enfoque es intercambiar historias de cómo han utilizado eficazmente sus cualidades de carácter en su vida con su ser querido. Los socios deben escuchar atentamente, expresar su interés (más que juzgar) y promover el gusto por la memoria, lo que puede contribuir a un nuevo y más profundo respeto compartido y a una mayor vinculación. Una actividad emocionante que le gustaría hacer es ir a una "cita de fortalezas" en la que se turnan para organizar una aventura utilizando cada una de sus dos fortalezas. Por ejemplo, si tienes una intensidad máxima de entusiasmo y tu pareja tiene una de amor por el aprendizaje, tal vez alquiles patinetes y vayas a una visita histórica guiada por la ciudad. O si la amabilidad es su principal fortaleza y el humor es la fuerza de su pareja, podrían realizar juntos una actividad que ayude a la gente a reírse y a la vez los haga reír. La psicología positiva nos presenta una gran cantidad de técnicas basadas en la evidencia que nos ayudan a identificar y nutrir el valor de nuestros socios y a esforzarnos por cambiarnos a nosotros mismos. Deberíamos ayudar a nuestros matrimonios y amistades de manera que puedan tener un efecto real en el futuro cultivando una pasión más armoniosa, sentimientos optimistas, saborear y desarrollo compartido.

Sólo tenemos que educarnos en que, excepto en los cuentos de hadas, no sólo sucede felizmente para siempre. Son las buenas prácticas en la vida real las que nos permiten estar contentos juntos a largo plazo.

Ingredientes de una relación amorosa

A continuación se dan los ingredientes críticos de una relación amorosa:
Honestidad

El amor es honesto, profundamente honesto. Hay una base indestructible de integridad con una asociación fundada en la piedra angular de la autenticidad. La honestidad y la confianza infunden respeto. Es crítico respetar a tu pareja. El amor no puede durar sin respeto. Sea franco, pase lo que pase. Se supone que debe parar si eres sincero y la amistad fracasa. Si se pretende una relación de pareja, nada de lo que digas puede provocar que se detenga (si hablas con sinceridad). Confía en los hechos.

Compatibilidad intelectual

Debe haber dos individuos en mente que son amigos, no exactamente de la misma opinión, pero sí de la misma opinión. Hay una vida útil, una breve, en la combinación inteligente/bimbo. Todavía encontrarás cosas para charlar y bromear sobre si estás en la misma duración de onda inteligente. Por el contrario, si esperas durar hasta que tu nido se vacíe y se produzca una disfunción eréctil, nunca podrás aburrirte, lo cual es importante. Se correría durante toda la vida - el deseo de darse un gaznate mental es más explosivo y duradero que el físico.

Comunicación

"No estamos compitiendo ni debatiendo." Eso no es nada para presumir. La bandera es roja. Cuando una pareja no discute, es una forma de desconfianza. Uno o más miembros de la pareja intentan prevenir el conflicto para detener el contacto, e ignoran sus propias opiniones y emociones para apaciguar a su pareja para escapar del dolor de la conversación. Dado que hay una ausencia de fe y una naturaleza primordial de ansiedad, estas parejas no pueden durar. Examine y plantee estas preguntas sobre su relación: ¿Tendrá alguno de nosotros la capacidad de escuchar y mirar más allá de las frases, los gritos o los gritos y ver la esencia de lo que nuestro compañero intenta y nos expresa?

¿Somos capaces de aventurarnos fuera de nuestras expectativas para tener razón y afirmar las emociones del otro? Concéntrese en la solución para aquellos que temen la confrontación, porque no se trata del argumento, sino de la resolución que importa. Los buenos matrimonios dan espacio a la incomodidad, así que se dan cuenta de que su pareja está igual de dedicada a buscar una solución. El deseo de tener éxito es lo que destruye una sociedad. Lo que mejora una amistad es la voluntad de escuchar. Cuando las personas que tienen el caso se sienten comprendidas, una disputa puede romperse. Hay calma cuando la persona se siente comprendida. Hay comprensión mientras hay calma. Con la sabiduría viene una disculpa. Es importante ofrecer una disculpa, pero más importante es el reconocimiento de la disculpa.

¿Cómo acepta el receptor las disculpas? ¿Aceptará las disculpas y liberará el residuo que puede contribuir a la amargura y a un rencor terminal? Si la disculpa no es reconocida por él o ella, el desprecio puede filtrarse en la asociación. La relación se acaba una vez que el desprecio está presente. Combatir con igualdad y honor es un arte. Es una práctica que dura toda la vida. Cuando las parejas se dedican a la relación, como incentivo para fortalecer su relación, pueden dedicarse a conectar bien y a resolver sus diferencias.

Compromiso

Los miembros maduros de una sociedad a menudo se dan cuenta de que un socio debe ir un poco más lejos del medio que el otro. Son capaces de hacer el viaje, y cuando es su turno, creen que el otro hará lo mismo.

"Si se requiere consenso, pregúntese," ¿Qué es más esencial para mí, mi necesidad de salirme con la mía o mi necesidad de paz? ¿Qué hacer ahora mismo para construir la armonía? Usted seguirá estando a favor de la reconciliación, ya que considera y se comporta a favor del bienestar de su asociación; aunque esto implique que usted va un poco más lejos que su cónyuge porque recuerda, usted también lo estará, aunque su cónyuge sea infeliz, y también lo será su asociación.

Comprensión

Puede que ahora conozcas a tu pareja, pero no naciste en su familia. No tienes conocimiento de primera mano de su vida. Todo está influenciado y condicionado por su caso. Nuestros padres nos instruyen sobre cómo conectar y trabajar (ya sea explícita o indirectamente). Usted y su pareja tienen múltiples deseos y métodos para involucrarse en su sociedad. Es importante que usted, como su pareja, reconozca y acepte sus diferencias. Estudiadlas como un idioma extranjero y dominad su vocabulario con el mismo entusiasmo con el que ilustráis vuestro deporte favorito en lugar de pedirles que hablen como vosotros. Cuando continúas "hablando su idioma" y los tratas de la manera en que merecen ser amados, esto te protegerá de acceder a las puertas del juicio y la ira.

Paciencia

Nadie es de tu propiedad. Simplemente no puedes controlar a los demás. No lo harán y no lo hacen, por mucho que quieras convencer o influenciar a otro humano para que responda y se comporte como tú quieres. Todos creen, sienten y se comportan a su manera, en su propio tiempo.

Se sentirán presionados si intentas apresurar el proceso de alguien o le empujas a hacer algo que no quiere hacer. Se sienten inseguros, no amados e incapaces de ofrecer amor cuando una persona se siente estresada. Ya no pueden ser ellos mismos, porque no son honestos porque alguien no es ellos mismos. Sin honestidad, el amor, como una relación, muere. Lo importante que harás por la persona que amas es darle espacio. Se sienten libres cuando una persona tiene espacio - libres de pensar y sentir, hacer lo que quieran y ser quienes son a su manera, en su propio tiempo, y quieren compartir contigo. Ten en cuenta que el amor no tiene prisa, tiene todo el tiempo del mundo.

Sexo

El sexo se trata de amor, contacto, concentración, comodidad y bondad. La dimensión sexual consiste en la reciprocidad (servicio igualitario al otro) y el impulso de probar a su cónyuge que usted es único y deseable. Se sienten protegidos, valorados y libres cuando una persona se siente deseada (de nuevo está el aspecto de la libertad).

El género y todos sus elementos se desvanecen cuando los participantes en la asociación evitan sentirse únicos y reconocidos por el otro tipo. Sin esfuerzo, los sentimientos de amor se desarrollan, pero si quieres mantener vivo el amor, tienes que preservarlo, tienes que trabajar en ello. Las relaciones necesitan el compromiso, a menudo en el mismo momento, de todos los individuos.

Una vida de amor puede beneficiarse de un compromiso regular comprometido con una relación por parte de sus cónyuges. Un contacto suave, un abrazo tierno, un brazo que se envuelve alrededor de su cintura mientras limpia los platos, o sentarse a su lado mientras estudia un libro o disfruta de su programa de televisión puede ser un pequeño esfuerzo. A su compañero se le recuerdan todas estas acciones: te veo, te recuerdo, te quiero, me esfuerzo porque te amo, y quiero permanecer enamorado de ti para siempre.

Amar a otro individuo es una elección momento a momento. Cuando estás en una relación, espero que te comprometas a amar a tu pareja con un corazón sincero, una mente totalmente presente, apertura en los sentimientos y en los pensamientos, una voluntad de compromiso (ya que entiendes quiénes son y cómo quieren sentirse). "Elijo amar a este hombre con todo lo que tengo".

Espero que quieras ser amable con su método, y con una sonrisa y un beso, todavía aproveches la oportunidad de compartir tu afecto, como si fuera la última oportunidad, que vas a tener en tus brazos. Sí, una cosa más, nunca olvides mencionar que me amas, nunca podemos mencionar demasiado sobre eso.

Conclusión

En la cultura actual se hace mucho hincapié en las buenas consecuencias para los niños. Sin embargo, los clínicos de salud mental confirman que los malos apegos probablemente tengan efectos negativos en los resultados a largo plazo de un niño durante la primera infancia. Utilizando el modelo post-positivista, se interrogó a 10 profesionales de la salud mental y cada uno de ellos ofreció sus opiniones sobre las dañinas habilidades de afrontamiento y las leyes emocionales de los niños pequeños mientras que, durante sus primeros años, los padres luchan por interactuar mejor con sus hijos. Para crear un argumento teórico, sus teorías fueron concebidas, asociadas y organizadas. La hipótesis resultante se centró en la capacidad del educador para establecer y mejorar, a través de una variedad de estrategias, la relación padre/hijo. El fracaso del padre para establecer vínculos saludables fue causado por una serie de problemas, como la depresión, la dependencia de los narcóticos y/o el alcohol, la pobreza, las relaciones débiles con el padre del niño, los trastornos psiquiátricos, el abuso, etc. Estas variables culminaron en la débil dinámica relacional del padre o la madre, obstaculizando así su vinculación. Los niños con apegos débiles parecen tener consecuencias socio-emocionales débiles, tales como habilidades sociales pobres, capacidad de enfrentar y resolver problemas, berrinches, actitudes pegajosas, retraídas o violentas, etc. A lo largo de sus años de desarrollo, estos efectos negativos a menudo influyen en el niño.

Los niños también sufren en su desarrollo socio-emocional cuando los niños luchan por establecer fuertes lazos con sus padres o cuidadores durante la infancia. La incapacidad de una madre, un padre o un cuidador para establecer vínculos significativos suele deberse a diversas causas, como la depresión, la dependencia de las drogas o el alcohol, las dificultades, la debilidad de las relaciones con los padres del niño, las enfermedades mentales, el abuso, etc. Independientemente de la causa, cuando maduran, los malos vínculos pueden tener consecuencias importantes para los niños. Los resultados perjudiciales pueden observarse durante la primera infancia por la baja capacidad cognitiva, de comunicación y de resolución de problemas, las rabietas, las actitudes pegajosas, distantes o violentas, etc. Estos hábitos no sólo pueden afectar a las relaciones, sino que también pueden influir en el potencial de aprendizaje del niño a medida que madura, desde el nivel infantil hasta la adolescencia temprana y más allá.

Los vínculos seguros se crean mediante una mezcla de respuestas y conexiones constructivas y estas conexiones deben ser fiables. Las interacciones pueden influir en el crecimiento cognitivo a lo largo de los tres primeros años de vida e influir en el bienestar físico, emocional y mental de los niños a medida que maduran y crecen. Por lo general, la reacción emocional de un padre sería el paradigma que los niños piensan sobre la emoción. Cuando los padres modelan el manejo correcto de las emociones mediante interacciones o actos, los niños aprenden a regular las emociones y a expresarlas con sus padres. Para captar la atención del padre o la madre, los niños que se sienten inseguros aprenden a ocultar o exagerar su angustia emocional; así, compensan a un padre o una madre que no es sensible de manera fiable. Estos comportamientos de mala adaptación se relacionan con una baja capacidad de adaptación y un equilibrio cognitivo deficiente. Los apegos inseguros pueden contribuir, ya en la edad preescolar, a la posibilidad de hábitos de comportamiento adversos. Los problemas internos, como la depresión, la ansiedad y la psicopatología, también son el resultado de los apegos inseguros durante la primera infancia. Estas condiciones pueden contribuir a la alienación de los compañeros, el rechazo social, la ansiedad persistente, la depresión prolongada, la baja autoestima y las luchas de transición a medida que avanzan en la edad escolar y la adolescencia. Las malas reacciones socio-emocionales, también durante la madurez, seguirán siendo un impedimento crónico. Y sus matrimonios tempranos, a menudo los niños con problemas de apego han experimentado complicaciones o retos significativos. Pueden haber sido violados o ignorados sexual o mentalmente. En un ambiente institucional u otro tipo de colocación fuera del hogar, otros han encontrado un mal tratamiento. Los servicios residenciales, los hogares de guarda o los orfanatos son formas de colocación fuera del hogar. A través de su cuidador principal, algunos han sufrido varios reveses o cambios dolorosos. La causa precisa de los problemas de apego no está clara, aunque las pruebas demuestran que una posible causa es la insuficiente prestación de cuidados. A medida que el niño crece, los problemas físicos, emocionales y sociales asociados con los trastornos del apego pueden continuar. En la edad adulta, la disfunción del apego puede continuar y desencadenar varias dificultades en sus vidas y relaciones. En los matrimonios que destruyen sus matrimonios, las personas que sufren de disfunción del apego sufren de ansiedad de pérdida e inevitablemente esas relaciones llegan a su fin. No sólo esto, dos de las otras preocupaciones inducidas por la disfunción del apego son la envidia y el miedo en los matrimonios. Las personas que sufren de resentimiento descuidan el deseo de apreciar las experiencias; al contrastarse a sí mismos con los demás y envidiarlos, estropean esas experiencias. Esas personas suelen sufrir de ansiedad por el compromiso; descuidan la capacidad de confiar en sus cónyuges y se niegan a devolverles el amor. Las relaciones funcionan sobre la base de la ley de dar y recibir. Esas personas no permiten que sus experiencias perduren. Esto concluye que la disfunción del apego influye no sólo en su adolescencia, sino también en su edad adulta. Los niños y los adultos con disfunción de apego muestran signos casi iguales y se enfrentan a problemas relacionados. Estos niños carecen de confianza y no confían en sí mismos, y se complican debido a esto. Los adultos con disfunción de apego muestran signos que son algo diferentes a los de los bebés. En las relaciones interpersonales, sufren de ansiedad, celos de otros individuos prósperos y subestimación de sí mismos. Se niegan a confiar en sí mismos debido a esto y por lo tanto no cumplirán sus ambiciones. Los padres deben ser diligentes y sensibles con sus hijos para disuadir cualquier problema con los niños que pudiera continuar en su vida adulta. Los padres deben asegurarse de que permiten a sus hijos mucho tiempo y que sus necesidades físicas y emocionales sean satisfechas. Los niños que son descuidados por sus padres sufren de los problemas mencionados y luchan por disfrutar de una existencia estable y exitosa. Siempre que lo necesiten, los niños deben ser apoyados y ayudados para que no sufran problemas de autoestima y confianza. En cualquier paso y etapa de su vida, ciertos niños crecen para convertirse en personas que luchan contra las dificultades. No sólo sufren dificultades de intimidad en el trabajo y en el hogar, sino que se han convertido en víctimas de múltiples formas de violencia, una de las cuales es la ya mencionada violencia narcisista. En ciertas situaciones, en lugar de convertirse en víctimas, estos niños son delincuentes que se aprovechan de los demás para complacerse a sí mismos.

CPSIA information can be obtained
at www.ICGtesting.com
Printed in the USA
BVHW060359090321
602011BV00008B/665